目次

JN046938

1

論理

共通テストへの導入問題

目標解答時間 20分

本冊（解答・解説） p.10

〈共通テスト〉は〈**思考力・判断力・表現力を問う**〉といわれても、いったいどんな形で出題されるのか、不安ですね。そこで〈論理的文章〉を題材に、具体的な問題例を示し、何をしようとしているテストなのかを、説明していきたいと思います。〈論理的文章〉を**【文章】**として使いますが、〈文学的文章〉と共通することをいっていきますから、〈共通テストへの導き〉として考えてください。ただし形としては〈論理的文章〉を題材にするので、これを〈論理的文章〉①とします。ではまず問題を解いて、解説のほうへきてください。

次の【文章Ⅰ】は有元典文《ありもとのりふみ》・岡部大介《おかべだいすけ》の『デザインド・リアリティ——集合的達成の心理学』の一部である。これを読んで、後の問い（問1〜3）に答えよ。

【文章Ⅰ】

「これから話す内容をどの程度理解できたか、後でテストをする」

授業の冒頭でこう宣言されたら、受講者のほとんどは授業内容の暗記をこころがけるだろう。後でテストされるのだ、内容をちゃんと憶《おぼ》えられたか否かで成績が評価されるのである。こうした事態に対応して、私たちは憶えやすく整理してノートを取る、用語を頭の中で繰り返し唱える、など、暗記に向けた聴き方へと、授業の聴き方を違える。これは学習や教育の場のデザインのひとつの素朴な例である。

講義とは何か。大きな四角い部屋の空気のふるえである。または教室の前に立った、そしてたまにうろつく教師のモノローグ(注1)である。またはごくたまには、目前の問題解決のヒントとなる知恵である。講義の語りの部分にだけ注目してみても、以上のような多様な捉え方が可能である。世界は多義的でその意味と価値はたくさんの解釈に開かれている。世界の意味と価値は一意に定まらない。講義というような、学生には日常的なものでさえ、素朴に不変な実在とは言いにくい。考えごとをしているものにとっては空気のふるえにすぎず、また誰かにとっては暗記の対象となるだろう。

冒頭の授業者の宣言は授業の意味を変える。すなわち授業のもつ多義性をしぼり込む。空気のふるえや、教師のモノローグを、学生にとっての「記憶すべき一連の知識」として設定する作用をもつ。授業者の教授上の意図的な工夫、または意図せぬ文脈の設定で、その場のひとやモノや課題の間の関係は変化する。ひとのふるまいが変化することもある。呼応した価値を共有する受講者、つまりこの講義の単位を取りたいと思っている者は、聞き流したり興味のある箇所だけノートしたりするのでなく、後の評価に対応するためまんべんなく記憶することにつとめるだろう。

本書(注2)ではこれまで、さまざまなフィールドのデザインについて言及してきた。ここで、本書で用いてきたデザインという語についてまとめてみよう。一般にデザインということばは、ある目的を持って意匠・考案・立案すること、つまり意図的に形づくること、と、その形づくられた構造を意味する。これまで私たちはこのことばを拡張した意味に用いてきた。ものの形ではなく、ひとのふるまいと世界のあらわれについて用いてきた。

こうした意味でのデザインをどう定義するか。デザインを人工物とひとのふるまいの関係として表した新しい古典、ノー(注3)

マンの『誰のためのデザイン』の中を探してみても、特に定義は見つからない。ここではその説明を試みることで、私たちがデザインという概念をどう捉えようとしているのかを示そうと思う。

辞書によれば「デザイン」のラテン語の語源は〝de signare〟つまり〝to mark〟、印を刻むことだという。人間は与えられた環境をそのまま生きることをしなかった。自分たちが生きやすいように自然環境に印を刻み込み、自然を少しずつ文明に近づけていったと考えられる。それは大地に並べた石で土地を区分することや、太陽の高さで時間の流れを区分することなど、広く捉えれば今ある現実に「人間が手を加えること」だと考えられる。

私たちはこうした自分たちの活動のための環境の改変を、人間の何よりの特徴だと考える。そしてこうした環境の加工を、デザインということばで表そうと思う。デザインすることはまわりの世界を「人工物化」することだと言いかえてみたい。自然を人工物化したり、そうした人工物を再人工物化したりということを、私たちは繰り返してきたのだ。英語の辞書にはこのことを表すのに適切だと思われる〝artificialize〟という単語を見つけることができる。アーティフィシャルな、つまりひとの手の加わったものにするという意味である。

デザインすることは今ある秩序（または無秩序）を変化させる。現行の秩序を別の秩序に変え、異なる意味や価値を与える。例えば本にページ番号をふることで、本には新しい秩序が生まれる。それは任意の位置にアクセス可能である、という、ページ番号をふる以前にはなかった秩序である。この小さな工夫が本という人工物の性質を大きく変える。他にも、一日の時の流れを二四分割すること、地名をつけて地図を作り番地をふること、などがこの例である。こうした工夫によって現実は人工物化／再人工物化され、これまでとは異なった秩序として私たちに知覚されるようになる。冒頭の例では、講義というものの意味が再編成され、「記憶すべき知識群」という新しい秩序をもつことになったのである。

今とは異なるデザインを共有するものは、今ある現実の別のバージョンを知覚することになる。あるモノ・コトに手を加え、新たに人工物化し直すこと、つまりデザインすることで、世界の意味は違って見える。例えば、A 図1のように、湯飲み茶碗《ちゃわん》に持ち手をつけると珈琲《コーヒー》カップになり、指に引っ掛けて持つことができるようになる。このことでモノから見て取れるモノの扱い方の可能性、つまりアフォーダンスの情報が変化する。

モノはその物理的なたたずまいの中に、モノ自身の扱い方の情報を含んでいる、というのがアフォーダンスの考え方である。鉛筆なら「つまむ」という情報が、バットなら「にぎる」という情報が、モノ自身から使用者に供される（アフォードされる）。バットをつまむのは、バットの形と大きさを一見するだけで無理だろう。鉛筆をにぎったら、突き刺すのには向くが書く用途には向かなくなってしまう。

こうしたモノの物理的な形状の変化はひとのふるまいの変化につながる。持ち手がついたことで、両手の指に一個ずつ引っ掛けるといっぺんに十個のカップを運べる。ふるまいの変化はこころの変化につながる。たくさんあるカップを片手にひとつずつ、ひと時に二個ずつ片付けているウェイターを見たら、雇い主はいらいらするに違いない。持ち手をつけることで、カップの可搬性が変化する。ウェイターにとってのカップの可搬性は、持ち手をつける前と後では異なる。もっとたくさんひと時に運べるそのことは、ウェイターだけでなく雇い主にも同時に知覚可能な現実である。ただ単に可搬性にだけ変化があっただけではない。これらの「容器に関してひとびとが知覚可能な現実」そのものが変化しているのである。

図1　持ち手をつけたことでのアフォーダンスの変化

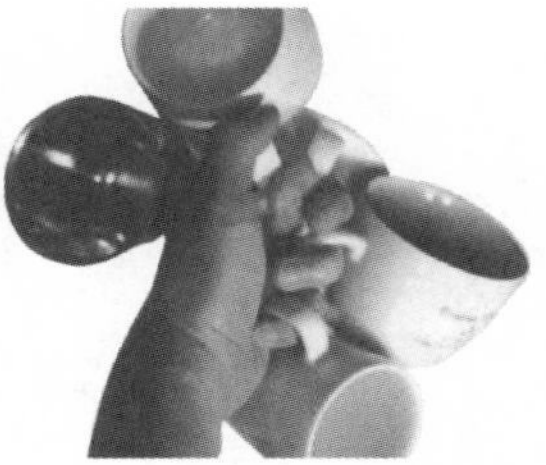

図2　アフォーダンスの変化による行為の可能性の変化

ここで本書の内容にかなったデザインの定義を試みると、デザインとは「対象に異なる秩序を与えること」と言える。デザインには、物理的な変化が、アフォーダンスの変化が、ふるまいの変化が、こころの変化が、現実の変化が伴う。例えば私たちははき物をデザインしてきた。（注4）裸足《はだし》では、ガレ場、熱い砂、ガラスの破片がちらばった床、は怪我《けが》をアフォードする危険地帯で踏み込めない。はき物はその知覚可能な現実を変える。私たち現代人の足の裏は、炎天下の浜辺の乾いた砂の温度に耐えられない。これは人間というハードウェアの性能の限界であり、いわばどうしようもない運命である。その運命を百円のビーチサンダルがまったく変える。自然の摂理が創り上げた運命をこんな簡単な工夫が乗り越えてしまう。はき物が、自転車が、電話が、電子メールが、私たちの知覚可能な現実を変化させ続けていることは、その当たり前の便利さを失ってみれば身にしみて理解されることである。そしてまたその現実が、相互反映的にまた異なる人工物を日々生み出していることも。

私たちの住まう現実は、価値中立的な環境ではない。文化から生み出され歴史的に洗練されてきた人工物に媒介された、文化的意味と価値に満ちた世界を生きている。それは意味や価値が一意に定まったレディメイドな世界ではない。文化や人工物の利用可能性や、文化的実践によって変化する、自分たちの身の丈に合わせてあつらえられた私たちのオーダーメイドな現実である。人間の文化と歴史を眺めてみれば、人間はいわば人間が「デザインした現実」を知覚し、生きてきたといえる。このことは人間を記述し理解していく上で、大変重要なことだと思われる。

注

1 モノローグ…独り言。一人芝居。

2 本書ではこれまで、さまざまなフィールドのデザインについて言及してきた。…本文より前のところで、コスプレや同人誌など現代日本のサブカルチャーが事例としてあげられていたことを受けている。

3　ノーマン…ドナルド・ノーマン（一九三五〜）。アメリカの認知科学者。
4　ガレ場…岩石がごろごろ転がっている急斜面。

問1　傍線部A「図1のように」とあるが、次に示すのは、四人の生徒が【文章Ⅰ】を読んだ後に図1と図2について話している場面である。【文章Ⅰ】の内容を踏まえて、空欄に入る最も適当なものを、後の①〜⑤のうちから一つ選べ。

生徒A——たしかに湯飲み茶碗に図1のように持ち手をつければ、珈琲カップとして使うことができるようになるね。
生徒B——それだけじゃなく、湯飲み茶碗では運ぶときに重ねるしかないけど、持ち手があれば図2みたいに指を引っ掛けて持つことができるから、一度にたくさん運べるよ。
生徒C——それに、湯飲み茶碗は両手で支えて持ち運ぶけど、持ち手があれば片手でも運べるね。
生徒D——でも、湯飲み茶碗を片手で持つこともできるし、一度にたくさん運ぶ必要がなければ珈琲カップを両手で支えて持つことだってできるじゃない。
生徒B——なるほど。指で引っ掛けて運べるようになったからといって、たとえウェイターであっても、常に図2のような運び方をするとは限らないね。
生徒A——では、デザインを変えたら、変える前と違った扱いをしなきゃいけないわけではないってことか。
生徒C——それじゃ、デザインを変えたら扱い方を必ず変えなければならないということではなくて、［　　］ということになるのかな。
生徒D——そうか、それが、「今とは異なるデザインを共有する」ことによって、「今ある現実の別のバージョンを知覚することになる」ってことなんだ。

生徒C――まさにそのとおりだね。

① どう扱うかは各自の判断に任されていることがわかる
② デザインが変わると無数の扱い方が生まれることを知る
③ より新しい現実に合った見方を探る必要性を実感する
④ 立場によって異なる世界が存在することを意識していく
⑤ 形を変える以前とは異なる扱い方ができることに気づく

問2 Mさんは【文章Ⅰ】を読んで、「アフォーダンス」ということに興味をもち、本などを調べて、【ノート】にまとめた。これについて、後の(i)・(ii)の問いに答えよ。

【ノート】

1　この言葉を造った人物
アメリカの知覚心理学者ジェームズ・J・ギブソン

2　この言葉の意味
・「与える、提供する」という意味の英語アフォード（afford）から造られた。
・環境や物が、生活する動物や人間に対してアフォード（提供）する「価値」や「意味」のこと。

3　ギブソンの考え方
環境や物が動物や人間の行為を直接引き出そうとして、意味や価値を提供（アフォード）している。つまり、アフォーダンスは環境や物の側にあり、それらに備わる性質であり、動物や人間はそれを探知するだけだという考え方。
〈参考〉【文章Ⅰ】中にも引用されている、アメリカの認知科学者ノーマンは、デザインの領域で「アフォーダンス」という語を使い始めた。彼は、［X］と述べている。

考察　【文章Ⅰ】には「デザインとは『対象に異なる秩序を与えること』」だと書かれていた。「秩序」をあるものとあるものとの関係と考え、「デザイン」としての「ビーチサンダル」の例で言うならば、熱くて歩けなかった砂の上を歩けるようにしてくれた「ビーチサンダル」は、熱い砂と人間との関係を異なるものに変化させたと考えることができる。これはノーマンの考え方にも通じるものでもあり、その時アフォーダンスも変化していると言える。

(i) **空欄［X］に入る最も適当なものを、次の①～④のうちから一つ選べ。**

① デザイナーは常に自分のイメージからアフォードされているべきである
② よいデザインとはその使い方をアフォードするものでなければならない
③ デザインは非日常的な領域に人間をアフォードするものでなくてはならない
④ デザインは何ものかのアフォードと個人の独創性との調和により成立する

(ii) **【ノート】に「アフォーダンスも変化している」とあるが、【文章Ⅰ】の内容を踏まえた場合、この例として適当ではないものを次の①～⑤のうちから一つ選べ。**

① 坂道に手すりがつけられたら、坂道が上れるようになった。
② 押して開けるドアに縦型の取っ手がつくと、ついつい引きたくなる。

③ かたくて食べられなかったイモも焼くと結構食べられた。

④ 財布をなくし落ち込んだが、仕方ないと思ったら気分が楽になった。

⑤ テニスのラケットを買い換えてみたら、ぐっとテニスが上達した。

問3 **Kさんは【文章Ⅰ】を読んだ後に【文章Ⅱ】を読み、「アフォーダンス」について整理するため、次のような【メモ】を作成した。これについて、後の(i)・(ii)の問いに答えよ。**

【文章Ⅱ】

アフォーダンスは事物の物理的な性質ではない。それは、「動物にとっての環境の性質」である。アフォーダンスは、知覚者の欲求や動機、あるいは主観が構成するようなものではない。それは、環境の中に実在する行為の資源である。

さて、ここで身近な例で、アフォーダンスを具体的に感じることにしよう。紙のアフォーダンスである。まず部屋の中に、1枚の紙を見つけていただきたい。その紙はあなたの両手で破ることができるだろうか？　たいがいの紙は破ることをアフォードしている。紙には引き裂くアフォーダンスがある。しかしもしあなたが見つけた紙が「厚いダンボールの小さな切れ端」ならば、それは紙であっても破ることをアフォードしないだろう。つまり破れないと知覚されるだろう。ただし読者が特別な握力をもっていれば別で、小さなダンボールの切片も「破れる」と知覚するはずだ。（省略）

同じものを見ても、人によって異なるアフォーダンスが知覚される。だから環境の中のすべてのものに、アフォーダンスは「無限」に存在していることになる。

アフォーダンスは環境の事実であり、かつ行動の事実である。しかし、アフォーダンスはそれと関わる動物の行為の性質に依存して、あらわれたり消えたりしているわけではない。さまざまなアフォーダンスは、発見されることを環境の中で「待っ

て」いる。（省略）

つまりどのアフォーダンスも、誰のものでもある。アフォーダンスは誰もが利用できる可能性として環境の中に潜在している。すなわち「公共的」である。

意味の公共性

アフォーダンスは誰でも利用できる資源として環境にある。アフォーダンスは、リアルであり、プライベート（私有）ではなくパブリック（公共）である。（省略）

伝統的な知覚論は、意味は内的構成物で、それは知覚者に「私有」されているとしてきた。しかし周囲に意味があるのなら、そしてそれが環境を移動するすべての動物たちにとって平等にアクセス可能なら、それは公共的である。媒質中に情報があるという事実が、意味の公共性に根拠を与えている。

ただし、情報やアフォーダンスの探索が容易であるわけではない。すでに述べてきたが、ある種のアフォーダンスを知覚するためには長い経験が必要だろう。

（佐々木《ささき》正人《まさと》『新版　アフォーダンス』による）

【メモ】

(1)　共通する要素［どちらもアフォーダンスをモノや環境が提供する性質であると捉えている。］

←

(2)「アフォーダンス」についての捉え方の違い

【文章Ⅰ】［アフォーダンスとそれによって生じる人間の知覚との関係を中心に論じている。］

【文章Ⅱ】［ X ］

↓

(3) まとめ

［ Y ］

(i) **Kさんは(1)を踏まえて(2)を整理した。空欄 X に入る最も適当なものを、次の①～④のうちから一つ選べ。**

① 生物にとってのアフォーダンスの公共性を述べるとともに、その知覚には経験が必要であると述べている。

② アフォーダンスのもつ公共性が妥当なことを示すために、過去の環境「私有」論の内容を詳述している。

③ アフォーダンスはモノなどが発する情報であり、それを人間が知覚するものだという考えを述べている。

④ アフォーダンスは物理的なものではなく、環境に内在する資源であるため、探索の困難さにも言及している。

(ii) **Kさんは(1)・(2)を踏まえて「(3)まとめ」を書いた。空欄 Y に入る最も適当なものを、次の①～④のうちから一つ選べ。**

① アフォーダンスは人間だけではなく、知覚をもつものならば何ものでも利用できるものであるが、それを最も容易に発見できるおかげで、人間は洗練された文化を歴史的に形成してきた。

②アフォーダンスという考え方は、単にデザインなどの文化や生物の生命活動に貢献するというだけではなく、環境が重要であることの一つの根拠として認知されるべきものである。

③アフォーダンスはモノや環境の中に潜んでおり、それを利用し人間が世界を構築してきたことは確かだが、それは人間だけではなく、他の動物と共有していることを忘れてはならない。

④人間の主体性を重んじるという考えとは異なり、アフォーダンスは環境が発する公共的な情報を、知覚をもつ者が受容することで、人間や動物の世界が形成されるという考え方である。

2

論理

妖怪観の移り変わり

2021年度本試験

目標解答時間 20分

本冊（解答・解説） p.27

次の文章は、香川雅信《かがわまさのぶ》『江戸の妖怪革命』の序章の一部である。本文中でいう「本書」とはこの著作を指し、「近世」とは江戸時代にあたる。これを読んで、後の問い（問1～5）に答えよ。なお、設問の都合で本文の段落に1～18の番号を付してある。

1 フィクションとしての妖怪、とりわけ娯楽の対象としての妖怪は、いかなる歴史的背景のもとで生まれてきたのか。

2 確かに、鬼や天狗《てんぐ》など、古典的な妖怪を題材にした絵画や芸能は古くから存在した。しかし、妖怪が明らかにフィクションの世界に属する存在としてとらえられ、そのことによってかえっておびただしい数の妖怪画や妖怪を題材とした文芸作品、大衆芸能が創作されていくのは、近世も中期に入ってからのことなのである。つまり、フィクションとしての妖怪という領域自体が歴史性を帯びたものなのである。

3 妖怪はそもそも、日常的理解を超えた不可思議な現象に意味を与えようとするミン(ア)ゾク的な心意から生まれたものであった。人間はつねに、経験に裏打ちされた日常的な原因―結果の了解に基づいて目の前に生起する現象を認識し、未来を予見し、さまざまな行動を決定している。ところが時たま、そうした日常的な因果了解では説明のつかない現象に遭遇する。それは通常の認識や予見を無効化するため、人間の心に不安と恐怖を(イ)カンキする。このような言わば意味論的な危機に対して、それをなんとか意味の体系のなかに回収するために生み出された文化的装置が「妖怪」だった。それは人間が秩序ある意味世界のなかで生きていくうえでの必要性から生み出されたものであり、それゆえに切実なリアリティをともなっていた。A民間伝承としての妖怪とは、そうした存在だったのである。

4 妖怪が意味論的な危機から生み出されるものであるかぎり、そしてそれゆえにリアリティを帯びた存在であるかぎり、それをフィクションとして楽しもうという感性は生まれえない。フィクションとしての妖怪という領域が成立するには、妖怪に対する認識が根本的に変容することが必要なのである。

5 妖怪に対する認識がどのように変容したのか。そしてそれは、いかなる歴史的背景から生じたのか。本書ではそのような問いに対する答えを、「妖怪娯楽」の具体的な事例を通して探っていこうと思う。

6 妖怪に対する認識の変容を記述し分析するうえで、本書ではフランスの哲学者ミシェル・フーコーの「アルケオロジー」の手法を(ウ)エンヨウすることにしたい。

7 アルケオロジーとは、通常「考古学」と訳される言葉であるが、フーコーの言うアルケオロジーは、思考や認識を可能にしている知の枠組み――「エピステーメー」(ギリシャ語で「知」の意味)の変容として歴史を描き出す試みのことである。人間が事物のあいだにある秩序を認識し、それにしたがって思考する際に、われわれは決して認識に先立って「客観的に」存在する事物の秩序そのものに触れているわけではない。事物のあいだになんらかの関係性をうち立てるある一つの枠組みを通して、はじめて事物の秩序を認識することができるのである。この枠組みがエピステーメーであり、しかもこれは時代とともに変容する。事物に対する認識や思考が、時間を(エ)ヘダてることで大きく変貌してしまうのだ。

8 フーコーは、十六世紀から近代にいたる西欧の「知」の変容について論じた『言葉と物』という著作において、このエピステーメーの変貌を、「物」「言葉」「記号」そして「人間」の関係性の再編成として描き出している。これらは人間が世界を認識するうえで重要な役割を果たす諸要素であるが、そのあいだにどのような関係性がうち立てられるかによって、「知」のあり方は大きく様変わりする。

9 本書では、このアルケオロジーという方法を踏まえて、日本の妖怪観の変容について記述することにしたい。それは妖怪観の変容を「物」「言葉」「記号」「人間」の布置の再編成として記述する試みである。この方法は、同時代に存在する一見関係のないさまざまな文化事象を、同じ世界認識の平面上にあるものとしてとらえることを可能にする。これによって日本の妖怪観の変容を、大きな文化史的変動のなかで考えることができるだろう。

10 では、ここで本書の議論を先取りして、**B**<u>アルケオロジー的方法</u>によって再構成した日本の妖怪観の変容について簡単に述べておこう。

11 中世において、妖怪の出現は多くの場合「凶兆」として解釈された。それらは神仏をはじめとする神秘的存在からの「警告」であった。すなわち、妖怪は神霊からの「言葉」を伝えるものという意味で、一種の「記号」だったのである。これは妖怪にかぎったことではなく、あらゆる自然物がなんらかの意味を帯びた「記号」として存在していた。つまり、「物」は物そのものと言うよりも「記号」であったのである。これらの「記号」は所与のものとして存在しており、人間にできるのはその「記号」を「読み取る」こと、そしてその結果にしたがって神霊への働きかけをおこなうことだけだった。

12 「物」が同時に「言葉」を伝える「記号」である世界。こうした認識は、しかし近世において大きく変容する。「物」にまとわりついた「言葉」や「記号」としての性質が剝ぎ取られ、はじめて「物」そのものとして人間の目の前にあらわれるようになるのである。ここに近世の自然認識や、西洋の博物学に相当する本草学《ほんぞうがく》（注）という学問が成立する。そして妖怪もまた博物学的な思考、あるいは嗜好《しこう》の対象となっていくのである。

13 この結果、「記号」の位置づけも変わってくる。かつて「記号」は所与のものとして存在し、人間はそれを「読み取る」

ことしかできなかった。しかし、近世においては、「記号」は人間が約束事のなかで作り出すことができるものとなった。これは、「記号」が神霊の支配を逃れて、人間の完全なコントロール下に入ったことを意味する。こうした「記号」を、本書では「表象」と呼んでいる。人工的な記号、人間の支配下にあることがはっきりと刻印された記号、それが「表象」である。

14 「表象」は、意味を伝えるものであるよりも、むしろその形象性、視覚的側面が重要な役割を果たす「記号」である。妖怪は、伝承や説話といった「言葉」の世界、意味の世界から切り離され、名前や視覚的形象によって弁別される「表象」となっていった。それはまさに、現代で言うところの「キャラクター」であった。そしてキャラクターとなった妖怪は完全にリアリティを喪失し、フィクショナルな存在として人間の娯楽の題材へと化していった。妖怪は「表象」という人工物へと作り変えられたことによって、人間の手で自由自在にコントロールされるものとなったのである。こうしたC妖怪の「表象」化は、人間の支配力が世界のあらゆる局面、あらゆる「物」に及ぶようになったことの帰結である。かつて神霊が占めていたその位置を、いまや人間が占めるようになったのである。

15 ここまでが、近世後期——より具体的には十八世紀後半以降の都市における妖怪観である。だが、近代になると、こうした近世の妖怪観はふたたび編成しなおされることになる。「表象」として、リアリティの領域から切り離されてあった妖怪が、以前とは異なる形でリアリティのなかに回帰するのである。これは、近世は妖怪をリアルなものとして恐怖していた迷信の時代、近代はそれを合理的思考によって否定し去った啓蒙《けいもう》の時代、という一般的な認識とはまったく逆の形である。

16 「表象」という人工的な記号を成立させていたのは、「万物の霊長」とされた人間の力の絶対性であった。ところが近代になると、この「人間」そのものに根本的な懐疑が突きつけられるようになる。人間は「神経」の作用、「催眠術」の効果、「心霊」の感応によって容易に妖怪を「見てしまう」不安定な存在、「内面」というコントロール不可能な部分を抱えた存在として認識されるようになったのだ。かつて「表象」としてフィクショナルな領域に囲い込まれていた妖怪たちは、今度は「人間」そのものの内部に棲《す》みつくようになったのである。

17 そして、こうした認識とともに生み出されたのが、「私」という近代に特有の思想であった。謎めいた「内面」を抱え込んでしまったことで、「私」は私にとって「不気味なもの」となり、いっぽうで未知なる可能性を秘めた神秘的な存在となった。妖怪は、まさにこのような「私」を(オ)トウエイした存在としてあらわれるようになるのである。

18 以上がアルケオロジー的方法によって描き出した、妖怪観の変容のストーリーである。

注 本草学…もとは薬用になる動植物などを研究する中国由来の学問で、江戸時代に盛んとなり、薬物にとどまらず広く自然物を対象とするようになった。

問1 傍線部(ア)～(オ)に相当する漢字を含むものを、次の各群の①～④のうちから、それぞれ一つずつ選べ。（2点×5）

(ア) ミンゾク
① 楽団にショゾクする
② カイゾク版を根絶する
③ 公序リョウゾクに反する
④ 事業をケイゾクする

(イ) カンキ
① 証人としてショウカンされる
② 優勝旗をヘンカンする
③ 勝利のエイカンに輝く
④ 意見をコウカンする

(ウ) エンヨウ
① 鉄道のエンセンに住む
② キュウエン活動を行う
③ 雨で試合がジュンエンする
④ エンジュクした技を披露する

(エ) ヘダてる
① 敵をイカクする
② 施設のカクジュウをはかる
③ 外界とカクゼツする
④ 海底のチカクが変動する

(オ) トウエイ
① 意気トウゴウする
② トウチ法を用いる
③ 電気ケイトウが故障する
④ 強敵を相手にフントウする

問2 傍線部A「民間伝承としての妖怪」とは、どのような存在か。その説明として最も適当なものを、次の①〜⑤のうちから一つ選べ。(7点)

① 人間の理解を超えた不可思議な現象に意味を与え日常世界のなかに導き入れる存在。
② 通常の認識や予見が無効となる現象をフィクションの領域においてとらえなおす存在。
③ 目の前の出来事から予測される未来への不安を意味の体系のなかで認識させる存在。
④ 日常的な因果関係にもとづく意味の体系のリアリティを改めて人間に気づかせる存在。
⑤ 通常の因果関係の理解では説明のできない意味論的な危機を人間の心に生み出す存在。

問3　傍線部B「アルケオロジー的方法」とは、どのような方法か。その説明として最も適当なものを、次の①～⑤のうちから一つ選べ。（7点）

① ある時代の文化事象のあいだにある関係性を理解し、その理解にもとづいて考古学の方法に倣い、その時代の事物の客観的な秩序を復元して描き出す方法。

② 事物のあいだにある秩序を認識し思考することを可能にしている知の枠組みをとらえ、その枠組みが時代とともに変容するさまを記述する方法。

③ さまざまな文化事象を「物」「言葉」「記号」「人間」という要素ごとに分類して整理し直すことで、知の枠組みの変容を描き出す方法。

④ 通常区別されているさまざまな文化事象を同じ認識の平面上でとらえることで、ある時代の文化的特徴を社会的な背景を踏まえて分析し記述する方法。

⑤ 一見関係のないさまざまな歴史的事象を「物」「言葉」「記号」そして「人間」の関係性に即して接合し、大きな世界史的変動として描き出す方法。

問4　傍線部C「妖怪の『表象』化」とは、どういうことか。その説明として最も適当なものを、次の①～⑤のうちから一つ選べ。（7点）

① 妖怪が、人工的に作り出されるようになり、神霊による警告を伝える役割を失って、人間が人間を戒めるための道具になったということ。

② 妖怪が、神霊の働きを告げる記号から、人間が約束事のなかで作り出す記号になり、架空の存在として楽しむ対象

になったということ。

③ 妖怪が、伝承や説話といった言葉の世界の存在ではなく視覚的な形象になったことによって、人間世界に実在するかのように感じられるようになったということ。

④ 妖怪が、人間の手で自由自在に作り出されるものになり、人間の力が世界のあらゆる局面や物に及ぶきっかけになったということ。

⑤ 妖怪が、神霊からの警告を伝える記号から人間がコントロールする人工的な記号になり、人間の性質を戯画的に形象した娯楽の題材になったということ。

問5 この文章を授業で読んだNさんは、内容をよく理解するために【ノート1】～【ノート3】を作成した。本文の内容とNさんの学習の過程を踏まえて、(i)～(iii)の問いに答えよ。（(i)5点、(ii)3点×2、(iii)8点）

(i) Nさんは、本文の1～18を【ノート1】のように見出しをつけて整理した。空欄 Ⅰ ・ Ⅱ に入る語句の組合せとして最も適当なものを、後の①～④のうちから一つ選べ。

【ノート1】

● 問題設定（1～5）

2～3 Ⅰ

4～5 Ⅱ

● 方法論（6～9）

●
[7]〜[9]　アルケオロジーの説明
日本の妖怪観の変容（[10]〜[18]）
[11]　中世の妖怪
[12]〜[14]　近世の妖怪
[15]〜[17]　近代の妖怪

① Ⅰ　妖怪はいかなる歴史的背景のもとで娯楽の対象になったのかという問い
Ⅱ　意味論的な危機から生み出される妖怪

② Ⅰ　妖怪はいかなる歴史的背景のもとで娯楽の対象になったのかという問い
Ⅱ　妖怪娯楽の具体的事例の紹介

③ Ⅰ　娯楽の対象となった妖怪の説明
Ⅱ　いかなる歴史的背景のもとで、どのように妖怪認識が変容したのかという問い

④ Ⅰ　妖怪に対する認識の歴史性
Ⅱ　いかなる歴史的背景のもとで、どのように妖怪認識が変容したのかという問い

(ii)　**Nさんは、本文で述べられている近世から近代への変化を【ノート2】のようにまとめた。空欄 Ⅲ ・ Ⅳ に入る語句として最も適当なものを、後の各群の①〜④のうちから、それぞれ一つずつ選べ。**

【ノート2】

近世と近代の妖怪観の違いの背景には、「表象」と「人間」との関係の変容があった。

近世には、人間によって作り出された、［Ⅲ］が現れた。しかし、近代へ入ると［Ⅳ］が認識されるようになったことで、近代の妖怪は近世の妖怪にはなかったリアリティを持った存在として現れるようになった。

［Ⅲ］に入る語句

① 恐怖を感じさせる形象としての妖怪
② 神霊からの言葉を伝える記号としての妖怪
③ 視覚的なキャラクターとしての妖怪
④ 人を化かすフィクショナルな存在としての妖怪

［Ⅳ］に入る語句

① 合理的な思考をする人間
② 「私」という自立した人間
③ 万物の霊長としての人間
④ 不可解な内面をもつ人間

(iii) 【ノート2】を作成したNさんは、近代の妖怪観の背景に興味をもった。そこで出典の『江戸の妖怪革命』を読み、【ノート3】を作成した。空欄 V に入る最も適当なものを、後の①～⑤のうちから一つ選べ。

【ノート3】

本文の17には、近代において「私」が私にとって「不気味なもの」となったということが書かれていた。このことに関係して、本書第四章には、欧米でも日本でも近代になってドッペルゲンガーや自己分裂を主題とした小説が数多く発表されたとあり、芥川龍之介の小説「歯車」(一九二七年発表)の次の一節が例として引用されていた。

第二の僕、――独逸《どいつ》人の所謂《いわゆる》Doppelgaenger は仕合《しあわ》せにも僕自身に見えたことはなかった。しかし亜米利加《あめりか》の映画俳優になったK君の夫人は第二の僕を帝劇の廊下に見かけていた。(僕は突然K君の夫人に「先達《せんだって》はつい御挨拶もしませんで」と言われ、当惑したことを覚えている。)それからもう故人になったある隻脚《かたあし》の翻訳家もやはり銀座のある煙草《たばこ》屋に第二の僕を見かけていた。死はあるいは僕よりも第二の僕に来るのかも知れなかった。

考察 ドッペルゲンガー(Doppelgaenger)とは、ドイツ語で「二重に行く者」、すなわち「分身」の意味であり、もう一人の自分を「見てしまう」怪異のことである。また、「ドッペルゲンガーを見た者は死ぬと言い伝えられている」と説明されていた。 V

17に書かれていた「『私』という近代に特有の思想」とは、こうした自己意識を踏まえた指摘だったことがわかった。

①「歯車」の僕は、自分の知らないところで別の僕が行動していることを知った。僕はまだ自分でドッペルゲンガーを見たわけではないと安心し、別の僕の行動によって自分が周囲から承認されているのだと悟った。これは、「私」が他人の認識のなかで生かされているという神秘的な存在であることの例にあたる。

②「歯車」の僕は、自分には心当たりがない場所で別の僕が目撃されていたと知った。僕は自分でドッペルゲンガーを見たわけではないのでひとまずは安心しながらも、もう一人の自分に死が訪れるのではないかと考えていた。これは、「私」が自分自身を統御できない不安定な存在であることの例にあたる。

③「歯車」の僕は、身に覚えのないうちに、会いたいと思っていた人の前に別の僕が姿を現していたと知った。僕は自分でドッペルゲンガーを見たわけではないが、別の僕が自分に代わって思いをかなえてくれたことに驚いた。これは、「私」が未知なる可能性を秘めた存在であることの例にあたる。

④「歯車」の僕は、自分がいたはずのない場所に別の僕がいたことを知った。僕は自分でドッペルゲンガーを見たわけではないと自分を落ち着かせながらも、自分が分身に乗っ取られるかもしれないという不安を感じた。これは、「私」が「私」という分身にコントロールされてしまう不気味な存在であることの例にあたる。

⑤「歯車」の僕は、自分がいるはずのない時と場所で僕を見かけたと言われた。僕は今のところ自分でドッペルゲンガーを見たわけではないので死ぬことはないと安心しているが、他人にうわさされることに困惑していた。これは、「私」が自分で自分を制御できない部分を抱えた存在であることの例にあたる。

3

論理

「食べる」こと

2022年度本試験

目標解答時間 20分

本冊（解答・解説） p.39

次の【文章Ⅰ】【文章Ⅱ】を読んで、後の問い（問1～6）に答えよ。

【文章Ⅰ】次の文章は、宮沢賢治の「よだかの星」を参照して「食べる」ことについて考察した文章である。なお、表記を一部改めている。

「食べる」ことと「生」にまつわる議論は、どうしたところで動物が主題になってしまう。そこでは動物たちが人間の言葉をはなし、また人間は動物の言葉を理解する（まさに神話的状況である）。そのとき動物も人間も、自然のなかでの生き物として、まったく対等な位相にたってしまうことが重要なのである。動物が人間になるのではない。宮沢の記述からかいまみられるのは、そもそも逆で、人間とはもとより動物である（そうでしかありえない）ということである。そしてそれは考えてみれば、あまりに当然すぎることである。

「よだかの星」は、その意味では、擬人化が(ア)カジョウになされている作品のようにおもわれる。その感情ははっきりと人間的である。よだかは、みなからいじめられ、何をしても孤立してしまう。いつも自分の醜い容姿を気にかけている。親切心で他の鳥の子供を助けても、何をするのかという眼差《まなざ》しでさげすまれる。なぜ自分は生きているのかとおもう。ある意味では、多かれ少なかれ普通の人間の誰もが、一度は心のなかに抱いたことのある感情だ。さらには、よだかにはいじめっ子の鷹《たか》がいる。鷹は、お前は鷹ではないのになぜよだかという名前を名乗るのだ、しかも夜という単語と鷹という単語を借りておかしいではないか、名前を変えろと迫る。よだかはあまりのことに、自分の存在そのものを否定されたかのように感じる。

しかしよだかは、いかに醜くとも、いかに自分の存在を低くみようとも、空を飛び移動するなかで、おおきな口をあけ、羽虫をむさぼり喰《く》ってしまう。それが喉につきささろうとも、甲虫《かぶとむし》を食べてしまう。自然に対しては、自分は支配者のような役割を演じてしまいもするのである。だがどうして自分は羽虫を「食べる」のか。なぜ自分のような存在が、劣等感をもちながらも、他の生き物を食べて生きていくのか、それがよいことかどうかがわからない。

　夜だかが思ひ切って飛ぶときは、そらがまるで二つに切れたやうに思はれます。一疋《ぴき》の甲虫が、夜だかの咽喉《のど》にはひって、ひどくもがきました。よだかはすぐそれを呑《の》みこみましたが、その時何だかせなかがぞっとしたやうに思ひました。

（『宮沢賢治全集5』、八六頁《ページ》）

A <u>ここからよだかが、つぎのように思考を展開していく</u>ことは、あまりに自明なことであるだろう。

（ああ、かぶとむしや、たくさんの羽虫が、毎晩僕に殺される。そしてそのただ一つの僕がこんどは鷹に殺される。それがこんなにつらいのだ。ああ、つらい、つらい。僕はもう虫をたべないで餓《う》ゑて死なう。いやその前にもう鷹が僕を殺すだらう。いや、その前に、僕は遠くの遠くの空の向ふに行ってしまはう。）（同書、八七頁）

当然のことながら、夏の夜の一夜限りの生命かもしれない羽虫を食べること、短い時間しかいのちを送らない甲虫を食べることは、そもそも食物連鎖上のこととしてやむをえないことである。それにそもそもこの話は、もともとはよだかが自分の生のどこかに困難を抱えていて（それはわれわれすべての鏡だ）、それが次第に、他の生き物を殺して食べているという事実の問いに転化され、そのなかで自分も鷹にいずれ食べられるだろう、それならば自分は何も食べず絶食し、空の彼方《かなた》へ消えてしまおうというはなしにさらに転変していくものである。

よだかは大犬座の方に向かい億年兆年億兆年かかるといわれても、さらに大熊星の方に向かい頭を冷やせといわれても、なおその行為をやめることはしない。結局よだかは最後の力を振り絞り、自らが燃え尽きることにより、自己の行為を昇華するのである。

食べるという主題がここで前景にでているわけではない。むしろまずよだかにとって問題なのは、どうして自分のような惨めな存在が生きつづけなければならないのかということであった。そしてその問いの先にあるものとして、ふと無意識に口にしていた羽虫や甲虫のことが気にかかる。そして自分の惨めさを感じつつも、無意識にそれを咀嚼《そしゃく》してしまっている自分に対し「せなかがぞっとした」「思ひ」を感じるのである。

よくいわれるように、このはなしは食物連鎖の議論のようにみえる。確かに表面的にはそう読めるだろう。だがよだかは、実はまだ自分が羽虫を食べることがつらいのか、自分が鷹に食べられることがつらいのか、たんに惨めな存在である自らが食べ物を殺して咀嚼することがつらいのか判然と理解しているわけではない。これはむしろ、主題としていえば、まずは食べないことの選択、つまりは断食につながるテーマである。そして、そうであるがゆえに、最終的な星への昇華という宮沢独特のストーリー性がひらかれる仕組みになっているようにもみえる。

ここで宮沢は、食物連鎖からの解放という（仏教理念として充分に想定される）事態だけをとりだすのではない。むしろここでみいだされるのは、心が(イ)キズついたよだかが、それでもなお羽虫を食べるという行為を無意識のうちになしていることに気がつき「せなかがぞっとした」「思ひ」をもつという一点だけにあるようにおもわれる。それは、B人間である（ひょっとしたら同時によだかでもある）われわれすべてが共有するものではないか。そしてこの思いを昇華させるためには、数億年数兆年彼方の星に、自らを変容させていくことしか解決策はないのである。

（檜垣立哉《ひがきたつや》『食べることの哲学』による）

【文章Ⅱ】 次の文章は、人間に食べられた豚肉（あなた）の視点から「食べる」ことについて考察した文章である。

長い旅のすえに、あなたは、いよいよ、人間の口のなかに入る準備を整えます。箸で挟まれたあなたは、まったく抵抗できぬままに口に運ばれ、アミラーゼの入った唾液をたっぷりかけられ、舌になぶられ、硬い歯によって噛《か》み切られ、すり潰されます。そのあと、歯の隙間に残ったわずかな分身に別れを告げ、食道を通って胃袋に入り、酸の海のなかでドロドロになります。十二指腸でも膵液《すいえき》と胆汁が流れ込み消化をアシストし、小腸にたどり着きます。ここでは、小腸の運動によってあなたは前後左右にもまれながら、六メートルに及ぶチューブをくねくね旅します。そのあいだ、小腸に出される消化酵素によって、炭水化物がブドウ糖や麦芽糖に、脂肪を脂肪酸とグリセリンに分解され、それらが腸に吸収されていきます。ほとんどの栄養を吸い取られたあなたは、すっかりかたちを変えて大腸にたどり着きます。

大腸は面白いところです。大腸には消化酵素はありません。そのかわりに無数の微生物が棲《す》んでいるのです。人間は、微生物の集合住宅でもあります。その微生物たちがあなたを(ウ)襲い、あなたのなかにある繊維を発酵させます。繊維があればあるほど、大腸の微生物は活発化するので、小さい頃から繊維をたっぷり含むニンジンやレンコンなどの根菜を食べるように言われているのです。そうして、いよいよあなたは便になって肛門《こうもん》からトイレの中へとダイビングします。こうして、下水の旅をあなたは始めるのです。

こう考えると、食べものは、人間のからだのなかで、急に変身を(エ)トげるのではなく、ゆっくり、じっくりと時間をかけ、徐々に変わっていくのであり、どこまでが食べものであり、どこからが食べものでないのかについて決めるのはとても難しいことがわかります。

答えはみなさんで考えていただくとして、二つの極端な見方を示して、終わりたいと思います。

一つ目は、人間は「食べて」などいないという見方です。食べものは、口に入るまえは、塩や人工調味料など一部の例外を除いてすべて生きものであり、その死骸であって、それが人間を通過しているにすぎない、と考えることもけっして言いすぎではありません。人間は、生命の循環の通過点にすぎないのであって、地球全体の生命活動がうまく回転するように食べさせられている、と考えていることです。

二つ目は、肛門から出て、トイレに流され、下水管を通って、下水処理場で微生物の力を借りて分解され、海と土に戻っていき、そこからまた微生物が発生して、それを魚や虫が食べ、その栄養素を用いて植物が成長し、その植物や魚をまた動物や人間が食べる、という循環のプロセスと捉えることです。つまり、ずっと食べものである、ということ。世の中は食べもので満たされていて、食べものは、生きものの死によって、つぎの生きものに生を(オ)与えるバトンリレーである。しかも、バトンも走者も無数に増えるバトンリレー。誰の口に入るかは別として、人間を通過しているにすぎないのです。

どちらも極端で、どちらも間違いではありません。しかも、C二つとも似ているところさえあります。死ぬのがわかっているのに生き続けるのはなぜか、という質問にもどこかで関わってきそうな気配もありますね。

（藤原《ふじはら》辰史《たつし》『食べるとはどういうことか』による）

問1　次の(i)・(ii)の問いに答えよ。（2点×5）

(i)　**傍線部(ア)・(イ)・(エ)に相当する漢字を含むものを、次の各群の①〜④のうちから、それぞれ一つずつ選べ。**

(ア) カジョウ

① ジョウチョウな文章
② 予算のジョウヨ金
③ 汚れをジョウカする
④ ジョウキを逸する

(イ) キズついた

① 入会をカンショウする
② 音楽をカンショウする
③ カンショウ的な気分になる
④ 箱にカンショウ材を詰める

(エ) トげる

① 過去の事例からルイスイする
② キッスイの江戸っ子
③ マスイをかける
④ 計画をカンスイする

(ii) **傍線部(ウ)・(オ)とは異なる意味を持つものを、次の各群の①～④のうちから、それぞれ一つずつ選べ。**

(ウ) 襲い

① ヤ襲
② セ襲
③ キ襲
④ ライ襲

(オ) 与える

① キョウ与
② ゾウ与
③ カン与
④ ジュ与

問2　傍線部A「ここからよだかが、つぎのように思考を展開していく」とあるが、筆者はよだかの思考の展開をどのように捉えているか。その説明として最も適当なものを、次の①～⑤のうちから一つ選べ。（7点）

① よだかは、生きる意味が見いだせないままに羽虫や甲虫を殺して食べていることに苦悩し、現実の世界から消えてしまおうと考えるようになる。

3

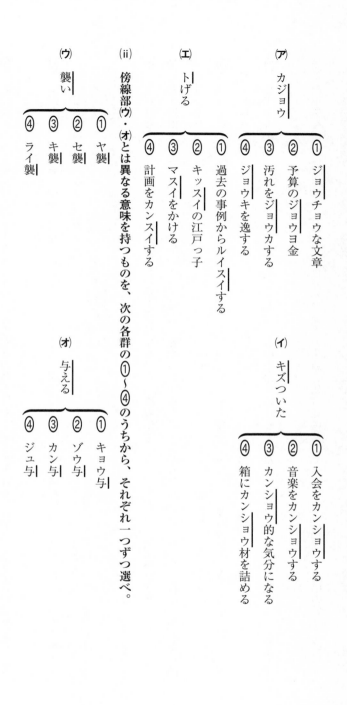

② よだかは、みなにさげすまれるばかりかついには鷹に殺されてしまう境遇を悲観し、彼方の世界へ旅立とうと考えるようになる。

③ よだかは、羽虫や甲虫を殺した自分が鷹に殺されるという弱肉強食の関係を嫌悪し、不条理な世界を拒絶しようと考えるようになる。

④ よだかは、他者を犠牲にして生きるなかで自分の存在自体が疑わしいものとなり、新しい世界を目指そうと考えるようになる。

⑤ よだかは、鷹におびやかされながらも羽虫や甲虫を食べ続けているという矛盾を解消できず、遠くの世界で再生しようと考えるようになる。

問3 傍線部B「人間である（ひょっとしたら同時によだかでもある）われわれすべてが共有するものではないか」とあるが、それはどういうことか。その説明として最も適当なものを、次の①～⑤のうちから一つ選べ。（7点）

① 存在理由を喪失した自分が、動物の弱肉強食の世界でいつか犠牲になるかもしれないと気づき、自己の無力さに落胆するということ。

② 生きることに疑念を抱いていた自分が、意図せずに他者の生命を奪って生きていることに気づき、自己に対する強烈な違和感を覚えるということ。

③ 存在を否定されていた自分が、無意識のうちに他者の生命に依存していたことに気づき、自己を変えようと覚悟するということ。

④ 理不尽な扱いに打ちのめされていた自分が、他者の生命を無自覚に奪っていたことに気づき、自己の罪深さに動揺

するということ。

⑤ 惨めさから逃れたいともがいていた自分が、知らないままに弱肉強食の世界を支える存在であったことに気づき、自己の身勝手さに絶望するということ。

問4 傍線部C「二つとも似ているところさえあります」とあるが、どういう点で似ているのか。その説明として最も適当なものを、次の①〜⑤のうちから一つ選べ。（7点）

① 人間の消化過程を中心とする見方ではなく、微生物の活動と生物の排泄行為から生命の再生産を捉えている点。

② 人間の生命維持を中心とする見方ではなく、別の生きものへの命の受け渡しとして食べる行為を捉えている点。

③ 人間の食べる行為を中心とする見方ではなく、食べられる側の視点から消化と排泄の重要性を捉えている点。

④ 人間の生と死を中心とする見方ではなく、地球環境の保護という観点から食べることの価値を捉えている点。

⑤ 人間の栄養摂取を中心とする見方ではなく、多様な微生物の働きから消化のメカニズムを捉えている点。

問5 【文章Ⅱ】の表現に関する説明として最も適当なものを、次の①〜⑤のうちから一つ選べ。（7点）

① 豚肉を「あなた」と見立てるとともに、食べられる生きものの側の心情を印象的に表現することで、無機的な消化過程に感情移入を促すように説明している。

② 豚肉を「あなた」と見立てるとともに、消化酵素と微生物とが協同して食べものを分解する様子を比喩的に表現することで、消化器官の働きを厳密に描いている。

③ 豚肉を「あなた」と見立てるとともに、食べものが消化器官を通過していく状況を擬態語を用いて表現することで、

食べることの特殊な仕組みを筋道立てて説明している。

④ 豚肉を「あなた」と二人称で表しながら、比喩を多用して消化過程を表現することで、生きものが他の生物の栄養になるまでの流れを軽妙に説明している。

⑤ 豚肉を「あなた」と二人称で表しながら、生きものが消化器官でかたちを変えて物質になるさまを誇張して表現することで、消化の複雑な過程を鮮明に描いている。

問6 **Mさんは授業で【文章Ⅰ】と【文章Ⅱ】を読んで「食べる」ことについて自分の考えを整理するため、次のような【メモ】を作成した。これについて、後の(i)・(ii)の問いに答えよ。**（6点×2）

【メモ】

〈1〉 共通する要素「どちらも「食べる」ことと生命の関係について論じている。」

⇩

〈2〉「食べる」ことについての捉え方の違い
【文章Ⅰ】「　X　」
【文章Ⅱ】「「食べる」ことは、生物を地球全体の生命活動に組み込むものである。」

⇩

〈3〉 まとめ
「　Y　」

(i) **Mさんは〈1〉を踏まえて〈2〉を整理した。空欄 X に入る最も適当なものを、次の①～④のうちから一つ選べ。**

① 「食べる」ことは、弱者の生命の尊さを意識させる行為である。
② 「食べる」ことは、自己の生命を否応なく存続させる行為である。
③ 「食べる」ことは、意図的に他者の生命を奪う行為である。
④ 「食べる」ことは、食物連鎖から生命を解放する契機となる行為である。

(ii) **Mさんは〈1〉〈2〉を踏まえて「〈3〉まとめ」を書いた。空欄 Y に入る最も適当なものを、次の①〜④のうちから一つ選べ。**

① 他者の犠牲によってもたらされたよだかの苦悩は、生命の相互関係における多様な現象の一つに過ぎない。しかし見方を変えれば、自他の生を昇華させる行為は、地球全体の生命活動を円滑に動かすために欠かせない要素であるとも考えられる。
② 苦悩から解放されるためによだかが飢えて死のうとすることは、生命が本質的には食べてなどいないという指摘に通じる。しかし見方を変えれば、地球全体の生命活動を維持するためには、食べることの認識を改める必要があるとも考えられる。
③ 無意識によだかが羽虫や甲虫を食べてしまう行為には、地球全体の生命活動を循環させる重要な意味がある。しかし見方を変えれば、一つ一つの生命がもっている生きることへの衝動こそが、循環のプロセスを成り立たせているとも考えられる。
④ 他者に対してよだかが支配者となりうる食物連鎖の関係は、命のバトンリレーのなかで解消されるものである。しかし見方を変えれば、地球全体の生命活動を円滑にするためには、食べることによって生じる序列が不可欠であるとも考えられる。

4 論理

ル・コルビュジエの家

2023年度本試験

目標解答時間 20分

本冊（解答・解説） p.51

次の【文章Ⅰ】は、正岡子規《まさおかしき》の書斎にあったガラス障子と建築家ル・コルビュジエの建築物における窓について考察したものである。また、【文章Ⅱ】は、ル・コルビュジエの窓について【文章Ⅰ】とは別の観点から考察したものである。どちらの文章にもル・コルビュジエ著『小さな家』からの引用が含まれている（引用文中の（中略）は原文のままである）。これらを読んで、後の問い（問1～6）に答えよ。なお、設問の都合で表記を一部改めている。

【文章Ⅰ】

寝返りさえ自らままならなかった子規にとっては、室内にさまざまなものを置き、それをながめることが楽しみだった。そして、ガラス障子のむこうに見える庭の植物や空を見ることが慰めだった。味覚のほかは視覚こそが子規の自身の存在を確認する感覚だった。子規は、視覚の人だったともいえる。障子の紙をガラスに入れ替えることで、A子規は季節や日々の移り変わりを楽しむことができた。

『墨汁一滴』(注1)の三月一二日には「不平十ケ条《じっかじょう》」として、「板ガラスの日本で出来ぬ不平」と書いている。この不平を述べている一九〇一（明治三四）年、たしかに日本では板ガラスは製造していなかったようだ。石井研堂(注2)の『増訂明治事物起原』には、「（明治）三十六年、原料も総《すべ》て本邦のものにて、完全なる板硝子《いたがらす》を製出せり。大正三年、欧州大戦の影響、本邦の輸入硝子は其《その》船便を失ふ、是《ここ》に於《おい》て、旭《あさひ》硝子製造会社等の製品が、漸《ようや》く用ひらるることとなり、わが板硝子界は、大発展を遂ぐるに至れり」とある。

　これによると板ガラスの製造が日本で始まったのは、一九〇三年ということになる。子規が不平を述べた二年後である。してみれば、虚子（注3）のすすめで子規の書斎（病室）に入れられた「ガラス障子」は、輸入品だったのだろう。高価なものであったと思われる。高価であってもガラス障子にすることで、子規は、庭の植物に季節の移ろいを見ることができ、青空や雨をながめることができるようになった。ほとんど寝たきりで身体を動かすことができなくなり、絶望的な気分の中で自殺することも頭によぎっていた子規。彼の書斎（病室）は、ガラス障子によって「見ることのできる装置（室内）」あるいは「見るための装置（室内）」へと変容したのである。

　映画研究者のアン・フリードバーグ（注4）は、『ヴァーチャル・ウインドウ』の(ア)ボウトウで、「窓」は「フレーム」であり「スクリーン」でもあるといっている。

　窓はフレームであるとともに、プロセニアム〔舞台と客席を区切る額縁状の部分〕でもある。窓の縁〔エッジ〕が、風景を切り取る。窓は外界を二次元の平面へと変える。つまり、窓はスクリーンとなる。窓と同様に、スクリーンは平面であると同時にフレーム――映像〔イメージ〕が投影される反射面であり、視界を制限するフレーム――でもある。スクリーンは建築のひとつの構成要素であり、新しいやり方で、壁の通風を演出する。

　子規の書斎は、ガラス障子によるプロセニアムがつくられたのであり、それは外界を二次元に変えるスクリーンでありフレームとなったのである。Bガラス障子は「視覚装置」だといえる。

子規の書斎（病室）の障子をガラス障子にすることで、その室内は「視覚装置」となったわけだが、実のところ、外界をながめることのできる「窓」は、視覚装置として、建築・住宅にもっとも重要な要素としてある。

建築家のル・コルビュジエは、いわば視覚装置としての「窓」をきわめて重視していた。そして、彼は窓の構成こそ、建築を決定しているとまで考えていた。したがって、子規の書斎（病室）とは比べものにならないほど、ル・コルビュジエは、視覚装置としての窓の多様性を、デザインつまり表象として実現していった。とはいえ、窓が視覚装置であるという点においては、子規の書斎（病室）のガラス障子といささかもかわることはない。しかし、ル・コルビュジエは、住まいを徹底した視覚装置、まるでカメラのように考えていたという点では、子規のガラス障子のようにおだやかなものではなかった。子規のガラス障子は、フレームではあっても、操作されたフレームではない。他方、Cル・コルビュジエの窓は、確信を持ってつくられたフレームであった。

ル・コルビュジエは、ブエノス・アイレスで(イ)行った講演のなかで、「建築の歴史を窓の各時代の推移で示してみよう」といい、また窓によって「建築の性格が決定されてきたのです」と述べている。そして、古代ポンペイの出窓、ロマネスクの窓、ゴシックの窓、さらに一九世紀パリの窓から現代の窓のあり方までを歴史的に検討してみせる。そして「窓は採光のためにあり、換気のためではない」とも述べている。こうしたル・コルビュジエの窓についての言説について、アン・フリードバーグは、ル・コルビュジエのいう住宅は「住むための機械」であると同時に、それはまた「見るための機械でもあった」のだと述べている。さらに、ル・コルビュジエは、窓に換気ではなく「視界と採光」を優先したのであり、それは「窓のフレームと窓の形、すなわち「アスペクト比」の変更を引き起こした」と指摘している。ル・コルビュジエは窓を、外界を切り取るフレームだと捉えており、その結果、窓の形、そして「アスペクト比」（ディスプレイの長辺と短辺の比）が変化したというのである。

実際彼は、両親のための家をレマン湖のほとりに建てている。まず、この家は、塀（壁）で囲まれているのだが、これについてル・コルビュジエは、次のように記述している。

　囲い壁の存在理由は、北から東にかけて、さらに部分的に南から西にかけて視界を閉ざすためである。四方八方に蔓《まん》延《えん》する景色というものは圧倒的で、焦点をかき、長い間にはかえって退屈なものになってしまう。このような状況では、もはや〝私たち〟は風景を〝眺める〟ことができないのではなかろうか。景色を(ウ)望むには、むしろそれを限定しなければならない。思い切った判断によって選別しなければならないのだ。すなわち、まず壁を建てることによって視界を遮《さえ》ぎり、つぎに連《つら》なる壁面を要所要所取り払い、そこに水平線の広がりを求めるのである。（『小さな家』(注5)）

風景を見る「視覚装置」としての窓（開口部）と壁をいかに構成するかが、ル・コルビュジエにとって課題であったことがわかる。

（柏《かしわ》木《ぎ》博《ひろし》『視覚の生命力――イメージの復権』による）

【文章Ⅱ】

一九二〇年代の最後期を飾る初期の古典的作品サヴォア邸(注6)は、見事なプロポーション(注7)をもつ「横長の窓」を示す。が一方、「横長の窓」を内側から見ると、それは壁をくりぬいた窓であり、その意味は反転する。それは四周を遮る壁体となる。「横長の窓」は、「横長の壁」となって現われる。「横長の窓」は一九二〇年代から一九三〇年代に入ると、「全面ガラスの壁面」へと移行する。スイス館(注8)がこれをよく示している。しかしながらスイス館の屋上庭園の四周は、強固な壁で囲われている。大気は壁で仕切られているのである。

かれは初期につぎのようにいう。「住宅は沈思黙考の場である」。あるいは「人間には自らを消耗する〈仕事の時間〉があり、自らをひき上げて、心の(エ)キンセンに耳を傾ける〈瞑想《めいそう》の時間〉とがある」。

これらの言葉には、いわゆる近代建築の理論においては説明しがたい一つの空間論が現わされている。一方は、いわば光の(オ)ウトんじられる世界であり、他方は光の溢《あふ》れる世界である。つまり、前者は内面的な世界に、後者は外的な世界に関わっている。かれは『小さな家』において「風景」を語る：「ここに見られる囲い壁の存在理由は、北から東にかけて、さらに部分的に南から西にかけて視界を閉ざすためである。四方八方に蔓延する景色というものは圧倒的で、焦点をかき、長い間にはかえって退屈なものになってしまう。このような状況では、もはや〝私たち〟は風景を〝眺める〟ことができないのではなかろうか。景色を望むには、むしろそれを限定しなければならない。（中略）北側の壁と、そして東側と南側の壁とが〝囲われた庭〟を形成すること、これがここでの方針である」。

サヴォア邸

ここに語られる「風景」は動かぬ視点をもっている。かれが多くを語った「動く視点」にたいするこの「動かぬ視点」は風景を切り取る。視点と風景は、一つの壁によって隔てられ、そしてつながれる。風景は一点から見られ、眺められる。D壁がもつ意味は、風景の観照の空間的構造化である。この動かぬ視点《テオリア》（注9） theōria の存在は、かれにおいて即興的なものではない。

かれは、住宅は、沈思黙考、美に関わると述べている。初期に明言されるこの思想は、明らかに動かぬ視点をもっている。その後の展開のなかで、沈思黙考の場をうたう住宅論は、動く視点が強調されるあまり、ル・コルビュジエにおいて影をひそめた感がある。しかしながら、このテーマはル・コルビュジエが後期に手がけた「礼拝堂」(注10)や「修道院」において再度主題化され、深く追求されている。「礼拝堂」や「修道院」は、なによりも沈思黙考、瞑想の場である。つまり、後期のこうした宗教建築を問うことにおいて、動く視点にたいするル・コルビュジエの動かぬ視点の意義が明瞭になる。

（呉谷充利《くれたにみつとし》『ル・コルビュジエと近代絵画――二〇世紀モダニズムの道程』による）

注

1 『墨汁一滴』…正岡子規（一八六七―一九〇二）が一九〇一年に著した随筆集。
2 石井研堂…ジャーナリスト、明治文化研究家（一八六五―一九四三）。
3 虚子…高浜虚子（一八七四―一九五九）。俳人、小説家。正岡子規に師事した。
4 アン・フリードバーグ…アメリカの映像メディア研究者（一九五二―二〇〇九）。
5 『小さな家』…ル・コルビュジエ（一八八七―一九六五）が一九五四年に著した書物。自身が両親のためにレマン湖のほとりに建てた家について書かれている。
6 サヴォア邸…ル・コルビュジエの設計で、パリ郊外に建てられた住宅。
7 プロポーション…つりあい。均整。
8 スイス館…ル・コルビュジエの設計で、パリに建てられた建築物。
9 動かぬ視点《テオリア》 theōria…ギリシア語で、「見ること」「眺めること」の意。
10 「礼拝堂」や「修道院」…ロンシャンの礼拝堂とラ・トゥーレット修道院を指す。

問1 次の(i)・(ii)の問いに答えよ。（2点×5）

(i) **傍線部(ア)・(エ)・(オ)に相当する漢字を含むものを、次の各群の①〜④のうちから、それぞれ一つずつ選べ。**

(ア) ボウトウ

① 流行性のカンボウにかかる
② 今朝はネボウしてしまった
③ 過去をボウキャクする
④ 経費がボウチョウする

(エ) キンセン

① ヒキンな例を挙げる
② 食卓をフキンで拭く
③ モッキンを演奏する
④ 財政をキンシュクする

(オ) ウトんじられる

① 裁判所にテイソする
② 地域がカソ化する
③ ソシナを進呈する
④ 漢学のソヨウがある

(ii) **傍線部(イ)・(ウ)と同じ意味を持つものを、次の各群の①～④のうちから、それぞれ一つずつ選べ。**

(イ) 行った

① 行シン
② 行レツ
③ リョ行
④ リ行

(ウ) 望む

① ホン望
② ショク望
③ テン望
④ ジン望

問2 傍線部A「子規は季節や日々の移り変わりを楽しむことができた」とあるが、それはどういうことか。その説明として最も適当なものを、次の①～⑤のうちから一つ選べ。 (7点)

① 病気で絶望的な気分で過ごしていた子規にとって、ガラス障子越しに外の風物を眺める時間が現状を忘れるための有意義な時間になっていたということ。

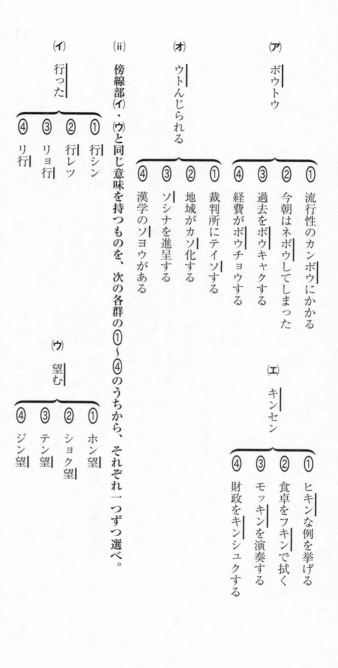

② 病気で塞ぎ込み生きる希望を失いかけていた子規にとって、ガラス障子から確認できる外界の出来事が自己の救済につながっていったということ。

③ 病気で寝返りも満足に打てなかった子規にとって、ガラス障子を通して多様な景色を見ることが生を実感する契機となっていたということ。

④ 病気で身体を動かすことができなかった子規にとって、ガラス障子という装置が外の世界への想像をかき立ててくれたということ。

⑤ 病気で寝たきりのまま思索していた子規にとって、ガラス障子を取り入れて内と外が視覚的につながったことが作風に転機をもたらしたということ。

問3 傍線部B「ガラス障子は『視覚装置』だといえる。」とあるが、筆者がそのように述べる理由として最も適当なものを、次の①～⑤のうちから一つ選べ。 (7点)

① ガラス障子は、季節の移ろいをガラスに映すことで、隔てられた外界を室内に投影して見る楽しみを喚起する仕掛けだと考えられるから。

② ガラス障子は、室外に広がる風景の範囲を定めることで、外の世界を平面化されたイメージとして映し出す仕掛けだと考えられるから。

③ ガラス障子は、外の世界と室内とを切り離したり接続したりすることで、視界に入る風景を制御する仕掛けだと考えられるから。

④ ガラス障子は、視界に制約を設けて風景をフレームに収めることで、新たな風景の解釈を可能にする仕掛けだと考

えられるから。

⑤ ガラス障子は、風景を額縁状に区切って絵画に見立てることで、その風景を鑑賞するための空間へと室内を変化させる仕掛けだと考えられるから。

問4 傍線部C「ル・コルビュジエの窓は、確信を持ってつくられたフレームであった」とあるが、「ル・コルビュジエの窓」の特徴と効果の説明として最も適当なものを、次の①～⑤のうちから一つ選べ。（7点）

① ル・コルビュジエの窓は、外界に焦点を合わせるカメラの役割を果たすものであり、壁を枠として視界を制御することで風景がより美しく見えるようになる。

② ル・コルビュジエの窓は、居住性を向上させる機能を持つものであり、採光を重視することで囲い壁に遮られた空間の生活環境が快適なものになる。

③ ル・コルビュジエの窓は、アスペクト比の変更を目的としたものであり、外界を意図的に切り取ることで室外の景色が水平に広がって見えるようになる。

④ ル・コルビュジエの窓は、居住者に対する視覚的な効果に配慮したものであり、囲い壁を効率よく配置することで風景への没入が可能になる。

⑤ ル・コルビュジエの窓は、換気よりも視覚を優先したものであり、視点が定まりにくい風景に限定を施すことでかえって広がりが認識されるようになる。

問5 傍線部D「壁がもつ意味は、風景の観照の空間的構造化である。」とあるが、これによって住宅はどのような空間に

なるのか。その説明として最も適当なものを、次の①～⑤のうちから一つ選べ。（7点）

① 三方を壁で囲われた空間を構成することによって、外光は制限されて一方向からのみ部屋の内部に取り入れられる。このように外部の光を調整する構造により、住宅は仕事を終えた人間の心を癒やす空間になる。

② 外界を壁と窓で切り取ることによって、視点は固定されてさまざまな方向から景色を眺める自由が失われる。このように壁と窓が視点を制御する構造により、住宅はおのずと人間が風景と向き合う空間になる。

③ 四周の大部分を壁で囲いながら開口部を設けることによって、固定された視点から風景を眺めることが可能になる。このように視界を制限する構造により、住宅は内部の人間が静かに思索をめぐらす空間になる。

④ 四方に広がる空間を壁で限定することによって、選別された視角から風景と向き合うことが可能になる。このように一箇所において外界と人間がつながる構造により、住宅は風景を鑑賞するための空間になる。

⑤ 周囲を囲った壁の一部を窓としてくりぬくことによって、外界に対する視野に制約が課せられる。このように壁と窓を設けて内部の人間を瞑想へと誘導する構造により、住宅は自己省察するための空間になる。

問6　次に示すのは、授業で【文章Ⅰ】【文章Ⅱ】を読んだ後の、話し合いの様子である。これを読んで、後の(i)～(iii)の問いに答えよ。（4点×3）

生徒A――【文章Ⅰ】と【文章Ⅱ】は、両方ともル・コルビュジエの建築における窓について論じられていたね。

生徒B――【文章Ⅰ】にも【文章Ⅱ】にも同じル・コルビュジエからの引用文があったけれど、少し違っていたよ。

生徒C――よく読み比べると、［　X　］。

生徒B――そうか、同じ文献でもどのように引用するかによって随分印象が変わるんだね。

生徒C――【文章Ⅰ】は正岡子規の部屋にあったガラス障子をふまえて、ル・コルビュジエの話題に移っていた。
生徒B――なぜわざわざ子規のことを取り上げたのかな。
生徒A――それは、［Y］のだと思う。
生徒B――なるほど。でも、子規の話題は【文章Ⅱ】の内容ともつながるような気がしたんだけど。
生徒C――そうだね。【文章Ⅱ】と関連づけて【文章Ⅰ】を読むと、［Z］と解釈できるね。
生徒A――こうして二つの文章を読み比べながら話し合ってみると、いろいろ気づくことがあるね。

(i) 空欄［X］に入る発言として最も適当なものを、次の①～④のうちから一つ選べ。

① 【文章Ⅰ】の引用文は、壁による閉塞とそこから開放される視界についての内容だけど、【文章Ⅱ】の引用文では、壁の圧迫感について記された部分が省略されて、三方を囲んで形成される壁の話に接続されている
② 【文章Ⅰ】の引用文は、視界を遮る壁とその壁に設けられた窓の機能についての内容だけど、【文章Ⅱ】の引用文では、壁の機能が中心に述べられていて、その壁によってどの方角を遮るかが重要視されている
③ 【文章Ⅰ】の引用文は、壁の外に広がる圧倒的な景色とそれを限定する窓の役割についての内容だけど、【文章Ⅱ】の引用文では、主に外部を遮る壁の機能について説明されていて、窓の機能には触れられていない
④ 【文章Ⅰ】の引用文は、周囲を囲う壁とそこに開けられた窓の効果についての内容だけど、【文章Ⅱ】の引用文では、壁に窓を設けることの意図が省略されて、視界を遮って壁で囲う効果が強調されている

(ii) 空欄［Y］に入る発言として最も適当なものを、次の①～④のうちから一つ選べ。

① ル・コルビュジエの建築論が現代の窓の設計に大きな影響を与えたことを理解しやすくするために、子規の書斎にガラス障子がもたらした変化をまず示した

② ル・コルビュジエの設計が居住者と風景の関係を考慮したものであったことを理解しやすくするために、子規の日常においてガラス障子が果たした役割をまず示した

③ ル・コルビュジエの窓の配置が採光によって美しい空間を演出したことを理解しやすくするために、子規の芸術に対してガラス障子が及ぼした効果をまず示した

④ ル・コルビュジエの換気と採光についての考察が住み心地の追求であったことを理解しやすくするために、子規の心身にガラス障子が与えた影響をまず示した

(iii) **空欄 Z に入る発言として最も適当なものを、次の①～④のうちから一つ選べ。**

① 病で絶望的な気分の中にいた子規は、書斎にガラス障子を取り入れることで内面的な世界を獲得したと言える。そう考えると、子規の書斎もル・コルビュジエの主題化した宗教建築として機能していた

② 病で外界の眺めを失っていた子規は、書斎にガラス障子を取り入れることで光の溢れる世界を獲得したと言える。そう考えると、子規の書斎もル・コルビュジエの指摘する仕事の空間として機能していた

③ 病で自由に動くことができずにいた子規は、書斎にガラス障子を取り入れることで動かぬ視点を獲得したと言える。そう考えると、子規の書斎もル・コルビュジエの言う沈思黙考の場として機能していた

④ 病で行動が制限されていた子規は、書斎にガラス障子を取り入れることで見るための機械を獲得したと言える。そう考えると、子規の書斎もル・コルビュジエの住宅と同様の視覚装置として機能していた

5

論理

ヘルメスというありかた

オリジナル

目標解答時間 20分

本冊（解答・解説） p.63

次の【文章Ⅰ】は、「ヘスティア」との関係において「ヘルメス」について論じたものである。また【文章Ⅱ】は「ゼウス」との関係において「ヘルメス」を論じたものである。これらを読んで、後の問い（問1〜6）に答えよ。

【文章Ⅰ】

エドワード・ケイシー（注1）は、人間の住み方（dwelling）には根本的に二つの(ア)ヨウタイがあると主張する。ひとつは、Aヘスティア的住み方であり、もうひとつはヘルメス的住み方である。

ヘスティアとは、ギリシャ神話におけるかまどの女神であり、家と家族的生活の中心である炉端を象徴する。それは、家族を養う家政（オイコス）の神でもある。古代ギリシャの家々にはヘスティアを祀《まつ》る祭壇が備えられ、大きな町の公会堂や市庁舎の正面にもヘスティアの祭壇が作られたといわれている。ギリシャでは、かまどは家や寺院の真ん中にあり、ヘスティアは家庭と国家の統一の象徴であった。

よって、ヘスティア的住み方とは、佇《たたず》むことであり、留《とど》まることであり、最終的に(イ)宿ることである。それは、同じ場所に停留することであり、内在することであり、滞在することであり、共に居つづけることである。この居住形態は、その中心に家を持たねばならず、内側へと閉じていく傾向を持つ。ヘスティア的な住み方に適した建築物は、求心的であり、円的であり、自己閉鎖的である。そうした居住が暗黙に有する方向性とは、中心から周辺へと向かう運動であり、内部の秩序を外部へと拡張する運動である。

また、ヘスティア的な住み方は、かまどがそうであるように、上方へと向かって開き、垂直的方向性をもつ。天と地、精神性と身体性の二極化が示される。閉鎖性と垂直性、あるいは階層性が、ヘスティア的な住み方の特徴である。ひとつのところに居住しようとするならば、開かれた場所で放浪する生活は放棄されなければならない。しかし、ケイシーが指摘するには、「居住するという住み方は、必然的に二次的とは言えない。文字通りに運動を停止するのではなく、世界の中に比較的安定した場所を見つけることは、そうした「ヘスティア的な」住み方に関わっている」。

他方で、ヘルメスは、その(注2)韋駄天《いだてん》で知られるギリシャの神である。彼はとても素早く走れるために、ギリシャの神々の(注3)メッセンジャー役であった。ヘルメスは、開かれた、公共の場所を移動する。それで、彼は、道路、旅行者、横断の神であり、国境の守り手であり、それを渡る旅行者、羊飼いと牛飼いの庇護《ひご》者である。またヘルメスは、盗賊と嘘《うそ》つきと悪知恵の庇護者である。ヘルメスは、運動とコミュニケーション、水先案内、交換と商業の神である。

ヘルメスの能力は、つねに外に出る住み方、境界の外へと移動する経験に結びついている。ヘルメスの住み方は、放浪という住み方である。ヘルメス的な住み方をするための建築物は、直線的であり、水平的であり、中心をもたず、あらゆる場所が周辺的である。ケイシーはこう書いている。「ヘルメス的なものは、遠く離れた＝斬新な（far－out）ものの見方を表現している。それは、移動する位置から眺めるものの見方である。そこでは、家庭を作り世話をするゆっくりとした動作は、盗賊や通行人、旅人のせっかちな素早さに道を譲る。ヘルメスが現れるところでは、同心円的＝共－中心的なものは、離心的＝常軌を外れたものへと変わる」。

こうして、ヘルメス的な住み方は、できあがった場所の周囲を回り、外に出て、つねに何かと何かの間を往来する生活である。それは、移住しながら、一箇所に留まらない住み方である。ヘルメスの守護する人びとの多様さ、その役割の広さは、ヘルメスが変身する神であることを示している。このことは、ヘスティアの内向的な一貫性と、それゆえの役割の狭さと比較して対照的である。ヘスティアは安定と同一性の神である。特定の場所に居着くのではなく移動し、住居を所有するのではなく家を持たないことは、すなわち「ホームレス」であるような生活である。

ケイシーは指摘していないが、時間性と空間性の配分も、ヘスティア的住み方とヘルメス的住み方では異なってくる。居住場所が固定しているがゆえに、ヘスティア的住み方では、変化や成長は時間へと結びつけられる。同じ場所での経験の積み重ねは、経験や知識から空間性を切り離していく傾向がある。経験と知識は時間と歴史に結びつき、時間と歴史が精神と同一視される。(注4)ハイデガーの『存在と時間』という著作の題名は、典型的にヘスティア的住み方をする人の思想であることを表している。

他方、ヘルメス的住み方では、時間と空間は切り離されない。経験や知識は、つねに特定の場所に結びついており、他の場所でも同じ経験や知識が役に立つかは分からない。経験と知識は局所的なものにすぎず、初めての場所や場面ではかつての知識は通用しないことがしばしばだ。同じ場所で得られるアイデンティティや、その場所での変遷の積み重ねとしての歴史や文化は、移動する者には重んじられない。そうしたアイデンティティや歴史、文化などは、他の場所では役に立たないことも多いし、そんなものは持ち運べないからである。ポータブルであること、転調可能であること、交換可能であること。これらが貴重なものの特徴である。ヘルメスにとって精神とは移動できるもののことである。重くて動かないものは、むしろ物質的なもの、生命や精神を持たない死物の特徴である。

政治哲学者の(注5)ハンナ・アーレントによれば、人間の活動的生活には三つの種類、「労働」、「仕事」、「活動」があるという。「労働」とは、自分の生命維持そのもの、たとえば、最低限の衣食住の獲得を目的とした活動のことである。「仕事」とは、単なる生命維持を超えた人工物を作り出す活動である。たとえば、建築物や都市などの耐久財の生産、芸術作品のような文化の製作などが仕事に(ウ)当たる。「活動」とは、物の媒介なしに人と人の間で行われる人間の活動であり、たとえば、政治やコミュニケーションがそうである。B ヘスティアは仕事を重視し、ヘルメスは活動を重視すると言えるだろう。

さて、ケイシーによれば、C この二つの住み方の形態は排他的ではなく、相補的でもある。たしかに、実際、遊牧民がコウ(エ)エキ相手として定住農民を必要としており、定住農民がある種の農作を(オ)センギョウにするには、商業による交換と特産物の割り振りが前提となっている。この点において、ケイシーは正しい。

ヘスティアとヘルメスの二つの住み方は、二つの身体行動のあり方と対応している。ヘスティアの、不変で、長期的に続き、計算された行動は、家庭生活の核をなす習慣的行動や記憶を表現している。家庭生活の親密さと記憶しやすさは、塀によって仕切られた家の内部空間に慣れ親しむことに負っている。身体は環境に据え付けられる。文化と呼ばれるものは、ヘスティア的な場所に蓄積され、継承された集団的な記憶と慣習に他ならない。これに対して、ヘルメスの変化に富み、反復的・習慣的とはならない即興的で偶発性を含んだ行動は、開かれた公開の場所、境界の外、家々の間の道路を素早く移動する時に向いたものである。

私たちは誰もが、これらの二つの行動のあり方をとるし、ヘスティアとヘルメスの二つの住み方は矛盾するのではなく、相補的である。私たちは動物である。樹木は居住しない。生えているだけである。自分で運動できる存在だけが、休息することも移動することもできる。そして、動物は学習する。学習とは、ある新しい場所に適応し、新しい習慣を獲得することである。習慣は柔軟に環境に適応することであり、習慣そのもののなかに調整的な能力が前提とされている。習慣は変化への対応を含んでいる。そうでなければ、機械が示す反復と異ならなくなり、生物が学習する行動とはほど遠くなってしまう。

しかし、もし動く者のみが居住できるのであるならば、ヘルメス的な住み方こそがヘスティア的な住み方の前提条件になっているはずである。ケイシーは、ヘルメスとヘスティアを並列的で単純に相補的に扱うが、ヘルメスこそがより基本的な住み方ではないだろうか。私たちは、休息し、炉端に安らぐ存在であったとしても、何にもまして私たちは、動物であり、動く存在である。ヘスティア的な住み方は、ヘルメス的な住み方の特殊な形態である。ちょうど、安定した土地が、海洋惑星の特殊な一面に過ぎないように。

注

1 エドワード・ケイシー…アメリカ生まれの哲学者（一九三九〜）。
2 韋駄天…足の速い神や人。
3 メッセンジャー…使者。
4 ハイデガー…マルティン・ハイデガー（一八八九〜一九七六）。ドイツ生まれの哲学者。
5 ハンナ・アーレント…ドイツ生まれの哲学者、思想家（一九〇六〜一九七五）。

【文章Ⅱ】

ケレーニイ(注1)は、旅行者の基本的な態度を、ヘルメス型とゼウス型(注2)の二つに分けている。旅において日常の自己から離れ、別世界に没入しようとするのがヘルメス型、旅先でも常に日常生活の原則を守り、旅宿をもわが家にしてしまわねば気がすまないのがゼウス型、というわけである。

このように分けた所で、明確な線が引けるという保証はない。たとえば芭蕉《ばしょう》が、D日常性への固執を排し一所不住の志を示したと見ればヘルメス型だが、旅を「日々」の常態(注3)にしてしまっている、つまりそういう形での日常に安住していると取ればゼウス型だともいえる。実際、芭蕉がその衣鉢を継いだ前代の旅人たちが、歌枕を訪ね、あらかじめ指定されている名所をめざして遍歴したのは、かねてから心に貯《たくわ》えていたイメージや知識を、行った先でたしかめただけのことで、別世界に赴いたとは到底いえないと考えればそれまでである。
結局は、自分の現在の生活に何の疑問も抱かず、自信満々の態度でどこにでも踏み込んで平然としておられる剛の者を、旅人と呼べるかどうかである。ヘルメスは人間の魂を生から死の世界へ導く神、日本なら道祖神に当たる。「道祖神のまねきにあひて取るもの手につかず」、歌枕をめざす旅路は、生から死への旅にもなぞらえられ得るので、いずれにせよあだやおろそかなことであるはずはない。ゼウスは世界に遍在して到《いた》る所を自分の支配下におく神だから、全世界を股《また》にかける現代日本の旅行者にはふさわしい守護神だが、ケレーニイの考えでは、この神のもとでは旅の奥義は悟られないのである。

注
1　ケレーニイ…カール・ケレーニイ（一八九七〜一九七三）。ハンガリー生まれの神話学者、宗教学者。
2　ゼウス…ギリシャ神話に登場する主神。
3　衣鉢…宗教・芸術などで師匠から伝えられる奥義。前人の事業・行跡など。

問1　次の(i)・(ii)の問いに答えよ。（1点×5）

(i)　**傍線部(ア)・(エ)・(オ)に相当する漢字を含むものを、次の各群の①〜④のうちから、それぞれ一つずつ選べ。**

(ア)　ヨウタイ
① カラヨウの書体
② 明治期にヨウコウした人
③ 薬のコウヨウをためす
④ チョウヨウの序

(エ)　コウエキ
① エキザイを散布する
② ゲンエキをしりぞく
③ エキビョウがはやる
④ エキシャに占ってもらう

5

(オ) センギョウ
① センパクな考え
② レキセンのつわもの
③ センキンにあたいする
④ センオウなふるまい

(ii) 傍線部(イ)・(ウ)とは異なる意味を持つものを、次の各群の①～④のうちから、それぞれ一つずつ選べ。

(イ) 宿る
① 投宿
② 宿願
③ 宿営
④ 寄宿

(ウ) 当たる
① 該当
② 当意
③ 当世
④ 当直

問2 **傍線部A「ヘスティア的」とあるが「ヘスティア」に関する説明として最も適当なものを、次の①～⑤のうちから一つ選べ。**（7点）

① 「ヘスティア」はかまどという、家族の身体を養うものを象徴する神であり、健康な身体こそが健全な精神の基盤であるという思想を内包しているといえる。
② 「ヘスティア」が家族を中心とした集団を象徴する神である以上、そこでは家族の同居が原則であり、家を出て違う家族を作るという自由は制限される。
③ 「ヘスティア」は同じ所に居を構える傾向をもつため、自らの経験はその空間にのみ対応するものであり、時代の

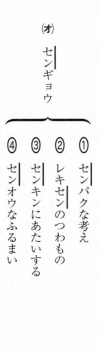

変化にも対応できるものではないと考える。

④「ヘスティア」は家庭の安定を象徴する神であり、ひたすら内部へと向かう自閉性をその特色としており、自らの領域を固定化しようとする性格をもつ。

⑤「ヘスティア」は家庭だけではなく、国家の象徴でもあったが、それは、「ヘスティア」が求心的であり、共同体的な性格をもつことと関連があるといえる。

問3　傍線部B「ヘスティアは仕事を重視し、ヘルメスは活動を重視すると言えるだろう」とあるが、筆者がこのように言うのはどうしてか。その説明として最も適当なものを、次の①～⑤のうちから一つ選べ。（7点）

①前者はかまどの神として家族の健康の維持を第一としつつ、その家族とともに過ごすための家の建設をも行うのに対し、後者は文化の異なる土地を旅する放浪がその生き方の典型だから。

②前者は持続的な居住のために建築物を造らねばならず、またその場所で経験を蓄積し、文化として後世に伝えるのに対し、後者はさまざまな場所へ赴き、多様な人々と関係をもつから。

③前者は家庭を第一とする神として、家族を中心とした習俗や文化の形成を担うのに対し、後者は交換と商業の神として、ものの交換や同じ仕事をする人間との付き合いを重んじるから。

④前者はひとつの場所に流れる時間の持続性を重んじるため、耐久性のあるものの生産を重視するのに対し、後者は多様な場で蓄積した経験や普遍的知識を政治に役立てようとするから。

⑤前者は生命維持という衣食住や身体性よりも、神のいる世界を志向する垂直的な精神性を重んじるのに対し、後者は定住を好まず、常に斬新なものの見方を他者と共有しようとするから。

5

問4　傍線部C「この二つの住み方の形態は排他的ではなく、相補的でもある」とあるが、その理由として最も適当なものを、次の①～⑤のうちから一つ選べ。（8点）

① 物を作る仕事もそれに関する話し合いが必要だったり、人と人との間でも物作りに関する知識が必要になり得るから。

② 遊牧民は定住農民と取引を行う必要があるし、定住民も作物を金銭化する経済活動に長《た》けている者を必要とするから。

③ 動物は運動と休息が共に必要なものであるし、ある場所に適応しつつ学習された習慣がそれらを相互に反復させるから。

④ ヘスティア的な固定された生活は、ヘルメスから見れば死に等しいが、死と生は人間にとって表裏一体のものだから。

⑤ 家の内部で安らぐヘスティア的住み方も、世界を移り住むヘルメス的住み方も人間の身体的欲望に対応しているから。

問5　傍線部D「日常性への固執を排し一所不住の志を示した」とあるが、次の①～⑤の『おくのほそ道』中の言葉で、傍線部の内容に最も対応するものを一つ選べ。（6点）

① 幻の巷《ちまた》に離別の涙をそそぐ

② 古人も多く旅に死せるあり

③ 風に誘はれて、漂泊の思ひやまず

④ 日々旅にして旅をすみかとす

⑤ 道祖神の招きにあひて

問6 **Sさんのクラスでは、【文章Ⅰ】【文章Ⅱ】を読んだ後に、それぞれのグループで、二つの【文章】の主旨をまとめることになったが、Sさんのグループでは【文章Ⅱ】についての疑問点が出されたので、それをまず皆で話し合った。そして皆が納得した後に二つの【文章】をまとめた。その内容は以下の通りである。これらについて、後の(i)・(ii)の問いに答えよ。**（6点×2）

【話し合い】

生徒C――【文章Ⅱ】の最後の「旅の奥義」っていうのがよくわからないんだけど。

生徒A――「奥義」を辞書で引くと、〈学問・芸術などの、容易には到達できない重要な事柄〉って書いてあるけど。

生徒B――するとここでは、「旅での重要な事柄」っていうことだよね。

生徒C――ということは【文章Ⅰ】の筆者が、「旅」の大事さをどんなふうに考えているかってことに関係してくるよね。

生徒A――「旅の奥義」という言葉の前に、「この神のもとでは」って書いてあるけど、「この神」は「ゼウス」のことだよね。

生徒D――「ゼウス」のように「到る所を自分の支配下におく神」のもとでは「旅」の大事さはわからないってことだね。

生徒B――そっか。じゃあゼウス型じゃなく、ヘルメス型のようなありかたにこそ、「旅」の重要さが示されているってことだね。

生徒C——そうなんだ。たとえば［ X ］。

〈話し合いを踏まえて書かれた二つの【文章】の「まとめ」〉

［ Y ］

(i) **空欄［X］に入るものとして最も適当なものを、次の①～④のうちから一つ選べ。**

① 普段とは違う世界の中で、自分のすべてが非日常的な状態になるんだね

② 自分の魂が生から死の世界へ導かれて、ちょっと面白い体験をするんだね

③ 普段の楽で便利な生活をいっとき抜け出て、過酷で厳しい旅をするんだね

④ 日常の自分に嫌気がさし、違う自分を探しに新しい世界に行くんだね

(ii) **空欄［Y］に入るものとして最も適当なものを、次の①～⑤のうちから一つ選べ。**

① ヘスティアとヘルメスの住み方も、ゼウス型とヘルメス型も、まったく相反するわけではないが、人間としては、固定的な生よりも流動的で変化に富んだ生を目指すべきである。

② 現代の日本人は旅をも自分の家にいるかのように日常の延長として捉えてしまうが、そうしたあり方は空間を支配する尊大な態度とも言え、そうした自分を見つめ直すことも必要である。

③ 二つの【文章】とも比較する対象は異なるが、定住や日常的な世界に埋没してしまうのではなく、ヘルメスのよう

に、日常とは別の世界に触れ自分が変容することを肯定すべきである。

④ ヘスティアやゼウスには内面的なアイデンティティや強い自己が感じられるが、そうした定型化した自己だけではなく、それを自ら破壊し再構築していく過程も人生には必要である。

⑤ 一度身につけた文化や日常的習慣は他の場所では役に立たないことは旅に出てみるとよくわかるが、そうしたことを自覚し、即興性や偶発性を含むことを生の基本と考えるべきである。

6

文学

小説と俳句

2022 年度本試験

目標解答時間 20 分

本冊（解答・解説） p.78

次の文章は、黒井《くろい》千次《せんじ》「庭の男」（一九九一年発表）の一節である。「私」は会社勤めを終え、自宅で過ごすことが多くなっている。隣家（大野家）の庭に息子のためのプレハブ小屋が建ち、そこに立てかけられた看板に描かれた男が、「私」の自宅のダイニングキチン（キッチン）から見える。その存在が徐々に気になりはじめた「私」は、看板のことを妻に相談するなかで、自分が案山子《かかし》をどけてくれと頼んでいる雀《すずめ》のようだと感じていた。以下はそれに続く場面である。これを読んで、後の問い（問1〜5）に答えよ。

立《たて》看板をなんとかするよう裏の家の息子に頼んでみたら、という妻の示唆を、私は大真面目で受け止めていたわけではなかった。落着《おちつ》いて考えてみれば、その理由を中学生かそこらの少年にどう説明すればよいのか見当もつかない。相手は看板を案山子などとは夢にも思っていないだろうから、雀の論理は通用すまい。ただあの時は、妻が私の側に立ってくれたことに救われ、気持ちが楽になっただけの話だった。いやそれ以上に、男と睨《にら》み合った時、なんだ、お前は案山子ではないか、と言ってやる僅かなゆとりが生れるほどの力にはなった。裏返されればそれまでだぞ、と窓の中から毒突くのは、一方的に見詰められるのみの関係に比べればまだましだったといえる。

しかし実際には、看板を裏返す手立てが摑《つか》めぬ限り、いくら毒突いても所詮空威張りに過ぎぬのは明らかである。そして裏の男は、私のそんな焦りを見透《みすか》したかのように、前にもまして帽子の広いつばの下の眼に暗い光を溜《た》め、こちらを凝視して止《や》まなかった。流しの窓の前に立たずとも、あの男が見ている、との感じは肌に伝わった。暑いのを我慢して南側の子供部屋で本を読んだりしていると、すぐ隣の居間に男の視線の気配を覚えた。そうなると、本を伏せてわざわざダイニングキチンまで出向き、あの男がいつもと同じ場所に立っているのを確かめるまで落着けなかった。

隣の家に電話をかけ、親に事情を話して看板をどうにかしてもらう、という手も考えた。少年の頭越しのそんな手段はフェアではないだろう、との意識も働いたし、その前に親を納得させる自信がない。もしも納得せぬまま、ただこちらとのいざこざを避けるために親が看板を除去してくれたとしても、相手の内にいかなる疑惑が芽生えるかは容易に想像がつく。あの家には頭のおかしな人間が住んでいる、そんな噂《うわさ》を立てられるのは恐ろしかった。

ある夕暮れ、それは妻が家に居る日だったが、日が沈んで外が少し涼しくなった頃、散歩に行くぞ、と裏の男に眼で告げて玄関を出た。家を離れて少し歩いた時、町会の掲示板のある角を曲って来る人影に気がついた。迷彩色のシャツをだらしなくジーパンの上に出し、俯《うつむ》きかげんに道の端をのろのろと近づいて来る。まだ育ち切らぬ柔らかな骨格と、無理に背伸びした身なりとのアンバランスな組合せがおかしかった。細い首に支えられた坊主頭がふと上り、またすぐに伏せられた。

A 隣の少年だ、と思うと同時に、私はほとんど無意識のように道の反対側に移って彼の前に立っていた。

「ちょっと」

声を掛けられた少年は怯《おび》えた表情で立ち止《どま》り、それが誰かわかると小さく頷《うなず》く仕種《しぐさ》で頭だけ下げ、私を避けて通り過ぎようとした。

「庭のプレハブは君の部屋だろう」

何か曖昧な母音を洩《も》らして彼は微《かす》かに頷いた。

「あそこに立てかけてあるのは、映画の看板かい」

細い眼が閉じられるほど細くなって、警戒の色が顔に浮かんだ。

「素敵な絵だけどさ、うちの台所の窓の真正面になるんだ。置いてあるだけなら、あのオジサンを横に移すか、裏返しにするか——」

そこまで言いかけると、相手は肩を聳《そび》やかす身振りで歩き出そうとした。

「待ってくれよ、頼んでいるんだから」

肩越しに振り返る相手の顔は無表情に近かった。

「もしもさ——」

追おうとした私を振り切って彼は急ぎもせずに離れて行く。

「ジジイ——」

吐き捨てるように彼の俯いたまま低く叫ぶ声がはっきり聞えた。少年の姿が大野家の石の門に吸い込まれるまで、私はそこに立ったまま見送っていた。

ひどく後味の悪い夕刻の出来事を、私は妻に知られたくなかった。少年から見れば我が身が碌《ろく》な勤め先も持たぬジジイであることに間違いはなかったろうが、一応は礼を尽《つく》して頼んでいるつもりだったのだから、中学生の餓鬼にそれを無視され、罵られたのは身に応えた。**B**身体の底を殴られたような厭《いや》な痛みを少しでも和らげるために、こちらの申し入れが理不尽なものであり、相手の反応は無理もなかったのだ、と考えてみようともした。謂《いわ》れもない内政干渉として彼が憤る気持ちもわからぬではなかった。しかしそれなら、彼は面を上げて私の申し入れを拒絶すればよかったのだ。所詮当方は雀の論理しか持ち合わせぬのだから、黙って引き下《さが》るしかないわけだ。その方が私もまだ救われたろう。

無視と捨台詞《すてぜりふ》にも似た罵言とは、彼が息子よりも遥《はる》かに歳《とし》若い少年だけに、やはり耐え難かった。

夜が更けてクーラーをつけた寝室に妻が引込んでしまった後も、私は一人居間のソファーに坐《すわ》り続けた。穏やかな鼾《いびき》が寝室の戸の隙間を洩《も》れて来るのを待ってから、大型の懐中電灯を手にしてダイニングキチンの窓に近づいた。もしや、という淡い期待を抱いて隣家の庭を窺《うかが》った。手前の木々の葉越しにプレハブ小屋の影がぼうと白く漂うだけで、庭は闇に包まれている。網戸に擦《こす》りつけるようにして懐中電灯の明《あか》りをともした。光の環《わ》の中に、きっと私を睨《にら》み返す男の顔が浮かんだ。闇に縁取られたその顔は肌に血の色さえ滲《にじ》ませ、昼間より一層生々しかった。

「馬鹿奴《め》」

呟《つぶや》く声が身体にこもった。暗闇に立つ男を罵っているのか、夕刻の少年に怒りをぶつけているのか、自らを嘲っているのか、自分でもわからなかった。懐中電灯を手にしたまま素早く玄関を出た。土地ぎりぎりに建てた家の壁と塀の間を身体を斜めにしてすり抜ける。建築法がどうなっているのか識《し》らないが、もう少し肥《ふと》れば通ることの叶《かな》わぬ僅かな隙間だった。ランニングシャツ一枚の肩や腕にモルタル(注)のざらつきが痛かった。東隣との低い生垣《いけがき》に突き当《あた》り、檜葉《ひば》の間を強引に割ってそこを跨《また》ぎ越し、我が家のブロック塀の端を迂回《うかい》すると再び大野家との生垣を掻《か》き分けて裏の庭へと踏み込んだ。乾いた小さな音がして枝が折れたようだったが、気にかける余裕はなかった。

繁みの下の暗がりで一息つき、足許《あしもと》から先に懐中電灯の光をさっと這《は》わせてすぐ消した。右手の母屋も正面のプレハブ小屋も、明りは消えて闇に沈んでいる。身を屈《かが》めたまま手探りに進み、地面に雑然と置かれている小さなベンチや傘立てや三輪車をよけて目指す小屋の横に出た。

男は見上げる高さでそこに平たく立っていた。光を当てなくとも顔の輪郭は夜空の下にぼんやり認められた。そんなただの板と、窓から見える男が同一人物とは到底信じ難かった。これではあの餓鬼に私の言うことが通じなかったとしても無理はない。案山子にとまった雀はこんな気分がするだろうか、と動悸《どうき》を抑えつつも苦笑した。

しかし濡《ぬ》れたように滑らかな板の表面に触れた時、指先に厭な違和感が走った。それがベニヤ板でも紙でもなく、硬質のプラスチックに似た物体だったからだ。思わず懐中電灯をつけてみずにはいられなかった。果《はた》して断面は分厚い白色で、裏側に光を差し入れるとそこには金属の補強材が縦横に渡されている。人物の描かれた表面処理がいかなるものかまでは咄嗟《とっさ》に摑めなかったが、それが単純に紙を貼りつけただけの代物ではないらしい、との想像はついた。雨に打たれて果無《はかな》く消えるどころか、これは土に埋められても腐ることのないしたたかな男だったのだ。

それを横にずらすか、道に面した壁に向きを変えて立てかけることは出来ぬものか、と持ち上げようとした。相手は根が生えたかの如《ごと》く動かない。これだけの厚みと大きさがあれば体重もかなりのものになるのだろうか。力の入れやすい手がかりを探ろうとして看板の縁を辿《たど》った指が何かに当った。太い針金だった。看板の左端にあけた穴を通して、針金は小屋の樋《とい》としっかり結ばれている。同じような右側の針金の先は、壁に突き出たボルトの頭に巻きついていた。その細工が左右に三つずつ、六ヵ所にわたって施されているのを確かめると、最早《もはや》男を動かすことは諦めざるを得なかった。夕暮れの少年の細めた眼を思い出し、理由はわからぬものの、C あ奴《やつ》はあ奴でかなりの覚悟でことに臨んでいるのだ、と認めてやりたいような気分がよぎった。

注 モルタル…セメントと砂を混ぜ、水で練り合わせたもの。タイルなどの接合や、外壁の塗装などに用いる。

問1 傍線部A「隣の少年だ、と思うと同時に、私はほとんど無意識のように道の反対側に移って彼の前に立っていた。」

とあるが、「私」をそのような行動に駆り立てた要因はどのようなことか。その説明として適当なものを、次の①〜⑥のうちから二つ選べ。ただし、解答の順序は問わない。（4点×2）

① 親が看板を取り除いたとしても、少年にどんな疑惑が芽生えるか想像し恐ろしく思っていたこと。
② 少年を差し置いて親に連絡するような手段は、フェアではないだろうと考えていたこと。
③ 男と睨み合ったとき、お前は案山子ではないかと言ってやるだけの余裕が生まれていたこと。
④ 男の視線を感じると、男がいつもの場所に立っているのを確かめるまで安心できなかったこと。
⑤ 少年の発育途上の幼い骨格と、無理に背伸びした身なりとの不均衡をいぶかしく感じていたこと。
⑥ 少年を説得する方法を思いつけないにもかかわらず、看板をどうにかしてほしいと願っていたこと。

問2 傍線部B「身体の底を殴られたような厭な痛み」とはどのようなものか。その説明として最も適当なものを、次の①〜⑤のうちから一つ選べ。（8点）

① 頼みごとに耳を傾けてもらえないうえに、話しかけた際の気遣いも顧みられず一方的に暴言を浴びせられ、存在が根底から否定されたように感じたことによる、解消し難い不快感。
② 礼を尽くして頼んだにもかかわらず少年から非難され、自尊心が損なわれたことに加え、そのことを妻にも言えないほどの汚点だと捉えたことによる、深い孤独と屈辱感。
③ 分別のある大人として交渉にあたれば、説得できると見込んでいた歳若い相手から拒絶され、常識だと信じていたことや経験までもが否定されたように感じたことによる、抑え難いいら立ち。
④ へりくだった態度で接したために、少年を増長させてしまった一連の流れを思い返し、看板についての交渉が絶望

的になったと感じたことによる、胸中をえぐられるような癒し難い無念さ。

⑤　看板について悩む自分に、珍しく助言してくれた妻の言葉を真に受け、幼さの残る少年に対して一方的な干渉をしてしまった自分の態度に、理不尽さを感じたことによる強い失望と後悔。

問3　傍線部C「あ奴はあ奴でかなりの覚悟でことに臨んでいるのだ、と認めてやりたいような気分がよぎった」における「私」の心情の説明として最も適当なものを、次の①～⑤のうちから一つ選べ。（8点）

①　夜中に隣家の庭に忍び込むには決意を必要としたため、看板を隣家の窓に向けて設置した少年も同様に決意をもって行動した可能性に思い至り、共感を覚えたことで、彼を見直したいような気持ちが心をかすめた。

②　隣家の迷惑を顧みることなく、看板を撤去し難いほど堅固に設置した少年の行動には、彼なりの強い思いが込められていた可能性があると気づき、陰ながら応援したいような新たな感情が心をかすめた。

③　劣化しにくい素材で作られ、しっかり固定された看板を目の当たりにしたことで、少年が何らかの決意をもってそれを設置したことを認め、その心構えについては受け止めたいような思いが心をかすめた。

④　迷惑な看板を設置したことについて、具体的な対応を求めるつもりだったが、撤去の難しさを確認したことで、この状況を受け入れてしまったほうが気が楽になるのではないかという思いが心をかすめた。

⑤　看板の素材や設置方法を直接確認し、看板に対する少年の強い思いを想像したことで、彼の気持ちを無視して一方的に苦情を申し立てようとしたことを悔やみ、多少なら歩み寄ってもよいという考えが心をかすめた。

問4　本文では、同一の人物や事物が様々に呼び表されている。それらに着目した、後の(i)・(ii)の問いに答えよ。（6点×2）

(i) **隣家の少年を示す表現に表れる「私」の心情の説明として最も適当なものを、次の①～⑤のうちから一つ選べ。**

① 当初はあくまで他人として「裏の家の息子」と捉えているが、実際に遭遇した少年に未熟さを認めたのちには、「息子よりも遥かに歳若い少年」と表して我が子に向けるような親しみを抱いている。

② 看板への対応を依頼する少年に礼を尽くそうとして「君」と声をかけたが、無礼な言葉と態度を向けられたことで感情的になり、「中学生の餓鬼」「あの餓鬼」と称して怒りを抑えられなくなっている。

③ 看板撤去の交渉をする相手として、少年とのやりとりの最中はつねに「君」と呼んで尊重する様子を見せる一方で、少年の外見や言動に対して内心では「中学生の餓鬼」「あの餓鬼」と侮っている。

④ 交渉をうまく進めるために「君」と声をかけたが、直接の接触によって我が身の老いを強く意識させられたことで、「中学生の餓鬼」「息子よりも遥かに歳若い少年」と称して彼の若さをうらやんでいる。

⑤ 当初は親の方を意識して「裏の家の息子」と表していたが、実際に遭遇したのちには少年を強く意識し、「中学生の餓鬼」「息子よりも遥かに歳若い少年」と彼の年頃を外見から判断しようとしている。

(ii) **看板の絵に対する表現から読み取れる、「私」の様子や心情の説明として最も適当なものを、次の①～④のうちから一つ選べ。**

① 「私」は看板を「裏の男」と人間のように意識しているが、少年の前では「映画の看板」と呼び、自分の意識が露呈しないように工夫する。しかし少年が警戒すると、「素敵な絵」とたたえて配慮を示した直後に「あのオジサン」と無遠慮に呼んでおり、余裕をなくして表現の一貫性を失った様子が読み取れる。

② 「私」は看板について「あの男」「案山子」と比喩的に語っているが、少年の前では「素敵な絵」と大げさにたたえ

ており、さらに、少年が憧れているらしい映画俳優への敬意を全面的に示すように「あのオジサン」と呼んでいる。少年との交渉をうまく運ぼうとして、プライドを捨てて卑屈に振るまう様子が読み取れる。

③「私」は妻の前では看板を「案山子」と呼び、単なる物として軽視しているが、少年の前では「素敵な絵」とたたえ、さらに「あのオジサン」と親しみを込めて呼んでいる。しかし、少年から拒絶の態度を示されると、「看板の絵」「横に移す」「裏返しにする」と物扱いしており、態度を都合よく変えている様子が読み取れる。

④「私」は看板を「裏の男」「あの男」と人間に見立てているが、少年の前でとっさに「映画の看板」「素敵な絵」と表してしまったため、親しみを込めながら「あのオジサン」と呼び直している。突然訪れた少年との直接交渉の機会に動揺し、看板の絵を表する言葉を見失い慌てふためいている様子が読み取れる。

問5　Nさんは、二重傍線部「案山子にとまった雀はこんな気分がするだろうか、と動悸を抑えつつも苦笑した。」について理解を深めようとした。まず、国語辞典で「案山子」を調べたところ季語であることがわかった。そこでさらに、歳時記（季語を分類して解説や例句をつけた書物）から「案山子」と「雀」が詠まれた俳句を探し、これらの内容を【ノート】に整理した。このことについて、後の(i)・(ii)の問いに答えよ。（(i)6点・(ii)8点）

【ノート】

●国語辞典にある「案山子」の意味

㋐竹や藁《わら》などで人の形を造り、田畑に立てて、鳥獣が寄るのをおどし防ぐもの。とりおどし。季語・秋。

㋑見かけばかりもっともらしくて、役に立たない人。

●歳時記に掲載されている　案山子と雀の俳句

ⓐ「案山子立つれば群雀空にしづまらず」（飯田蛇笏《だこつ》）

ⓑ「稲雀追ふ力なき案山子かな」（高浜年尾）

ⓒ「某《それがし》は案山子にて候《そうろう》　雀殿」（夏目漱石）

●解釈のメモ

ⓐ遠くにいる案山子に脅かされて雀が群れ騒ぐ風景。

ⓑ雀を追い払えない案山子の様子。

ⓒ案山子が雀に対して虚勢を張っているように見える様子。

●「案山子」と「雀」の関係に注目し、看板に対する「私」の認識を捉えるための観点。

・看板を家の窓から見ていた時の「私」→ X

・看板に近づいた時の「私」→ Y

(i) **Nさんは、「私」が看板を家の窓から見ていた時と近づいた時にわけたうえで、国語辞典や歳時記の内容と関連づけながら【ノート】の傍線部について考えようとした。空欄 X と Y に入る内容の組合せとして最も適当なものを、後の①～④のうちから一つ選べ。**

(ア) X ——歳時記の句ⓐでは案山子の存在に雀がざわめいている様子であり、国語辞典の説明㋐にある「おどし防ぐ」存在となっていることに注目する。

(イ) X ——歳時記の句ⓒでは案山子が虚勢を張っているように見え、国語辞典の説明㋑にある「見かけばかりもっともらし」い存在となっていることに注目する。

(ウ) Y ——歳時記の句ⓑでは案山子が実際には雀を追い払うことができず、国語辞典の説明㋑にある「見かけばかりもっともらし」い存在となっていることに注目する。

(エ) Y ——歳時記の句ⓒでは案山子が雀に対して自ら名乗ってみせるだけで、国語辞典の説明㋐にある「おどし防ぐ」存在となっていることに注目する。

① X—(ア)　Y—(ウ)
② X—(ア)　Y—(エ)
③ X—(イ)　Y—(ウ)
④ X—(イ)　Y—(エ)

(ii) 【ノート】を踏まえて「私」の看板に対する認識の変化や心情について説明したものとして、最も適当なものを、次の①～⑤のうちから一つ選べ。

① はじめ「私」は、ⓒ「某は案山子にて候雀殿」の虚勢を張る「案山子」のような看板に近づけず、家のなかから眺めているだけの状態であった。しかし、そばまで近づいたことで、看板は㋑「見かけばかりもっともらし」いものであることに気づき、これまで「ただの板」にこだわり続けていたことに対して大人げなさを感じている。

② はじめ「私」は、ⓑ「稲雀追ふ力なき案山子かな」の「案山子」のように看板は自分に危害を加えるようなものではないと理解していた。しかし、意を決して裏の庭に忍び込んだことで、看板の㋐「おどし防ぐもの」としての効果を実感し、雀の立場として「ただの板」に苦しんでいる自分に気恥ずかしさを感じている。

③ はじめ「私」は、自分を監視している存在として看板を捉え、㋐「おどし防ぐもの」と対面するような落ち着かない状態であった。しかし、おそるおそる近づいてみたことで、ⓒ「某は案山子にて候雀殿」のように看板の正体を明確に認識し、「ただの板」に対する怖さを克服しえた自分に自信をもつことができたと感じている。

④ はじめ「私」は、㋐「とりおどし」のような脅すものとして看板をとらえ、その存在の不気味さを感じている状態であった。しかし、暗闇に紛れて近づいたことにより、実際にはⓑ「稲雀追ふ力なき案山子かな」のような存在であることを発見し、「ただの板」である看板に心を乱されていた自分に哀れみを感じている。

⑤ はじめ「私」は、常に自分を見つめる看板に対してⓐ「群雀空にしづまらず」の「雀」のような心穏やかでない状態であった。しかし、そばに近づいてみたことにより、看板は㋑「見かけばかりもっともらし」いものであって恐れるに足りないとわかり、「ただの板」に対して悩んできた自分に滑稽さを感じている。

6

7

文学

短歌

2017年度モデル問題例

目標解答時間 20分

本冊（解答・解説）p.90

短歌について書かれた次の【文章Ⅰ】と【文章Ⅱ】を読んで、後の問い（問1～5）に答えよ。

【文章Ⅰ】

毎朝起きると、顔を洗い、歯を磨き、料理をして、ご飯を食べる。五感のうちでもっとも幼稚だけれどもっとも根源的なのが触覚であると、彫刻家の高村光太郎が言っていたが、あるいはその根源性ゆえに、私たちは私たちの一瞬一瞬が手指や舌などの触覚によって成り立っていることを普段は忘れがちだ。

触覚が本当に生きている歌というのは、視覚や聴覚の歌に比べると思いのほか少ない気がする。「(ア)琴線に触れる」「やさしさに触れる」といった言い回しがあるように、「触れる」というのは象徴的、観念的に使われることも多い言葉である。短歌でも、何かに「触れる」という歌はたくさんあるけれど、それがすなわち触覚の生きた歌だとは限らないのだ。

一粒づつぞくりぞくりと歯にあたる泣きながらひとり昼飯を食ふ　河野裕子『歳月』

ひやひやと素足なりけり足《あな》うらに唇《くち》あるごとく落椿《おちつばき》踏む　同『体力』

触覚の歌人としてまず思い浮かぶのが、河野裕子。こうした歌のなんとなまなましいことだろう。一首目、「ぞくりぞくり」が怖いくらいに肉感的である。神経が昂《たか》ぶっているときの、異様に研ぎ澄まされた感覚だろう。二首目には、裸の足裏にものが吸いつくようなリアルな感じが喩《たとえ》によって再現されている。全身の皮膚は、世界と自分の境目であり、また繋《つな》ぎ目でもある。そのことの面白さを全力で味わうかのような触覚の歌。

こんなにも湯呑《のみ》茶碗《わん》はあたたかくしどろもどろに吾《われ》はおるなり　山崎方代『右左口《うばぐち》』

花冷えや夕暗がりにかむ洟《はな》がほのかに温《ぬく》してのひらの上に　島田幸典『駅程』

何かに触れることは、生きている自分自身を確かめ直すことなのだなと思う。手に包み持つ湯呑茶碗や自分の洟の、侘《わび》しいような温かさがここにはある。

触れることが命の輪郭をなぞり直すことだとしたら、それは他者の命についても同じだ。自分で自分をくすぐっても何も感じないように、私たちは自分と異なる他者に触れたときに触覚を意識することが多い。ひとの身体に気軽に触れる機会は現代の日本では減ってきているが、例えば介護、出産、子育てなど家族との時間のなかでは、身体に触れることが多いだろう。また、次のような性愛の歌でも触覚が印象的に詠まれる。

君の髪に十指差しこみ引きよせる(イ)時雨《しぐれ》の音の束《たば》のごときを　松平盟子『帆を張る父のやうに』

髪のひとすじずつの柔《やわらか》く冷たい感触を「時雨の音の束」に喩《たと》えることで、「君」の儚《はかな》さが切なく立ち上がってくる。触覚を「音」に喩えるというややアクロバティックな比喩でありながら、すっと胸に入ってくる。

1

2

いちじくの冷たさへ指めりこんで、ごめん、はときに拒絶のことば　千種創一『砂丘律』

生きている／生きていた命に触ることは、しばしば怖れや気味の悪さを伴う。それぞれ動詞がリアルに効いていて、日常の破れ目が見えるような怖さがある。

ひとつひとつの何でもない場面が、触覚を経由することでひりひりと印象づけられる。つまるところ、触覚にはやはり体験の一回性の力強さがある気がする。視覚なら今は写真や映像があるし、聴覚ならさまざまの音源があるが、触覚は基本的に「記録」できない。実際の体験と切り離せない。そんなかけがえのない触覚を、言葉によって再現してやろうという挑戦がある歌、そして、さまざまなものに触れながら生きている自分の輪郭を新鮮に確かめ直すような歌が面白いのではないだろうか。

（大森《おおもり》静《しず》佳《か》「わたしの輪郭、いのちの感触」による）

【文章Ⅱ】

(ウ)感嘆おくあたわざる、といった出会いをした聴覚の歌を三つあげよう。

ひたぶるに暗黒《あんこく》を飛《と》ぶ蠅《はへ》ひとつ障子《しやうじ》にあたる音《おと》ぞきこゆる　斎藤茂吉『あらたま』

真っ暗闇の部屋のなかを、迷い込んだ蠅がひとつ出口をもとめて飛び巡っている。ときおり障子にぱしっとあたる重い音――この「音」を何と言いあらわしたらいいかと、もどかしい。銀蠅なども言った大きい蠅であろう。「音」には質量がある。ぐしゃりと潰れる生身も感じられる。そんな存在が、暗黒のなか、光をもとめては飛礫《つぶて》のように盲動し、身をうちあててはまた盲動する。あたかも運命であるかのように〈受苦〉するその音。

ニコライ堂この夜《よ》揺りかへり鳴る鐘の大きあり小さきあり小さきあり大きあり　北原白秋『黒檜《ひ》』

初めてこの歌を知ったとき、文字通り感嘆した。教会の鐘の音がまるで耳元で鳴っているようだ。「この夜」は特別の夜、題にあるように降誕祭前夜。「大きあり小さきあり」の繰り返しだけでは単調に終わるところを「小さきあり大きあり」と続けて、言葉そのものが鐘の響きとなっている。なんと言ってもすごいのは「揺りかへり」。実際に作っていると、これが出ない。これがあるから、下の句が生きてくる。

空《そら》の日に浸《し》みかも響く青々と海鳴るあはれ青き海鳴る　　若山牧水『海の声』

まっ青な空。日は高々とさしのぼる時刻、目をつぶって寝転ぶ。まぶたの裏は日のひかりであかるい。海鳴りが聞こえる。なんと空の日に滲《し》み入るように響くものか。青々と海が鳴っている。青い海が鳴るよ。

明るくて気持のよい、うつくしい青の響くような歌。青の色彩と響きとが溶け合っている。「青々と海鳴るあはれ青き海鳴る」の繰り返しが絶妙だ。「青々と——鳴る」だからこそ、海から空へとひろがる青の空間が生まれた。さらに「青き海」と言いかえて単調にせずうたいおさめていく。

(エ)右三首のうち白秋と牧水の歌は、作りが似ている。白秋「揺りかへり鳴る鐘」も牧水「空の日に浸みかも響く」も、三次元空間をもたない。揺れる鐘も、空の日も、読者には視覚的刺激をともなって想起されるけれども、言葉の組み立ては三次元的ではない。歌全体が聴覚と化したようで、響きそのものになって拡《ひろ》がっていくようだ。それは、茂吉の、すべてが「音」に集中する歌と比べればよくわかるだろう。茂吉の歌は、灯を消した暗い部屋という現実の三次元空間を「ひたぶるに暗黒を飛ぶ」と真っ黒に塗りつぶした。だからこそ耳は「音」に集中して異次元へと誘われる。

（阿木津英《あきつえい》「『写生』と聴覚」による）

問1　傍線部(ア)～(ウ)の本文中における意味として最も適当なものを、次の各群の①～⑤のうちから、それぞれ一つずつ選べ。（3点×3）

(ア) 琴線に触れる

① 落ち着き安堵《あんど》させること
② 失望し落胆させること
③ 感動や共鳴を与えること
④ 動揺し困惑させること
⑤ 怒りを買ってしまうこと

(イ) 時雨

① 春の、特に若芽の出る頃、静かに降る細かい雨
② 昼すぎから夕方にかけて、急に曇ってきて激しく降る大粒の雨
③ 一しきり強く降ってくる雨
④ 秋の末から冬の初め頃に、降ったりやんだりする雨
⑤ みぞれに近い、きわめて冷たい雨

(ウ) 感嘆おくあたわざる

① 感嘆せずにはいられないこと
② 感嘆してはいられないこと
③ 感嘆する余裕がないこと
④ 感嘆するか迷ってしまうこと
⑤ 感嘆することもありうること

問2 **【文章Ⅰ】**の空欄1、2について、筆者がここに引用した短歌を次の①〜⑥のうちから二つ選べ。ただし、解答の順序は問わない。（5点×2）

① 悲しみの単位として指さす川にはなみずき散りやんでまた散る　服部真里子『町』

② ぬめっとるまなこに指をさし入れてゆびが魚をつきやぶるまで　吉岡太朗『ひだりききの機械』

③ 触れることは届くことではないのだがてのひらに蛾《が》を移して遊ぶ　大森静佳『てのひらを燃やす』

④ 足のゆびはおろかにし見ゆ湯あがりの一人しばらく椅子にゐたれば　河野愛子『夜は流れる』

⑤ 遠くまで来てしまひたり挽《ひ》き肉に指入るるとき今も目つむる　朝井さとる『羽音』

⑥ 風よりも静かに過ぎてゆくものを指さすやうに歳月といふ　稲葉京子『柊《ひいらぎ》の門』

問3　【文章Ⅰ】で示された「触覚」の説明として最も適当なものを、次の①～⑤のうちから一つ選べ。（8点）

① 生きているものに触れることの恐怖感や不気味さを克服して、その真の姿を知ること。

② 記録する媒体に頼ることなく、たった一度の経験を自ら記憶し続けること。

③ 何かに触れるリアルな体験により、自他が一体化した感覚を強く意識すること。

④ 視覚や聴覚による認識をこえて、対象の本質に深くせまろうとすること。

⑤ 直接触れる実体験を通して、何気ない生活場面や自らの存在を鮮明に捉え直すこと。

問4　【文章Ⅱ】の傍線部(エ)「右三首のうち白秋と牧水の歌は、作りが似ている」とあるが、これらの作品の説明として最も適当なものを、次の①～⑤のうちから一つ選べ。（8点）

① 知覚した音の響きが視覚に変換され、リフレインを効果的に使うことによって、より実感的に音が表現されている。

② 知覚した音の響きそのものが言語化され、リフレインを効果的に使うことによって、音の拡がりが表現されている。

③ 知覚した音の響きそのものが言語化され、比喩表現を効果的に用いることによって、読者を異次元空間に誘っている。
④ 知覚した音の響きと実景が言葉によって融合し、対句を効果的に用いることによって、立体感ある情景が表現されている。
⑤ 知覚した音の響きが視覚に変換され、対句を効果的に用いることによって、音のうねりや拡がりが表現されている。

問5 **【文章Ⅰ】**と**【文章Ⅱ】**を踏まえて、国語の授業で次の短歌を鑑賞することとした。**【生徒たちの会話】**を読んで、後の(i)〜(ii)の問いに答えよ。（5点×2）

死に近き母に添寝のしんしんと遠田のかはづ天に聞ゆる　　斎藤茂吉『赤光』

【生徒たちの会話】

生徒A　この短歌は母が危篤であるという知らせを聞き、東京から急いで故郷の山形へ戻った作者が、母を看病していた時の歌で、**【文章Ⅰ】**で取り上げている「触覚」と、**【文章Ⅱ】**で取り上げている「聴覚」のどちらにも関わる歌ですね。まずは「触覚」の観点でこの短歌を捉えてみるとどのようなことがわかるでしょうか。

生徒B　「触覚」を連想させる言葉は「添寝」ですね。一つの部屋の中で、隣に寝ている死に近い母に触れている作者の実体験が表現されていると思います。

生徒C　一方、「聴覚」に着目してこの短歌を鑑賞してみると、遠くの田で鳴く「かはづ」の生にあふれた声が響き合っている状況を表現していると考えられます。**【文章Ⅱ】**で紹介されている明るくダイナミックな「空の日に」の歌とは対照的な世界が表れています。

生徒A　そうですね。しかし、私はこの短歌を詠んだとき、母と「かはづ」が同時に詠まれている意味がわかりませんでした。どのように考えたらよいでしょうか。

生徒B　私も同じような疑問を感じました。そこで私はこの短歌で使われている言葉について、もう少し調べる必要があると思い、「しんしんと」という言葉の意味を調べてみました。ある辞書には、

> **【意味1】**　あたりが静まりかえる様子
> **【意味2】**　寒さなどが身にしみ通るように感じられる様子

という意味が載っていました。

生徒C　私は「しんしんと」という言葉を使っている次の五首の作品を見つけました。

> ・しんしんと雪ふりし夜に汝《な》が指のあな冷たよと言ひて寄りしか　斎藤茂吉
> ・しんしんとゆめがうつつを越ゆるころ静かな叫びとして銀河あり　中畑智江
> ・大いなる岩を穿《うが》ちて豊かなり水しんしんと滝壺《つぼ》に入る　小松カヅ子
> ・暖かき小鳥を埋めるしんしんと雪ふればみな死なねばならぬ　黒崎由起子
> ・火のやうなひとに逢ひたししんしんとひとつの思想差し出《い》だしたし　永井陽子

「しんしんと」の言葉の**【意味1】**や、これらの作品と比較してみると、「死に近き」の短歌は、看病をしてい

る部屋の中や屋外が静まりかえって夜が更けていく中で、遠くの田で「かはづ」が鳴いている情景を表現していることがわかります。

生徒B　確かにそのように捉えることもできますが、「しんしんと」の【**意味2**】を踏まえると、「ア」と【**文章Ⅰ**】にも書かれていたように、母の死を覚悟した作者の痛切な思いが身にしみ入っていく様子を表現しているとも捉えられます。

生徒A　改めて二つの文章を読み返したり、皆さんの話を聞いたりして、私はこの短歌は イ により、生と死を象徴的に表した歌であると考えることができました。このように、五感に関わる視点や使われている言葉などに着目して短歌を鑑賞してみると、短歌に表れている場面や、その場面から想像できる作者の気持ちを多角的に読み取ることができ、深い鑑賞ができました。皆さん、ありがとうございました。

(i)　**生徒Bの発言の空欄アに【文章Ⅰ】の中の一文を入れる場合、どのような表現が入るか。最も適当なものを、次の①～⑤のうちから一つ選べ。**

① 触覚が本当に生きている歌というのは、視覚や聴覚の歌に比べると思いのほか少ない気がする
② 短歌でも、何かに「触れる」という歌はたくさんあるけれど、それがすなわち触覚の生きた歌だとは限らないのだ
③ 神経が昂ぶっているときの、異様に研ぎ澄まされた感覚だろう
④ 触れることが命の輪郭をなぞり直すことだとしたら、それは他者の命についても同じだ
⑤ 視覚なら今は写真や映像があるし、聴覚ならさまざまの音源があるが、触覚は基本的に「記録」できない

(ii) **生徒たちの会話を踏まえて、生徒Aの発言の空欄イに入るものとして最も適当なものを、次の①〜⑤のうちから一つ選べ。**

① 添寝という空間的表現と、かはづの声という聴覚的表現とを交差させること
② 死に近い母の命の感触と、天から降り注ぐように聞こえるかはづの声を重ね合わせること
③ 添寝によって実感する母の命と、夜の静寂の中に響くかはづの声とを対比させること
④ 母に添寝をしている自己の視点を、かはづの声にあふれた遠田に転換させること
⑤ 死にゆく母に添寝する部屋の静けさを、遠田で鳴くかはづの声によって強調させること

8

文学

小説とポスター

2023年度本試験

目標解答時間 20分

本冊（解答・解説） p.101

次の文章は、梅崎春生《うめざきはるお》「飢えの季節」（一九四八年発表）の一節である。第二次世界大戦の終結直後、食糧難の東京が舞台である。いつも空腹の状態にあった主人公の「私」は広告会社に応募して採用され、「大東京の将来」をテーマにした看板広告の構想を練るよう命じられた。本文は、「私」がまとめ上げた構想を会議に提出した場面から始まる。これを読んで、後の問い（問１～７）に答えよ。

私が無理矢理に拵《こしら》え上げた構想のなかでは、都民のひとりひとりが楽しく胸をはって生きてゆけるような、そんな風の都市をつくりあげていた。私がもっとも念願する理想の食物都市とはいささか形はちがっていたが、その精神も少《すく》なからずこの構想には加味されていた。たとえば緑地帯には柿の並木がつらなり、夕昏《ゆうぐれ》散歩する都民たちがそれをもいで食べてもいいような仕組《しくみ》になっていた。私の考えでは、そんな雰囲気のなかでこそ、都民のひとりひとりが胸を張って生きてゆける筈《はず》であった。絵柄や文章を指定したこの二十枚の下書きの中に、私のさまざまな夢がこめられていると言ってよかった。このような私の夢が飢えたる都市の人々の共感を得ない筈はなかった。町角に私の作品が並べられれば、道行く人々は皆立ちどまって、微笑《ほほえ》みながら眺めて呉《く》れるにちがいない。そう私は信じた。だから之《これ》を提出するにあたっても、私はすこしは晴れがましい

8

気持でもあったのである。(注1)

会長も臨席した編輯《へんしゅう》会議の席上で、しかし私の下書きは散々の悪評であった。悪評であるというより、てんで問題にされなかったのである。

「これは一体どういうつもりなのかね」

私の下書きを一枚一枚見ながら、会長はがらがらした声で私に言った。

「こんなものを街頭展に出して、一体何のためになると思うんだね」

「そ、それはです」とA私はあわてて説明した。「只今《ただいま》は食糧事情がわるくて、皆意気が衰え、夢を失っていると思うんです。だからせめてたのしい夢を見せてやりたい、とこう考えたものですから――」

会長は不機嫌な顔をして、私の苦心の下書きを重ねて卓の上にほうりだした。

「――大東京の将来というテーマをつかんだら」しばらくして会長ははき出すように口をきった。「現在何が不足しているか。理想の東京をつくるためにはどんなものが必要か。そんなことを考えるんだ。たとえば家を建てるための材木だ」

会長は赤らんだ掌《てのひら》をくにゃくにゃ動かして材木の形をしてみせた。

「材木はどこにあるか。どの位のストックがあるか。そしてそれは何々材木会社に頼めば直《す》ぐ手に入る、とこういう具合《ぐあい》にやるんだ」

会長は再び私の下書きを手にとった。

「明るい都市？　明るくするには、電燈《でんとう》だ。電燈の生産はどうなっているか。マツダランプの工場では、どんな数量を生産し、将来どんな具合に生産が増加するか、それを書くんだ。電燈ならマツダランプという具合だ。そしてマツダランプから金を貰《もら》うんだ」

ははあ、とやっと胸におちるものが私にあった。会長は顔をしかめた。

「緑地帯に柿の木を植えるって？　そんな馬鹿な。土地会社だ。東京都市計画で緑地帯の候補地がこれこれになっているから、そこの住民たちは今のうちに他に土地を買って、移転する準備したらよい、という具合だ。そのとき土地を買うなら何々土地会社へ、だ。そしてまた金を貰う」

佐藤や長山アキ子や他の編輯員たちの、冷笑するような視線を額にかんじながら、私はあかくなってうつむいていた。飛《と》んでもない誤解をしていたことが、段々判《わか》ってきたのである。思えば戦争中情報局(注2)と手を組んでこんな仕事をやっていたというのも、憂国の至情にあふれてからの所業ではなくて、たんなる儲《もう》け仕事にすぎなかったことは、少し考えれば判る筈であった。そして戦争が終《おわ》って情報局と手が切れて、掌をかえしたように文化国家の建設の啓蒙《けいもう》をやろうというのも、私費を投じた慈善事業である筈がなかった。会長の声を受けとめながら、椅子に身体《からだ》を硬くして、頭をたれたまま、**B**私はだんだん腹が立ってきたのである。私の夢が侮蔑されたのが口惜しいのではない。この会社のそのような営利精神を憎むのでもない。佐藤や長山の冷笑的な視線が辛《つら》かったのでもない。ただただ私は自分の間抜けさ加減に腹を立てていたのであった。

その夕方、私は憂鬱《ゆううつ》な顔をして焼けビル(注3)を出、うすぐらい街を昌平橋《しょうへいばし》(注4)の方にあるいて行った。あれから私は構想のたてなおしを命ぜられて、それを引受《ひきう》けたのであった。しかしそれならそれでよかった。給料さえ貰えれば始めから私は何でもやるつもりでいたのだから。憂鬱な顔をしているというのも、ただ腹がへっているからであった。膝をがくがくさせながら昌平橋のたもとまで来たとき、私は変な老人から呼びとめられた。共同便所の横のうすくらがりにいるせいか、その老人は人間というより一枚の影に似ていた。

「旦那」声をぜいぜいふるわせながら老人は手を出した。「昨日から、何も食っていないんです。ほんとに何も食っていないんです。たった一食でもよろしいから、めぐんでやって下さいな。旦那、おねがいです」

老人は外套《がいとう》（注5）も着ていなかった。顔はくろくよごれていて、上衣《うわぎ》の袖から出た手は、ぎょっとするほど細かった。身体が小刻みに動いていて、立っていることも精いっぱいであるらしかった。老人の骨ばった指が私の外套の袖にからんだ。私はある苦痛をしのびながらそれを振りはらった。

「ないんだよ。僕も一食ずつしか食べていないんだ。ぎりぎり計算して食っているんだ。とても分けてあげられないんだよ」

「そうでしょうが、旦那、あたしは昨日からなにも食っていないんです。何なら、この上衣を抵当（注6）に入れてもよござんす。一食だけ。ね。一食だけでいいんです」

老人の眼《め》は暗がりの中ででもぎらぎら光っていて、まるで眼球が瞼《まぶた》のそとにとびだしているような具合であった。頬はげっそりしなびていて、そこから咽喉《のど》にかけてざらざらに鳥肌が立っていた。

「ねえ。旦那。お願い。お願いです」

頭をふらふらと下げる老爺《ろうや》よりもどんなに私の方が頭を下げて願いたかったことだろう。あたりに人眼がなければ私はひざまずいて、これ以上自分を苦しめて呉れるなと、老爺にむかって頭をさげていたかも知れないのだ。しかし私は、C自分でもおどろくほど邪険な口調で、老爺にこたえていた。

「駄目だよ。無いといったら無いよ。誰か他の人にでも頼みな」

暫《しばら》くの後私は食堂のかたい椅子にかけて、変な臭いのする魚の煮付と芋まじりの少量の飯をぼそぼそと嚙《か》んでいた。しきりに胸を熱くして来るものがあって、食物の味もわからない位だった。私をとりまくさまざまの構図が、ひっきりなしに心を去来した。毎日白い御飯を腹いっぱいに詰め、鶏にまで白米をやる下宿のあるじ、闇売り（注7）でずいぶん儲けたくせに柿のひとつやふたつで怒っている裏の吉田さん。高価な莨《たばこ》をひっきりなしに吸って血色のいい会長。鼠《ねずみ》のような庶務課長。膝頭が蒼《あお》白く飛出《とびで》た佐藤。長山アキ子の腐った芋の弁当。（注8）国民服一着しかもたないT・I氏。お尻の破れた青いモンペ（注9）の女。電車の中で私を押して来る勤め人たち。ただ一食の物乞いに上衣を脱ごうとした老爺。それらのたくさんの構図にかこまれて、朝起きたときから食物のことばかり妄想し、こそ泥のように芋や柿をかすめている私自身の姿がそこにあるわけであった。こんな日常が連続してゆくことで、一体どんなおそろしい結末が待っているのか。D それを考えるだけで私は身ぶるいした。食べている私の外套の背に、もはや寒さがもたれて来る。もう月末が近づいているのであった。かぞえてみるとこの会社につとめ出してから、もう二十日以上も経っているわけであった。


私の給料が月給でなく日給であること、そしてそれも一日三円の割であることを知ったときの私の衝動はどんなであっただろう。それを私は月末の給料日に、鼠のような風貌の庶務課長から言いわたされたのであった。庶務課長のキンキンした声の内容によると、私は（私と一緒に入社した者も）しばらくの間は見習《みならい》社員というわけで、実力次第ではこれからどんなにでも昇給させるから、力を落《おと》さずにしっかりやるように、という話であった。そして声をひそめて、

「君は朝も定刻前にちゃんとやってくるし、毎日自発的に一時間ほど残業をやっていることは、僕もよく知っている。会長も知っておられると思う。だから一所懸命にやって呉れたまえ。君にはほんとに期待しているのだ」

私はその声をききながら、私の一日の給料が一枚の外食券（注10）の闇価（注11）と同じだ、などということをぼんやり考えていたのである。日給三円だと聞かされたときの衝動は、すぐ胸の奥で消えてしまって、その代《かわ》りに私の手足のさきまで今ゆるゆると拡《ひろ》がってきたのは、水のように静かな怒りであった。私はそのときすでに、此処《ここ》を辞める決心をかためていたのである。課長の言葉がとぎれるのを待って、私は低い声でいった。

「私はここを辞めさせて頂きたいとおもいます」

なぜ、と課長は鼠のようにずるい視線をあげた。

「一日三円では食えないのです。**E**食えないことは、やはり良くないことだと思うんです」

そう言いながらも、ここを辞めたらどうなるか、という危惧がかすめるのを私は意識した。しかしそんな危惧があるとしても、それはどうにもならないことであった。私は私の道を自分で切りひらいてゆく他はなかった。ふつうのつとめをしていては満足に食べて行けないなら、私は他に新しい生き方を求めるよりなかった。そして私はあの食堂でみる人々のことを思いうかべていた。鞄《かばん》の中にいろんな物を詰めこんで、それを売ったり買ったりしている事実を。そこにも生きる途《みち》がひとつはある筈であった。そしてまた、あの惨《みじ》めな老爺にならって、外套を抵当にして食を乞う方法も残っているに相違なかった。

「君にはほんとに期待していたのだがなあ」

ほんとに期待していたのは、庶務課長よりもむしろ私なのであった。ほんとに私はどんなに人並みな暮《くら》しの出来る給料を期待していただろう。盗みもする必要がない、静かな生活を、私はどんなに希求していたことだろう。しかしそれが絶望であることがはっきり判ったこの瞬間、**F**私はむしろある勇気がほのぼのと胸にのぼってくるのを感じていたのである。

その日私は会計の係から働いた分だけの給料を受取《うけと》り、永久にこの焼けビルに別れをつげた。電車みちまで出てふりかえると、曇り空の下で灰色のこの焼けビルは、私の飢えの季節の象徴のようにかなしくそそり立っていたのである。

注
1 編輯…「編集」に同じ。
2 情報局…戦時下にマスメディア統制や情報宣伝を担った国家機関。
3 焼けビル…戦災で焼け残ったビル。「私」の勤め先がある。
4 昌平橋…現在の東京都千代田区にある、神田川にかかる橋。そのたもとに「私」の行きつけの食堂がある。
5 外套…防寒・防雨のため洋服の上に着る衣類。オーバーコート。

6 抵当…金銭などを借りて返せなくなったときに、貸し手が自由に扱える借り手側の権利や財産。
7 闇売り…公式の販路・価格によらないで内密に売ること。
8 国民服…国民が常用すべきものとして一九四〇年に制定された服装。戦時中に広く男性が着用した。
9 モンペ…作業用・防寒用として着用するズボン状の衣服。戦時中に女性の標準服として普及した。
10 外食券…戦中・戦後の統制下で、役所が発行した食券。
11 闇価…闇売りにおける価格。

問1 傍線部A「私はあわてて説明した」とあるが、このときの「私」の様子の説明として最も適当なものを、次の①～⑤のうちから一つ選べ。（5点）

① 都民が夢をもてるような都市構想なら広く受け入れられると自信をもって提出しただけに、構想の主旨を会長から問いただされたことに戸惑い、理解を得ようとしている。
② 会長も出席する重要な会議の場で成果をあげて認められようと張り切って作った構想が、予想外の低評価を受けたことに動揺し、なんとか名誉を回復しようとしている。
③ 会長から頭ごなしの批判を受け、街頭展に出す目的を明確にイメージできていなかったことを悟り、自分の未熟さにあきれつつもどうにかその場を取り繕おうとしている。
④ 会議に臨席した人々の理解を得られなかったことで、過酷な食糧事情を抱える都民の現実を見誤っていたことに今更ながら気づき、気まずさを解消しようとしている。
⑤「私」の理想の食物都市の構想は都民の共感を呼べると考えていたため、会長からテーマとの関連不足を指摘されてうろたえ、急いで構想の背景を補おうとしている。

問2　傍線部B「私はだんだん腹が立ってきたのである」とあるが、それはなぜか。その理由として最も適当なものを、次の①～⑤のうちから一つ選べ。（6点）

① 戦後に会社が国民を啓蒙し文化国家を建設するという理想を掲げた真意を理解せず、給料をもらって飢えをしのぎたいという自らの欲望を優先させた自分の浅ましさが次第に嘆かわしく思えてきたから。

② 戦時中には国家的慈善事業を行っていた会社が戦後に方針転換したことに思い至らず、暴利をむさぼるような経営にいつの間にか自分が加担させられていることを徐々に自覚して反発を覚えたから。

③ 戦後に営利を追求するようになった会社が社員相互の啓発による競争を重視していることに思い至らず、会長があきれるような提案しかできなかった自分の無能さがつくづく恥ずかしくなってきたから。

④ 戦後の復興を担う会社が利益を追求するだけで東京を発展させていく意図などないことを理解せず、飢えの解消を前面に打ち出す提案をした自分の安直な姿勢に自嘲の念が少しずつ湧いてきたから。

⑤ 戦時中に情報局と提携していた会社が純粋な慈善事業を行うはずもないことに思い至らず、自分の理想や夢だけを詰め込んだ構想を誇りをもって提案した自分の愚かさにようやく気づき始めたから。

問3　傍線部C「自分でもおどろくほど邪険な口調で、老爺にこたえていた」とあるが、ここに至るまでの「私」の心の動きはどのようなものか。その説明として最も適当なものを、次の①～⑤のうちから一つ選べ。（6点）

① ぎりぎり計算して食べている自分より、老爺の飢えのほうが深刻だと痛感した「私」は、彼の懇願に対してせめて丁寧な態度で断りたいと思いはしたが、人目をはばからず無心を続ける老爺にいら立った。

② 一食を得るために上衣さえ差し出そうとする老爺の様子を見た「私」は、彼を救えないことに対し頭を下げ許しを

乞いたいと思いつつ、周りの視線を気にしてそれもできない自分へのいらだちを募らせた。

③ 飢えから逃れようと必死に頭を下げる老爺の姿に自分と重なるところがあると感じた「私」は、自分も食べていないことを話し説得を試みたが、食物をねだり続ける老爺に自分にはない厚かましさも感じた。

④ 頬の肉がげっそりと落ちた老爺のやせ細り方に同情した「私」は、彼の願いに応えられないことに罪悪感を抱いていたが、後ろめたさに付け込み、どこまでも食い下がる老爺のしつこさに嫌悪感を覚えた。

⑤ かろうじて立っている様子の老爺の懇願に応じることのできない「私」は、苦痛を感じながら耐えていたが、なおもすがりつく老爺の必死の態度に接し、彼に向き合うことから逃れたい衝動に駆られた。

問4　傍線部D「それを考えるだけで私は身ぶるいした。」とあるが、このときの「私」の状況と心理の説明として最も適当なものを、次の①～⑤のうちから一つ選べ。（6点）

① 貧富の差が如実に現れる周囲の人びとの姿から自らの貧しく惨めな姿も浮かび、食物への思いにとらわれていることを自覚した「私」は、農作物を盗むような生活の先にある自身の将来に思い至った。

② 定収入を得てぜいたくに暮らす人びとの存在に気づいた「私」は、芋や柿などの農作物を生活の糧にすることを想像し、そのような空想にふける自分は厳しい現実を直視できていないと認識した。

③ 経済的な格差がある社会でしたたかに生きる人びとに思いを巡らせた「私」は、一食のために上衣を手放そうとした老爺のように、その場しのぎの不器用な生き方しかできない我が身を振り返った。

④ 富める人もいれば貧しい人もいる社会の構造にやっと思い至った「私」は、会社に勤め始めて二十日以上経ってもその構造から抜け出せない自分が、さらなる貧困に落ちるしかないことに気づいた。

⑤　自分を囲む現実を顧みたことで、周囲には貧しい人が多いなかに富める人もいることに気づいた「私」は、食糧のことで頭が一杯になり社会の動向を広く認識できていなかった自分を見つめ直した。

問5　傍線部E「食えないことは、やはり良くないことだと思うんです」とあるが、この発言の説明として最も適当なものを、次の①～⑤のうちから一つ選べ。（7点）

①　満足に食べていくため不本意な業務も受け入れていたが、あまりにも薄給であることに承服できず、将来的な待遇改善や今までの評価が問題ではなく、現在の飢えを解消できないことが決め手となって退職することを淡々と伝えた。

②　飢えた生活から脱却できると信じて営利重視の経営方針にも目をつぶってきたが、営利主義が想定外の薄給にまで波及していると知り、口先だけ景気の良いことを言う課長の態度にも不信感を抱いたことで、つい感情的に反論した。

③　飢えない暮らしを望んで夢を侮蔑されても会社勤めを続けてきたが、結局のところ新しい生き方を選択しないかぎり静かな生活は送れないとわかり、課長に正論を述べても仕方がないと諦めて、ぞんざいな言い方しかできなかった。

④　静かな生活の実現に向けて何でもすると決意して自発的に残業さえしてきたが、月給ではなく日給であることに怒りを覚え、課長に何を言っても正当な評価は得られないと感じて、不当な薄給だという事実をぶっきらぼうに述べた。

⑤　小声でほめてくる課長が本心を示していないことはわかるものの、静かな生活は自分で切り開くしかないという事実に変わりはなく、有効な議論を展開するだけの余裕もないので、負け惜しみのような主張を絞り出すしかなかった。

問6　傍線部F「私はむしろある勇気がほのぼのと胸にのぼってくるのを感じていたのである」とあるが、このときの「私」の心情の説明として最も適当なものを、次の①～⑤のうちから一つ選べ。（7点）

① 希望していた静かな暮らしが実現できないことに失望したが、その給料では食べていけないと主張できたことにより、これからは会社の期待に添って生きるのではなく自由に生きようと徐々に思い始めている。

② これから新しい道を切り開いていくため静かな生活はかなわないと悲しんでいたが、課長に言われた言葉を思い出すことにより、自分がすべきことをイメージできるようになりにわかに自信が芽生えてきている。

③ 昇給の可能性もあるとの上司の言葉はありがたかったが、盗みをせざるを得ないほどの生活不安を解消するまでの説得力を感じられないのでそれを受け入れられず、物乞いをしてでも生きていこうと決意を固めている。

④ 人並みの暮らしができる給料を期待していたが、その願いが断たれたことで現在の会社勤めを辞める決意をし、将来の生活に対する懸念はあるものの新たな生き方を模索しようとする気力が湧き起こってきている。

⑤ 期待しているという課長の言葉とは裏腹の食べていけないほどの給料に気落ちしていたが、一方で課長が自分に期待していた事実があることに自信を得て、新しい生活を前向きに送ろうと少し気楽になっている。

問7 Wさんのクラスでは、本文の理解を深めるために教師から本文と同時代の**【資料】**が提示された。Wさんは、**【資料】**を参考に「マツダランプの広告」と本文の「焼けビル」との共通点をふまえて「私」の「飢え」を考察することにし、**【構想メモ】**を作り、**【文章】**を書いた。このことについて、後の(i)・(ii)の問いに答えよ。なお、設問の都合で広告の一部を改めている。（(i)6点・(ii)7点）

【資料】

●マツダランプの広告

雑誌『航空朝日』（一九四五年九月一日発行）に掲載

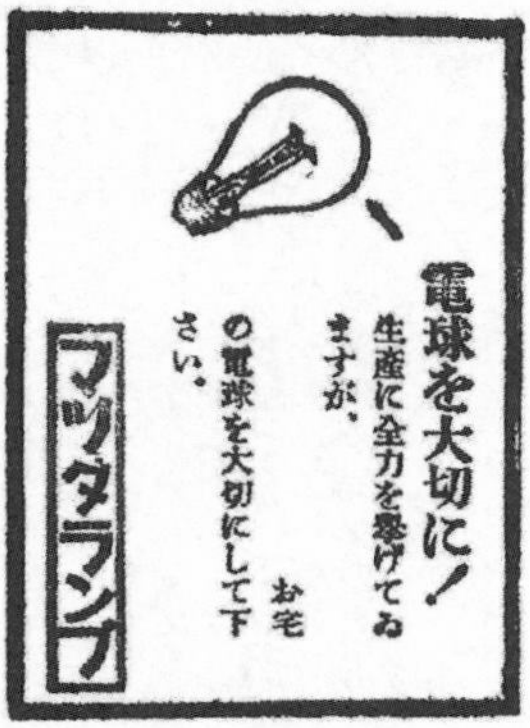

●補足

この広告は、戦時中には「生産《せいさん》に全力《ぜんりょく》を擧《あ》げてゐますが、御家庭用は尠《すく》なくなりますから、お宅の電球を大切にして下さい。」と書かれていた。戦後も物が不足していたため、「御家庭用は尠《すく》なくなりますから」という戦時中に関係する文言を削除し、右のように変えて掲載された。

【構想メモ】

(1)　【資料】からわかること

・社会状況として戦後も物資が不足していること。

・広告の一部の文言を削ることで、戦時中の広告を終戦後に再利用しているということ。

(2)　【文章】の展開

①　【資料】と本文との共通点

・マツダランプの広告

・「焼けビル」（本文末尾）

↓

②　「私」の現状や今後に関する「私」の認識について

↓

③　「私」の「飢え」についてのまとめ

【文章】

【資料】のマッダランプの広告は、戦後も物資が不足している社会状況を表している。この広告と「飢えの季節」本文の最後にある「焼けビル」とには共通点がある。[I]この共通点は、本文の会長の仕事のやり方とも重なる。そのような会長の下で働く「私」自身はこの職にしがみついていても苦しい生活を脱する可能性がないと思い、具体的な未来像を持つこともないままに会社を辞めたのである。そこで改めて【資料】を参考に、本文の最後の一文に注目して「私」の「飢え」について考察すると、「かなしくそそり立っていた」という「焼けビル」は、[II]と捉えることができる。

(i) **空欄[I]に入るものとして最も適当なものを、次の①〜④のうちから一つ選べ。**

① それは、戦時下の軍事的圧力の影響が、終戦後の日常生活の中においても色濃く残っているということだ。

② それは、戦時下に生じた倹約の精神が、終戦後の人びとの生活態度においても保たれているということだ。

③ それは、戦時下に存在した事物が、終戦に伴い社会が変化する中においても生き延びているということだ。

④ それは、戦時下の国家貢献を重視する方針が、終戦後の経済活動においても支持されているということだ。

(ii) **空欄[II]に入るものとして最も適当なものを、次の①〜④のうちから一つ選べ。**

① 「私」の飢えを解消するほどの給料を払えない会社の象徴

② 「私」にとって解消すべき飢えが継続していることの象徴

③ 「私」の今までの飢えた生活や不本意な仕事との決別の象徴

④ 「私」が会社を辞め飢えから脱却する勇気を得たことの象徴

8

9 文学

詩とエッセイ

2018年度試行調査

目標解答時間 20分

本冊（解答・解説） p.114

次の詩「紙」（『オンディーヌ』、一九七二年）とエッセイ「永遠の百合《ゆり》」（『花を食べる』、一九七七年）を読んで（ともに作者は吉原幸子《よしはらさちこ》）、後の問い（問1～6）に答えよ。なお、設問の都合でエッセイの本文の段落に1～8の番号を付し、表記を一部改めている。

紙

愛ののこした紙片が
しらじらしく　ありつづけることを
(ア)いぶかる

書いた　ひとりの肉体の
重さも　ぬくみも　体臭も
いまはないのに

死のやうに生きれば
何も失はないですむだらうか
この紙のやうに　生きれば

さあ
ほろびやすい愛のために
乾杯

こんなにも
もえやすく　いのちをもたぬ
たった一枚の黄ばんだ紙が
こころより長もちすることの　不思議
いのち　といふ不遜
一枚の紙よりほろびやすいものが
A 何百枚の紙に　書きしるす　不遜

のこされた紙片に
乾杯
いのちが
蒼《あお》ざめそして黄ばむまで
（いのちでないものに近づくまで）
乾杯！

永遠の百合

1 あまり生産的とはいえない、さまざまの優雅な(イ)手すさびにひたれることは、女性の一つの美点でもあり、（何百年もの涙とひきかえの）特権であるのかもしれない。近ごろはアート・フラワーという分野も颯爽《さっそう》とそれに加わった。

2 去年の夏、私はある古い友だちに、そのような〝匂わない〟百合の花束をもらった。「秋になったら捨てて頂戴ね」という言葉を添えて。

3 私はびっくりし、そして考えた。これは謙虚か、傲慢か、ただのキザなのか。そんなに百合そっくりのつもりなのか、そうでないことを恥じているのか。人間が自然を真似《まね》る時、決して自然を超える自信がないのなら、いったいこの花たちは何なのだろう。心こめてにせものを造る人たちの、ほんものにかなわないという(ウ)いじらしさと、生理まで似せるつもりの思い上がりと。

4 枯れないものは花ではない。それを知りつつ枯れない花を造るのが、[B]つくるということではないのか。――花そっくりの花も、花より美しい花もあってよい。それに香水をふりかけるもよい。だが造花が造花である限り、たった一つできないのは枯れることだ。そしてまた、たった一つできるのは枯れないことだ。

5 花でない何か。どこかで花を超えるもの。大げさに言うなら、ひと夏の百合を超える永遠の百合。それをめざす時のみ、つくるという、真似るという、不遜な行為は許されるのだ。（と、私はだんだん昂奮《こうふん》してくる。）

6 絵画だって、ことばだってそうだ。一瞬を永遠のなかに定着する作業なのだ。個人の見、嗅いだものをひとつの生きた花とするなら、それはすべての表現にまして[C]在るという重みをもつに決まっている。あえてそれを花を超える何かに変える――もどす――ことがたぶん、描くという行為なのだ。そのひそかな夢のためにこそ、私もまた手をこんなにノリだらけにしているのではないか。もし、もしも、ことばによって私の一瞬を枯れない花にすることができたら！

7 ――ただし、（と[D]私はさめる。秋になったら……の発想を、はじめて少し理解する。）「私の」永遠は、たかだかあと三十年――歴史上、私のような古風な感性の絶滅するまでの短い期間――でよい。何故《なぜ》なら、（ああ何という不変の真理！）死なないものはいのちではないのだから。

8 私は百合を捨てなかった。それは造ったものの分までうしろめたく蒼ざめながら、今も死ねないまま、私の部屋に立っている。

問1　傍線部(ア)〜(ウ)の本文中における意味として最も適当なものを、次の各群の①〜⑤のうちから、それぞれ一つずつ選べ。（2点×3）

(ア)「いぶかる」
① うるさく感じる
② 誇らしく感じる
③ 冷静に考える
④ 気の毒に思う
⑤ 疑わしく思う

(イ)「手すさび」
① 思いがけず出てしまう無意識の癖
② 多くの労力を必要とする創作
③ いつ役に立つとも知れない訓練
④ 必要に迫られたものではない遊び
⑤ 犠牲に見合うとは思えない見返り

(ウ)「いじらしさ」
① 不満を覚えず自足する様子
② 自ら蔑み萎縮している様子
③ けなげで同情を誘う様子
④ 配慮を忘れない周到な様子
⑤ 見るに堪えない悲痛な様子

問2　傍線部A「何百枚の紙に　書きしるす　不遜」とあるが、どうして「不遜」と言えるのか。エッセイの内容を踏まえて説明したものとして最も適当なものを、次の①〜⑤のうちから一つ選べ。（8点）

① そもそも不可能なことであっても、表現という行為を繰り返すことで、あたかも実現が可能なように偽るから。
② はかなく移ろい終わりを迎えるほかないものを、表現という行為を介して、いつまでも残そうとたくらむから。
③ 心の中にわだかまることからも、表現という行為を幾度も重ねていけば、いずれは解放されると思い込むから。

④ 空想でしかあり得ないはずのものを、表現という行為を通じて、実体として捉えたかのように見せかけるから。

⑤ 滅びるものの美しさに目を向けず、表現という行為にこだわることで、あくまで永遠の存在に価値を置くから。

問3　傍線部B「つくるということ」とあるが、その説明として最も適当なものを、次の①〜⑤のうちから一つ選べ。（6点）

① 対象をあるがままに引き写し、対象と同一化できるものを生み出そうとすること。

② 対象を真似てはならないと意識をしながら、それでもにせものを生み出そうとすること。

③ 対象に謙虚な態度で向き合いつつ、あえて類似するものを生み出そうとすること。

④ 対象を真似ながらも、どこかに対象を超えた部分をもつものを生み出そうとすること。

⑤ 対象の捉え方に個性を発揮し、新奇な特性を追求したものを生み出そうとすること。

問4　傍線部C「在るという重み」とあるが、その説明として最も適当なものを、次の①〜⑤のうちから一つ選べ。（6点）

① 時間的な経過に伴う喪失感の深さ。

② 実物そのものに備わるかけがえのなさ。

③ 感覚によって捉えられる個性の独特さ。

④ 主観の中に形成された印象の強さ。

⑤ 表現行為を動機づける衝撃の大きさ。

問5　傍線部D「私はさめる」とあるが、その理由として最も適当なものを、次の①〜⑤のうちから一つ選べ。（7点）

① 現実世界においては、造花も本物の花も同等の存在感をもつことを認識したから。
② 創作することの意義が、日常の営みを永久に残し続けることにもあると理解したから。
③ 花をありのままに表現しようとしても、完全を期することはできないと気付いたから。
④ 作品が時代を超えて残ることに違和感を抱き、自分の感性も永遠ではないと感じたから。
⑤ 友人からの厚意を理解もせずに、身勝手な思いを巡らせていることを自覚したから。

問6　詩「紙」とエッセイ「永遠の百合」の表現について、次の(i)・(ii)の問いに答えよ。（6点×2）

(i) 次の文は詩「紙」の表現に関する説明である。文中の空欄 a ・ b に入る語句の組合せとして最も適当なものを、後の①〜④のうちから一つ選べ。

> 対比的な表現や a を用いながら、第一連に示される思いを b に捉え直している。

① a―擬態語　b―演繹《えんえき》的
② a―倒置法　b―反語的
③ a―反復法　b―帰納的
④ a―擬人法　b―構造的

(ii) エッセイ「永遠の百合」の表現に関する説明として最も適当なものを、次の①～④のうちから一つ選べ。

① 第4段落における「たった一つできないのは枯れることだ。そしてまた、たった一つできるのは枯れないことだ」では、対照的な表現によって、枯れないという造花の欠点が肯定的に捉え直されている。

② 第5段落における「(と、私はだんだん昂奮してくる。)」には、第三者的な観点を用いて「私」の感情の高ぶりが強調されており、混乱し揺れ動く意識が臨場感をもって印象づけられている。

③ 第6段落における「――もどす――」に用いられている「――」によって、「私」の考えや思いに余韻が与えられ、「花」を描くことに込められた「私」の思い入れの深さが強調されている。

④ 第7段落における「『私の』永遠」の「私の」に用いられている「 」には、「永遠」という普遍的な概念を話題に応じて恣意的に解釈しようとする「私」の意図が示されている。

10 文学

小説とエッセイ

オリジナル

目標解答時間 20分

本冊（解答・解説） p.128

次の【文章Ⅰ】（小説）『続明暗』は夏目漱石《なつめそうせき》の未完の小説『明暗』の続編として水村美苗《みずむらみなえ》が書いたものであり、【文章Ⅱ】（エッセイ）「漱石と『恋愛結婚の物語』」も水村美苗の文章である。これらを読んで後の問い（問1～6）に答えよ。なお、設問の都合で表記を一部改めている。

【文章Ⅰ】（小説）〔お延《のぶ》は夫である津田が他の女性が宿泊している宿を訪ねたと聞いて、その宿へ行き、その事実を確かめた。そしてたどり着いた宿で、隣同士の部屋を借りてお延と津田は一晩を明かそうとしている。〕

異常な感覚があって瞼《まぶた》が自然に開いた。微《かす》かな白い光に物影が浮かび上がると、次いで尻《しり》の底の辺りから冷え冷えとした感覚が伝わって来た。恰《あたか》も其所《そこ》だけ水溜《みずたま》りに浸っているようであった。深い眠りの名残を残したぼんやりとした意識が俄《にわか》に躁《さわ》ぎ出した。伸ばした指先には果して濡《ぬ》れた感触があった。蒲団《ふとん》の上に出したその手を顔の所まで持って来れば、雨戸の隙《すき》間《ま》から洩《も》れる明け方の寒い光の中で、指先の黒い染《し》みが眼《まなこ》に映った。同時に腥《なまぐさ》い臭《かおり》がぷんと鼻を衝《つ》いた。

津田は一瞬意識の遠《とお》退くような恐怖を覚えたが、すぐに我を取り戻した。彼は頸《くび》を起こし、掛け蒲団を持ち上げて身体《からだ》から出た血の量を見極めようとした。けれども寐《ね》たままの不自由な姿勢では暗過ぎて能《よ》く解《わか》らなかった。諦《あきら》めて頭を枕《まくら》の上へ戻して蒲団の中を左右の手の平で探ってみれば、出血した量は存外少なく、シーツは尻の真下が濡れているだけのようだった。人間は脈の中の血を三分の一失うと昏睡《こんすい》し、半分失うと死ぬものだと何処《どこ》かで聞いたのが記憶の底から忽然《こつぜん》と思い起《おこ》された。自分の失った程度の血の量では到底昏睡に至ることもなさそうだという安心感が続いて湧《わ》いた。同時に張り詰めていた気持が緩《ゆる》んだ。

「おい、お延」

津田は蒲団の中から押し殺した声で呼んだ。お延の返事はすぐにはなかった。薄明りの中で首を捩《ねじ》った津田は襖《ふすま》の向うに神経を集中させたが、隣の室《へや》は森《しん》としていた。

「おい、お延」

津田は声を上げた。

「おい、起きないか」

お延は答えなかった。津田は怒ったような声を出した。

「お延、おい、お延」

襖の向うからは依然として何も聴えて来なかった。津田の胸には A 今までと別の種類の黒い不安が四隅《よすみ》から逼《せま》って来た。彼はその不安を無理矢理抑え、落ち附いて考えようとした。目敏《めざと》いお延が起きないのは如何《いか》にも妙ではあったが、夜中に亦《また》熱が上がって昏々と眠っているのかも知れなかった。或《あるい》はたまたま厠《かわや》へ行っているのかも知れなかった。身体を暖めに風呂へ行った可能性もあった。津田はお延の返事のないのを説明し得る理由を胸の中で並べ立てた後《あと》、それが一向に気休めにならないので、頸《くび》に力を込めてもう一度声を上げた。けれども白い唐紙の向うからは何の答もなかった。知らないうちに両腋《りょうわき》から汗が出ていた。呼鈴《よびりん》を鳴らそうにも寐た姿勢のままでは手が届かなかった。津田は両肱《りょうひじ》を突いて上体を半ば持ち上げると、自分の寐ている蒲団の裾《すそ》を見るともなしに見ながら、起き上がるべきかどうか逡巡《しゅんじゅん》した。

暁はまだ空に白く月を残していた。

朝靄《あさもや》とも霧ともつかない重たい空気が、四隣《あたり》にのべつに動いていた。すべてが暗かった。そうして濡れていた。水飛沫《みずしぶき》の合間から天に向かって突き出た蒼《あお》黒い岩が、月の最後の光を浴びていよいよ蒼く鋭く尖《とが》っていた。

つい先刻《さっき》まで括《くく》りつけられたようにその蒼黒い岩を見つめていたお延は、今、青竹の手摺《てすり》の前にうずくまったなり両手で顔を覆っていた。闇を残した明け方の光の中で見た滝は、昨日昼間に見た滝と同じもののようには思えなかった。身を乗り出し滝壺《たきつぼ》を覗《のぞ》くうちに、突然足元が竦《すく》み、思わずその場にうずくまってしまったのであった。こうして両手で顔を覆い、暗黒のうちに音から想像する滝は一層物凄《すご》かった。今、耳を通しての刺激だけを受けるうちに、轟々《ごうごう》という滝の音は薄い鼓膜を脅かすように大きく鳴り始めていた。

何時《いつ》宿を出る決心をつけたのかはお延自身にとっても定かではなかった。宿の枕に頭を載せ、寂《しん》と凍った暗闇を見詰めるうちにふと気がつけば、すでに己《おの》れの身を滝壺に沈める決心はついていた。思えば夜中だというのに瞼を合わすこともせず、闇に向かって凝《じっ》と眼《め》を開いていたのも、淵川《ふちかわ》に赴くために朝の最初の兆しを待っていたからに他ならなかった。そう気が付いた途端骨が凍るような恐ろしさを覚えた。しかしそれが通り過ぎた後、不思議と恐怖心は起こらなかった。隣の座敷の津田はもうだいぶ前から寝入っているらしく、襖を隔てて生ぬるい風を送る鼾《いびき》のようなものが微《かす》かにかつ規則正しく聞こえてきていた。お延はなおもしばらく目を凝らして闇の中を見詰めていたが、やがて天井の電燈《でんとう》をつけると、手早くあたりを片付け、身支度の整ったところで人の疑いを招かぬよう再び電燈を消した。そのあとは、座敷に漏れ入る廊下の光をたよりに、懐時計の針の位置を幾度《いくど》となく調べるだけだった。そうしてそろそろ空の白む頃だと思えた時に腰を上げたのであった。

うずくまるうちにも滝の音はいよいよ耳元に迫った。お延の瞼の裏では奔湍《ほんたん》の水が激しく猛《たけ》り狂った。猛り狂っては、己れの勢いに吹きさらわれるようになだれ落ちた。なだれ落ちては再び頭上遥《はる》かに躍り上がった。物凄い音は物凄い景色を自《じ》然髣髴《ねんほうふつ》させてやまなかった。

「一体何のためにわざわざこんなところまでやってきたのだろう……」

お延は想像の水飛沫を全身に浴びながら自問した。B お延の自問は自嘲でもあった。東京を出る時にはすでに何の望みもなかったのを、それでも夫の元へと一心に駆けつけたのは、わが眼《め》で己れの不幸を確かめたかったからだけではなかった。胸の何処かで万が一の奇跡を知らず知らずのうちに願っていたからでもあった。現実は想像していたより更に情けない展開を遂げた。

夫は好きな女に自分を見変えったのですらなかった。好きな女への止《や》み難い思いを抑えきれずに、どうしようもないところまでいって、そこで初めて自分を裏切ったというのではなかった。深い決意もなく、ふらふらと人に言われるままに、お延の依《よ》って立とうとするところすべてを撲殺したのであった。貴方《あなた》を信用したい、——お願いだからどうぞ最後のところでは、信ずるに足る人であってください、というお延の切実な魂の訴えに、毫《ごう》も本気で応えようとしなかったのだった。

今、お延の胸には津田がそんな人間だったという絶望が渦巻いた。しかもその絶望は不意に足元をさらわれたような驚愕《きょうがく》を伴ったものではなかった。津田がまさかそんな人間だったとはという驚きよりも、やはりそんな人間だったのかという苦い思いを伴う、一層救いのないものであった。その苦い思いの裏には、そんな人間をこの人こそと夫に選んだ自分の姿があった。それは己れの才を頼み過ぎた軽薄な姿であった。お延はその姿を一人で顧みての、ここ数か月来の孤独な後悔を憶《おも》い起した。その後悔をみんなの前では寧《むし》ろ糊塗《こと》して生きてきた彼女の欺瞞《ぎまん》も憶い起した。事もあろうか、すべてに止《とど》めを刺すように、その欺瞞を世にあまねく知られてしまうという耐え難い屈辱までお延のために用意されていたのだった。「お前の体面に対して大丈夫だという証書を入れる」という津田の宣言は、今となっては、お延を愚弄する為にあの時

10

天がわざわざ津田に言わせたものだとしか思えなかった。

轟々いう水の音は、新たに天地の響きを添えた。まるで滝を落とす絶壁《きりぎし》そのものが轟々と鳴り始めたようだった。お延の耳は山の鳴るのを聞いた。地の鳴るのを捉えた。しまいには四方にそびえる山々も足の下の地面も、悉《ことごと》く震動して爆発するかと思われた。天からも地からも、淵川へ早く身を沈めるよう催促されているようであった。お延の心臓が気味が悪い程高鳴った。

お延は不意に袂《たもと》を顔から引き離すと、青竹の手摺を支えに立ち上がった。そうして手摺を掴《つか》んだまま滝壺に目を下ろした。押さえ付けられていた眼球はすぐには機能が戻らず、焦点の定まらない瞳に出鱈目《でたらめ》に色や形が舞い込んで来た。だが間もなく視界は落ち着いた。滝のまっすぐに落ちる様子が鮮明《あざやか》に瞳に映るにつれ、轟々という音も次第次第に遠のいていった。うずくまっている間に更に夜が明けてきたらしく、四隣は白々と明るかった。月の影ももう姿を隠していた。世の中は想像していたよりも大分穏やかな姿をお延の前に現わした。見れば、青竹を掴んだ手の上に、津田に買って貰《もら》った宝石がある。

C 宝石は反故《ほご》にされた約束の象徴のように薄寒く光っていた。

【文章Ⅱ】（エッセイ）〔筆者は少女時代に(注)ヴィクトリア朝の女性の作家の作品をよく読んでいた。〕

明治維新のあと、西洋の文芸が日本に入ってくるや否や、恋愛結婚という理念は若い世代を熱病のようにとらえました。でも、そもそもその核をなす、絶対的な愛などというキリスト教を背景とした理念が、いかに異質なものであったか。何しろ見合い結婚という没理念的な結婚――漱石の言葉でいえば「お手軽」な結婚がゆきわたっていた国です。そしてそれは、うまく機能しており、日本の女もとりたてて不自由を感じていない。日本の現実の中で、見合い結婚に是が非でも反対し、恋愛結婚の理念を高く掲げねばならないような必然はどこにもなかったのです。事実、その後の人々の結婚は、恋愛結婚でも見合い結婚でもあるような、不分明な結婚に落ち着きました。作家が文学の中で恋愛結婚を大まじめにとりあげることもありませんでした。

驚くべきはD文学の力です。

その中で唯一漱石だけが、恋愛結婚というものを大まじめにとりあげたのです。英文学を嫌い、英文学に反発しながら書いた漱石ですが、英文学を当時のどの作家よりもよく読み、よく読んだことによって、理解してしまったのです。そのあげく、気がついたときは、恋愛結婚という理念にとらえられていた。そして、見合い結婚と不分明な恋愛などはありえないことに、こだわり続けて書くにいたった。しまいには、なんとヴィクトリア朝の女の作家たちの、その息吹が感じられるような小説を書くにさえいたったのです。

それがあの『明暗』です。漱石の中で初めて、女主人公の視点からも物語が語られたというだけではない。お延は、まさに、「自分の眼で自分の夫を選」ぶという女――自分で自分の人生を切り開こうという女なのです。同時に、まさに、絶対的な愛という理念を心に掲げている女でもあるのです。彼女はたんに夫に充分愛されていないのが不幸なのではない。絶対的な愛という理念にかんがみて、自分が理想の結婚をしていないという自覚が、E彼女を不幸にしているのです。

「どうしても絶対に愛されてみたいの。比較なんか始めから嫌いなんだから」

何しろこのように、翻訳小説のようなせりふをはく女です。だからまわりの女たちからは疎まれる。夫からはうんざりされる。怖がられもする。この日本の現実にどうして絶対的な愛などが要るのか。ところが、『明暗』の世界にとりこまれてしまった読者にとって、お延の理念の必然は自明のものになってしまっているのです。私たちはお延の運命に一喜一憂して、文章を追ってゆくのです。

小さいころ少女小説によって耕された心の一部を、漱石の『明暗』は知らぬまに掘り起こしていたのでした。そしてそれが『続明暗』につながっていたのでした。それに気がついたとき、時代を越え、海を越え、男女の差を越える文学というものの力――言葉というものの力を知ったように思います。

注 ヴィクトリア朝…イギリス一九世紀の王朝。

問1 傍線部A「今までと別の種類の黒い不安が四隅から逼って来た」とはどのようなことか。その説明として最も適当なものを、次の①～⑤のうちから一つ選べ。（6点）

① 夜中に突如自分が出血していることに、意識が朦朧《もうろう》とするほどの衝撃を受けたが、たいした量の出血ではないことに安堵したとき、ふと隣の部屋にお延がいることを思い出し、夫婦の確執が続いていることが、再び心に去来してきた、ということ。

② 異常な出血が夜中にあり、お延との関係も破綻《はたん》し、こうした形で死んでいくことに恐怖を感じたが、そうしたなかで、やはりお延ときちんと話をするべきだと思い、お延に声をかけたが返事がなく、お延の身に何かあったのかと心配になってきている、ということ。

③ 前から少しの出血はあったとはいえ、夜中に急に出血したことであわてたが、命に関わるほどではないとわかり安心し、このことをお延に告げようと声をかけたが返事をしてくれず、お延の自分への怒りが重くのしかかってくるように思えた、ということ。

④ 自分が夜中に出血し意識を失うのではないかと思うほどの怖さを感じたが、出血の量がそれほどではないと思い一

安心し隣室のお延を呼んだが返事がなく、気配も感じられず、彼女がどうかしたのではないかという心配にじわじわと襲われた、ということ。

⑤ 自分が出血して苦しいのでお延を呼ぼうとしたが、お延が返事をしてくれないことに、彼女の自分への憎しみを感じ暗澹《あんたん》とした気持ちになるとともに、彼女にも何か異変があったのではないかという気持ちが段々と湧き起こってきた、ということ。

問2 傍線部B「お延の自問は自嘲でもあった」とあるが、これはどのようなことを意味しているのか。その説明として最も適当なものを、次の①～⑤のうちから一つ選べ。（6点）

① お延の言葉には、深く考えた上で他の女性を心底愛したわけでもない夫に、まだ夫として人間として一縷《いちる》の望みを託し、衝動的にここまで駆けつけて来てしまった自分の馬鹿さ加減をあざ笑う気持ちが含まれていた。

② お延の言葉には、どんな女性も幸福にできず、優柔不断で人の言いなりに行動する夫だとわかっていながらも、最後には信じられる人間になってくれるという期待を抱いた自分を深く反省する思いが込められていた。

③ お延の言葉には、いろいろな女性と浮《うわ》ついた気持ちで付き合ってきた夫が、いつか夫を真に愛している女性は自分だけだと気づいてくれる奇跡を願っていた、あまりにも楽天的な自分を断罪する気持ちが含まれていた。

④ お延の言葉には、何の考えもなく、夫の居場所を訪ねて来た自分の軽率さを罵《ののし》り、自分が想像していたものより、現実はむごいものだと今更ながら理解する世間知らずで鈍重な自分を情けなく思う気持ちが含まれていた。

⑤ お延の言葉には、夫を信じたいと思う自分の気持ちに少しも応えようとしてくれない人間だと知りながら、周囲に言われるままそうした男を夫にした自分こそ、夫以上に主体性のない人間だという自己批判が込められていた。

問3　傍線部C「宝石は反故にされた約束の象徴のように薄寒く光っていた。」とあるが、これはどのようなことを意味しているのか。その説明として最も適当なものを、次の①〜⑤のうちから一つ選べ。（7点）

① もはや津田の裏切りを示すものでしかない宝石を滝壺に投げ捨て、過去を振り捨てて強く生きていこうという気持ちがお延に生じている、ということ。

② 津田に屈辱さえ味わわされたのに、それでも津田がくれた宝石を最後までもっている自分の中に、いまだ津田への未練があることをお延が自覚した、ということ。

③ 物によってお延の心まで手に入れようとした津田のゆがんだ愛情を思いおこし、お延の心に津田への憎しみがじわじわと生じてきている、ということ。

④ お延の体面を守ると言った津田の言葉と津田に買ってもらった宝石がともに無意味なものとして、お延の心に虚無感を生じさせている、ということ。

⑤ 津田が「大丈夫」だと言った言葉が嘘《うそ》になってしまったことを示す宝石を見つめるうちに、お延の心に死へ向かおうとする衝動が再び生まれてきた、ということ。

問4　傍線部D「文学の力」とはどういうものか。その説明として最も適当なものを、次の①〜⑤のうちから一つ選べ。（6点）

① 作家の理想とする生のありかたを、作家が作品を通して社会に伝え、社会的な通念を変革することができる力。

② ある作品に示された理念が、時間や空間などを超越し、人間から人間へと伝播《でんぱ》していくことを可能にする力。

③ 西洋の文学的主題が日本においても若い世代に熱烈に受け容《い》れられるという、文学のもっている普遍的な力。

④ある限定された時代に書かれた小説の主題が、一度は注目されなくなっても、時代を経て再び復活してくる力。
⑤文学に反発する人間をも、いつしかその文学の世界へと取り込んでしまうような、人を惹《ひ》きつけてやまない力。

問5　傍線部E「彼女を不幸にしている」とあるが、「彼女」の「不幸」とはどのようなものか。【文章Ⅰ】（小説）と【文章Ⅱ】（エッセイ）の内容を踏まえて説明したものとして最も適当なものを、次の①〜⑤のうちから一つ選べ。（7点）

①西洋文学により理想の結婚という理念に目覚め、理想の結婚を追求したが、その理想を夫に選んだ津田にも理解されないこと。
②津田こそ自分の求める結婚を実現してくれると思い選んだが、夫がそんな人間ではないことを再認識する絶望と屈辱に追いこまれていること。
③津田が他の女性といるのは単にお延を愚弄するためだとわかり、津田が自分を徹底的に嫌っているという現実を突きつけられたこと。
④自分が津田と結婚したことに対し後悔を抱いているということを、自らの行動によって他の人々に暴露してしまったこと。
⑤津田が他の女性への愛とは関わりなく自分を裏切ったことに衝撃を受け、自殺まで考えてしまう絶望的な事態に至ってしまったこと。

問6　Fさんは、【文章Ⅰ】（小説）**と【文章Ⅱ】**（エッセイ）**の内容に興味をもち、次のような【構想メモ】をもとに、【鑑賞ノート】を作った。このことについて後の(i)・(ii)の問いに答えよ。**（(i)6点・(ii)7点）

【構想メモ】

(1) **【文章Ⅰ】**（小説）の表現の特徴

(2) **【文章Ⅰ】**（小説）と**【文章Ⅱ】**（エッセイ）の結びつき

① お延の生きかた

② ヴィクトリア朝の女の作家たちの理念

③ その理念にこだわった漱石

④ お延の生きた時代

⑤ お延を描いた水村氏の考え

【鑑賞ノート】

【文章Ⅰ】（小説）の滝の前での情景描写は、五感のうち、とくに、［ Ⅰ ］とが、絡まり合うような表現となっている。この表現がお延の心理をより鮮明に読者に伝えるものとして働いていると思った。そしてその描写の中心にいるお延は、自分が「自分の眼で自分の夫を選」びながらも、理想の結婚をしていないことに苦悩している。この理想は**【文章Ⅱ】**（エッセイ）を読むと、ヴィクトリア朝時代の女性作家の作品から、漱石が学んだ理念だと考えられる。だがそれを追い求めるお延は幸福になれない。それは、当人同士の恋愛や主体性とはほぼ無関係な見合い結婚が日本の標準であり、お延のような女性は敬遠されたからでもある。だとすれば、水村氏がお延の不幸を描いたのは、

Ⅱ が、ヴィクトリア朝の女性作家たちの思想や漱石の理念を受けつぐ「文学」のありかただと、水村氏が考えていたからだと思われる。

(i) **空欄 Ⅰ に入るものとして最も適当なものを、次の①~④のうちから一つ選べ。**

① 聴覚や触覚を刺激してくる風景の描写と、自省的なお延の繊細な心理の描写
② 視覚や聴覚に訴えかける風景の描写と、独白を交えた丹念なお延の心理の描写
③ 視覚や触覚を刺激してくる風景の描写と、淡々と内省するお延の心理の描写
④ 聴覚や視覚に訴えかけてくる風景の描写と、激しく変化するお延の心理の描写

(ii) **空欄 Ⅱ に入るものとして最も適当なものを、次の①~⑤のうちから一つ選べ。**

① 文学の力によって近代的な理念を理解するように個々人を啓蒙《けいもう》すること
② 苦悩するお延の姿を通して個人の自由や恋愛の理想は過酷だが尊いことを示すこと
③ 西欧的な結婚が定着しない日本には日本に合った恋愛結婚の形があるのを示すこと
④ 日本ではまだ稀《まれ》な恋愛結婚こそ、女性の幸福につながることを訴えること
⑤ お延の不幸を強調することによって、未だ残る古い日本社会の体質を指弾すること

10

11

実用文

レポートと資料の関係の読み取り

2025年度試作問題B

目標解答時間 15分

本冊（解答・解説） p.140

ヒロミさんは、日本語の独特な言葉遣いについて調べ、「言葉遣いへの自覚」という題で自分の考えを【レポート】にまとめた。【資料Ⅰ】～【資料Ⅲ】は、【レポート】に引用するためにアンケート結果や参考文献の一部を、見出しを付けて整理したものである。これらを読んで、後の問い（問1～4）に答えよ。

【レポート】

男女間の言葉遣いの違いは、どこにあるのだろうか。【資料Ⅰ】によると、男女の言葉遣いは同じでないと思っている人の割合は、七割以上いる。実際、「このバスに乗ればいいのよね？」は女の子の話し方として、「このカレーライスうまいね！」は男の子の話し方として認識されている。これは、性差によって言葉遣いがはっきり分かれているという、日本語の特徴の反映ではないだろうか。

一方、［ X ］にも着目すると、男女の言葉遣いの違いを認識しているものの、女性らしいとされていた言葉遣いがあまり用いられず、逆に男性らしいとされる言葉遣いをしている女性も少なからず存在することが分かる。

ここで、【資料Ⅱ】【資料Ⅲ】の「役割語」を参照したい。これらの資料によれば、言葉遣いの違いは性別によるとはかぎらない、そして、［ Y ］ということである。

たしかに、マンガやアニメ、小説などのフィクションにおいて、このような役割語は、非常に発達している。役割語がなければ、「キャラクタ」を描けないようにすら感じる。とくに、文字は映像と違って、顔は見えないし声も聞こえない。役割語が効率的にキャラクタを描き分けることによって、それぞれのイメージを読者に伝えることができる。その一方で、キャラクタのイメージがワンパターンに陥ってしまうこともある。

それでは、現実の世界ではどうだろうか。私たちの身近にある例を次にいくつか挙げてみよう。

[Z]

以上のように、私たちの周りには多くの役割語があふれている。したがって、役割語の性質を理解したうえで、フィクションとして楽しんだり、時と場所によって用いるかどうかを判断したりするなど、自らの言葉遣いについても自覚的でありたい。

【資料Ⅰ】性別による言葉遣いの違い

調査期間　2008/11/23～2008/12/08

調査対象　小学生～高校生10,930人（男子5,787人、女子5,107人、無回答36人）

調査方法　任意で回答

単位　全て％

質問1

男の子（人）が使うことばと、女の子（人）が使うことばは、同じだと思いますか？

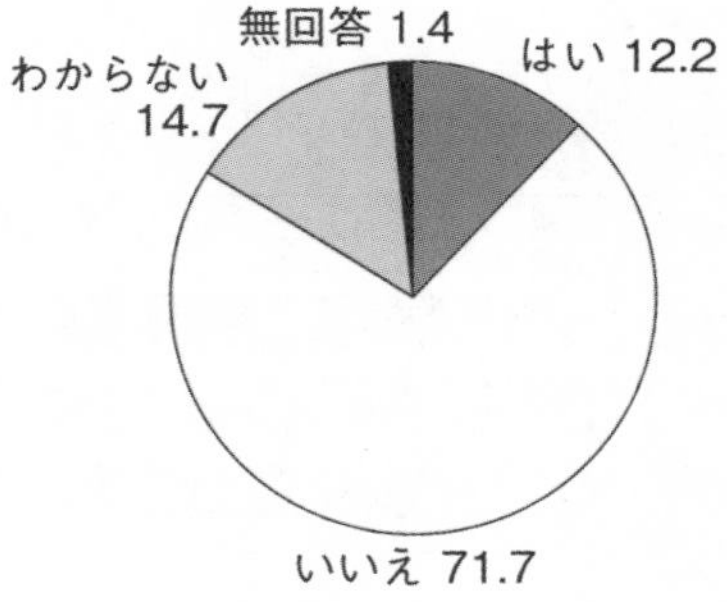

質問２

①次の各文は、男の子、女の子、どちらの話し方だと思いますか？

「このバスに乗ればいいのよね？」

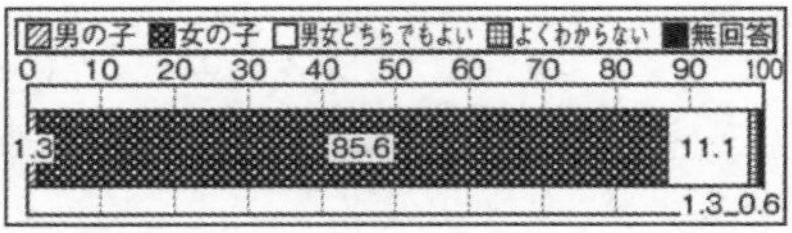

「このカレーライスうまいね！」

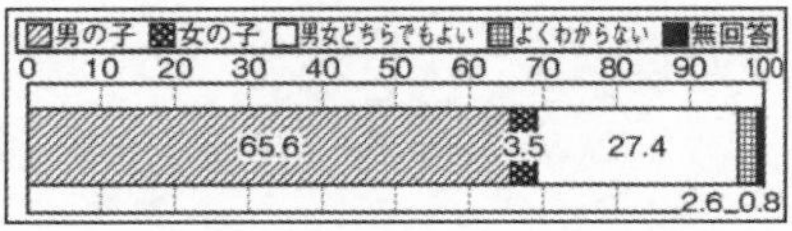

②次のようなことばづかいはしますか？

「このバスに乗ればいいのよね？」

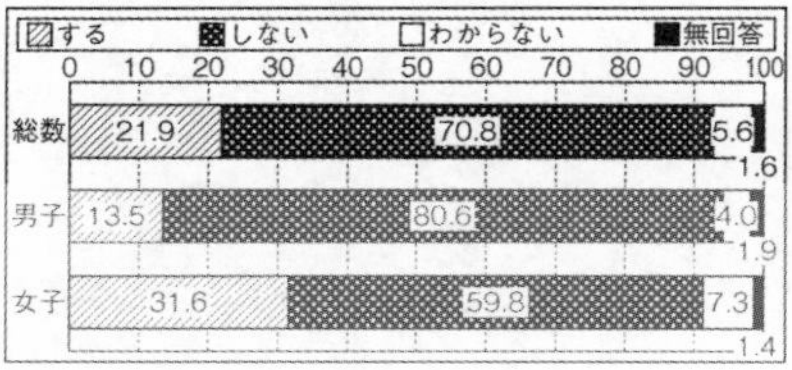

「このカレーライスうまいね！」

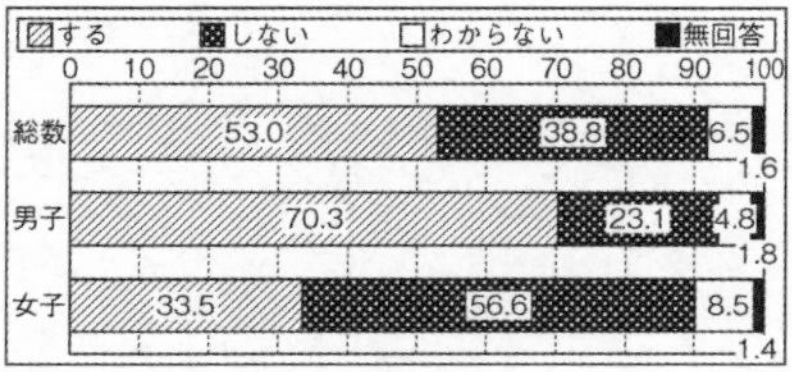

（旺文社「第６回ことばに関するアンケート」による）

【資料Ⅱ】 役割語の定義

役割語について、金水敏《きんすいさとし》『ヴァーチャル日本語 役割語の謎』（岩波書店、二〇〇三年、二〇五頁）では次のように定義している。

ある特定の言葉遣い（語彙・語法・言い回し・イントネーション等）を聞くと特定の人物像（年齢、性別、職業、階層、時代、容姿・風貌、性格等）を思い浮かべることができるとき、あるいはある特定の人物像を提示されると、その人物がいかにも使用しそうな言葉遣いを思い浮かべることができるとき、その言葉遣いを「役割語」と呼ぶ。

すなわち、特定の話し方あるいは言葉遣いと特定の人物像（キャラクタ）との心理的な連合であり、ステレオタイプ(注)

の言語版であるとも言える。役割語の分かりやすい例として、次のようなものを挙げることができる。

a　おお、そうじゃ、わしが知っておるんじゃ。
b　あら、そうよ、わたくしが知っておりますわ。
c　うん、そうだよ、ぼくが知ってるよ。
d　んだ、んだ、おら知ってるだ。
e　そやそや、わしが知ってまっせー。
f　うむ、さよう、せっしゃが存じております。

上記の話し方はいずれも論理的な内容が同じであるが、想起させる話し手が異なる。例えばaは男性老人、bはお嬢様、cは男の子、dは田舎もの、eは関西人、fは武士などの話し手が当てられるであろう。

（金水敏「役割語と日本語教育」『日本語教育』第一五〇号による）

注　ステレオタイプ…型にはまった画一的なイメージ。紋切り型。

【資料Ⅲ】　役割語の習得時期

多くの日本語話者は、「あら、すてきだわ」「おい、おれは行くぜ」のような言い方が女性や男性の話し方を想起させるという知識を共有している。しかし、現実の日常生活の中でこのようないかにも女性的、いかにも男性的というような表現は今日の日本ではやはりまれになっている。

日常的な音声言語に、語彙・語法的な特徴と性差に関する積極的な証拠が乏しいにもかかわらず、多くのネイティブ

11

の日本語話者は、〈男ことば〉と〈女ことば〉を正しく認識する。むろんこれは、絵本やテレビなどの作品の受容を通して知識を受け入れているのである。この点について考えるために、私が代表者を務める科研費（注）の研究グループの、幼児の役割語認識の発達に関する予備的な実験調査を紹介しよう。図1として示すのは、その実験に用いたイラストである。この図を被実験者の幼児に示し、さらに音声刺激として次のような文の読み上げを聞かせ、絵の人物を指し示させた。

a　おれは、この町が大好きだぜ。
b　あたしは、この町が大好きなのよ。
c　わしは、この町が大好きなんじゃ。
d　ぼくは、この町が大好きさ。
e　わたくしは、この町が大好きですわ。

図1　役割語習得に関する実験刺激

その結果、三歳児では性差を含む役割語の認識が十分でなかったのに対し、五歳児ではほぼ完璧にできることが分かった（音声的な刺激を用いたので、語彙・語法的な指標と音声的な指標のどちらが効いていたかはこれからの検討課題である）。

幼児が、これらの人物像すべてに現実に出会うということはほとんど考えにくい。これに対して、幼児が日常的に触れる絵本やアニメ作品等には、役割語の例があふれている。

（金水敏「役割語と日本語教育」『日本語教育』第一五〇号による）

注　科研費…科学研究費補助金の略。学術研究を発展させることを目的にする競争的資金。

問1　【レポート】の空欄 X には、【レポート】の展開を踏まえた【資料Ⅰ】の説明が入る。その説明として最も適当なものを、次の①～⑤のうちから一つ選べ。（4点）

① 「このバスに乗ればいいのよね？」を使わない女子は六割近くにのぼり、「このカレーライスうまいね！」を使わない男子は二割を超えていること

② 「このバスに乗ればいいのよね？」を使う女子は三割程度にとどまり、「このカレーライスうまいね！」を使う女子は三割を超えていること

③ 「このバスに乗ればいいのよね？」を使わない女子は六割近くにのぼり、「このカレーライスうまいね！」を使わない男女は四割近くにのぼること

④ 「このバスに乗ればいいのよね？」を使わない女子は六割近くにのぼり、「このカレーライスうまいね！」を使うか分からないという女子は一割程度にとどまっていること

⑤ 「このバスに乗ればいいのよね？」を使う女子は三割程度にとどまり、「このカレーライスうまいね！」を男女どちらが使ってもいいと考える人は三割近くにのぼること

問2　【レポート】の空欄 Y には、【資料Ⅱ】及び【資料Ⅲ】の要約が入る。その要約として最も適当なものを、次の①～⑤のうちから一つ選べ。（3点）

① イラストと音声刺激を用いた発達段階に関する調査によって、役割語の認識は、五歳でほぼ獲得されることが明らかになったが、それは絵本やアニメといった幼児向けのフィクションの影響である

② 役割語とは、特定の人物像を想起させたり特定の人物がいかにも使用しそうだと感じさせたりする語彙や言い回し

などの言葉遣いのことであり、日本語の言葉遣いの特徴を端的に示した概念である

③ 年齢や職業、性格といった話し手の人物像に関する情報と結びつけられた言葉遣いを役割語と呼び、私たちはそうした言葉遣いを幼児期から絵本やアニメ等の登場人物の話し方を通して学んでいる

④ 日本語話者であれば言葉遣いだけで特定の人物のイメージを思い浮かべることができるが、こうした特定のイメージが社会で広く共有されるに至ったステレオタイプとしての言語が役割語である

⑤ 特定の人物のイメージを喚起する役割語の力が非常に強いのは、幼児期からフィクションを通して刷り込まれているためであるが、成長の過程で理性的な判断によってそのイメージは変えられる

問3 【レポート】の空欄 Z には、役割語の例が入る。その例として適当でないものを、次の①～⑤のうちから一つ選べ。（3点）

① 家族や友だちに対してはくだけた言葉遣いで話すことが多い人が、他人の目を意識して、親密な人にも敬語を用いて話し方を変える場合が見受けられる。

② アニメやマンガ、映画の登場人物を真似るなどして、一般的に男性が用いる「僕」や「俺《おれ》」などの一人称代名詞を用いる女性が見受けられる。

③ ふだん共通語を話す人が話す不自然な方言よりも、周りが方言を話す環境で育てられた人が話す自然な方言の方が好まれるという傾向が見受けられる。

④ 「ツッコミキャラ」、「天然キャラ」などの類型的な人物像が浸透し、場面に応じてそれらを使い分けるというコミュニケーションが見受けられる。

⑤ スポーツニュースで外国人男性選手の言葉が、「俺は〜だぜ」、「〜さ」などと男性言葉をことさら強調して翻訳される場合が見受けられる。

問4　ヒロミさんは、【レポート】の主張をより理解してもらうためには論拠が不十分であることに気づき、補足しようと考えた。その内容として適当なものを、次の①〜⑥のうちから二つ選べ。ただし、解答の順序は問わない。（5点×2）

① 「今日は学校に行くの」という表現を例にして、日本語における役割語では語彙や語法より音声的な要素が重要であるため、文末のイントネーションによって男女どちらの言葉遣いにもなることを補足する。

② 英語の「I」に対応する日本語が「わたし」、「わたくし」、「おれ」、「ぼく」など多様に存在することを例示し、一人称代名詞の使い分けだけでも具体的な人物像を想起させることができることを補足する。

③ マンガやアニメなどに登場する武士や忍者が用いるとされる「〜でござる」という文末表現が江戸時代にはすでに使われていたことを指摘し、役割語の多くが江戸時代の言葉を反映していることを補足する。

④ 役割語と性別、年齢、仕事の種類、見た目などのイメージとがつながりやすいことを踏まえ、不用意に役割語を用いることは人間関係において個性を固定化してしまう可能性があるということを補足する。

⑤ 絵本やアニメなどの幼児向けの作品を通していつの間にか認識されるという役割語の習得過程とその影響力の大きさを示し、この時期の幼児教育には子どもの語彙を豊かにする可能性があるということを補足する。

⑥ 役割語であると認識されてはいても実際の場面ではあまり用いられないという役割語使用の実情をもとに、一人称代名詞や文末表現などの役割語の数が将来減少してしまう可能性があるということを補足する。

12 実用文

レポート作成と資料の読み取り

2025年度試作問題A

目標解答時間　15分

本冊（解答・解説）p.144

次の【資料Ⅰ】（文章、図、グラフ1～グラフ3）と【資料Ⅱ】は、気候変動が健康に与える影響について調べていたひかるさんが見つけた資料の一部である。これらを読んで、後の問い（問1～3）に答えよ。

【資料Ⅰ】

文章　**健康分野における、気候変動の影響について**

ⓐ気候変動による気温上昇は熱ストレス(注1)を増加させ(注2)、熱中症リスクや暑熱による死亡リスク、その他、呼吸器系疾患等の様々な疾患リスクを増加させる。特に、ⓑ暑熱に対して脆《ぜい》弱性が高い高齢者を中心に、暑熱による超過死亡(注3)が増加傾向にあることが報告されている。年によってばらつきはあるものの、熱中症による救急搬送人員・医療機関受診者数・熱中症死亡者数は増加傾向にある。

ⓒ気温の上昇は感染症(注4)を媒介する節足動物の分布域・個体群密度・活動時期を変化させる。感染者の移動も相まって、国内での感染連鎖が発生することが危惧される。これまで侵入・定着がされていない北海道南部でもヒトスジシマカの生息が拡大する可能性や、日本脳炎ウイルスを媒介する外来性の蚊の鹿児島県以北への分布域拡大の可能性などが新たに指摘されている。

外気温の変化は、水系・食品媒介性(注5)感染症やインフルエンザのような感染症類の流行パターンを変化させる。感染性胃腸炎やロタウイルス感染症、下痢症などの水系・食品媒介性感染症、インフルエンザや手足口病などの感染症類の発症リスク・流行パターンの変化が新たに報告されている。

猛暑や強い台風、大雨等の極端な気象現象の増加に伴いⓓ自然災害が発生すれば、被災者の暑熱リスクや感染症リスク、精神疾患リスク等が増加する可能性がある。

2030年代までの短期的には、ⓔ温暖化に伴い光化学オキシダント・オゾン等の汚染物質の増加に伴う超過死亡者数が増加するが、それ以降は減少することが予測されている。

健康分野における、気候変動による健康面への影響の概略は、次の 図 に示すとおりである。

注 1 熱ストレス…高温による健康影響の原因の総称。
2 リスク…危険が生じる可能性や度合い。
3 超過死亡…過去のデータから統計的に推定される死者数をどれだけ上回ったかを示す指標。
4 感染症を媒介する節足動物…昆虫やダニ類など。
5 水系・食品媒介性感染症…水、食品を介して発症する感染症。

12

図

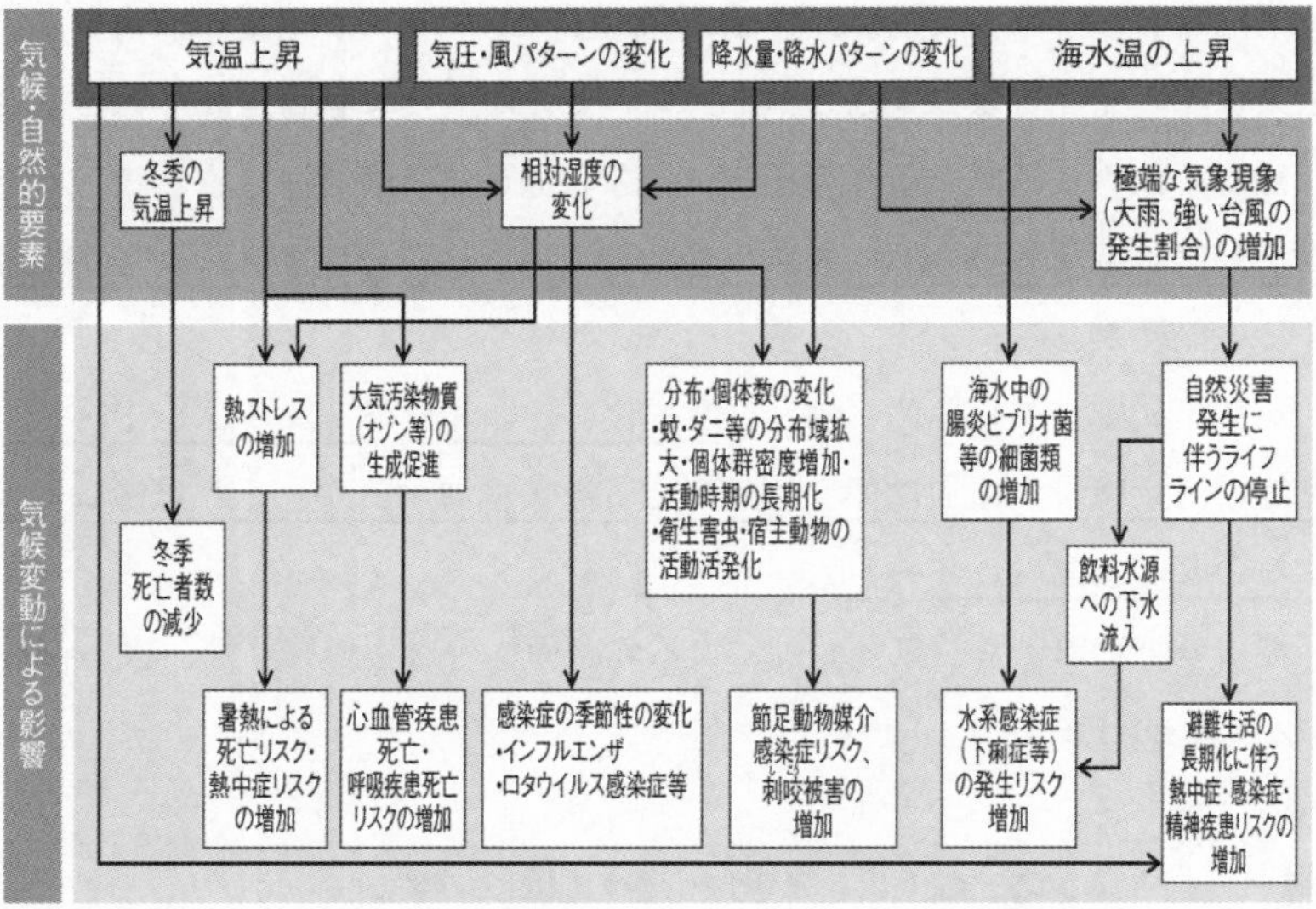

（**文章** と **図** は、環境省「気候変動影響評価報告書　詳細（令和２年12月）」をもとに作成）

グラフ１　日本の年平均気温偏差の経年変化

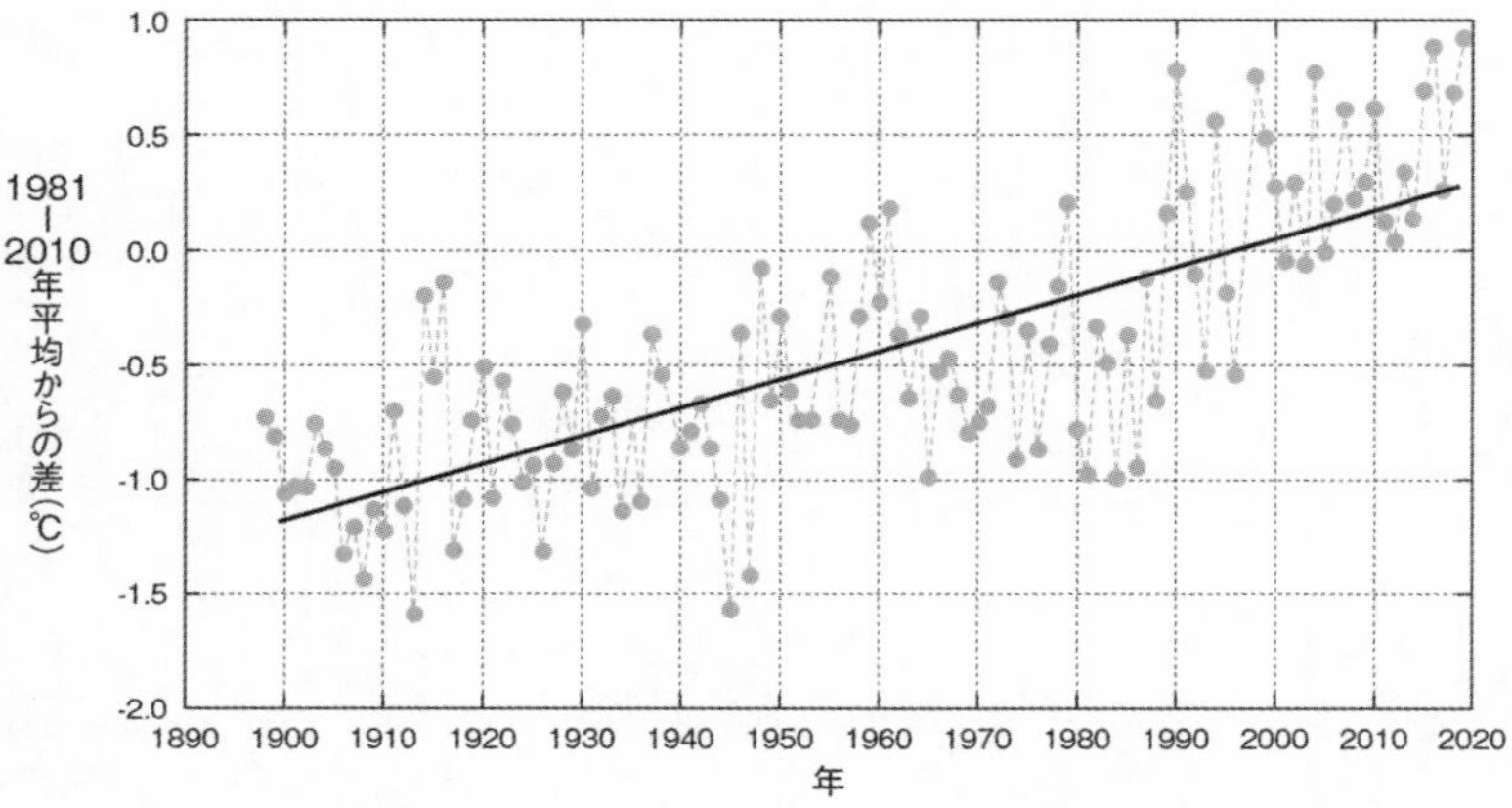

点線で結ばれた点は、国内15観測地点での年平均気温の基準値からの偏差を平均した値を示している。直線は長期変化傾向（この期間の平均的な変化傾向）を示している。基準値は1981～2010年の30年平均値。

グラフ２　日本の年降水量偏差の経年変化

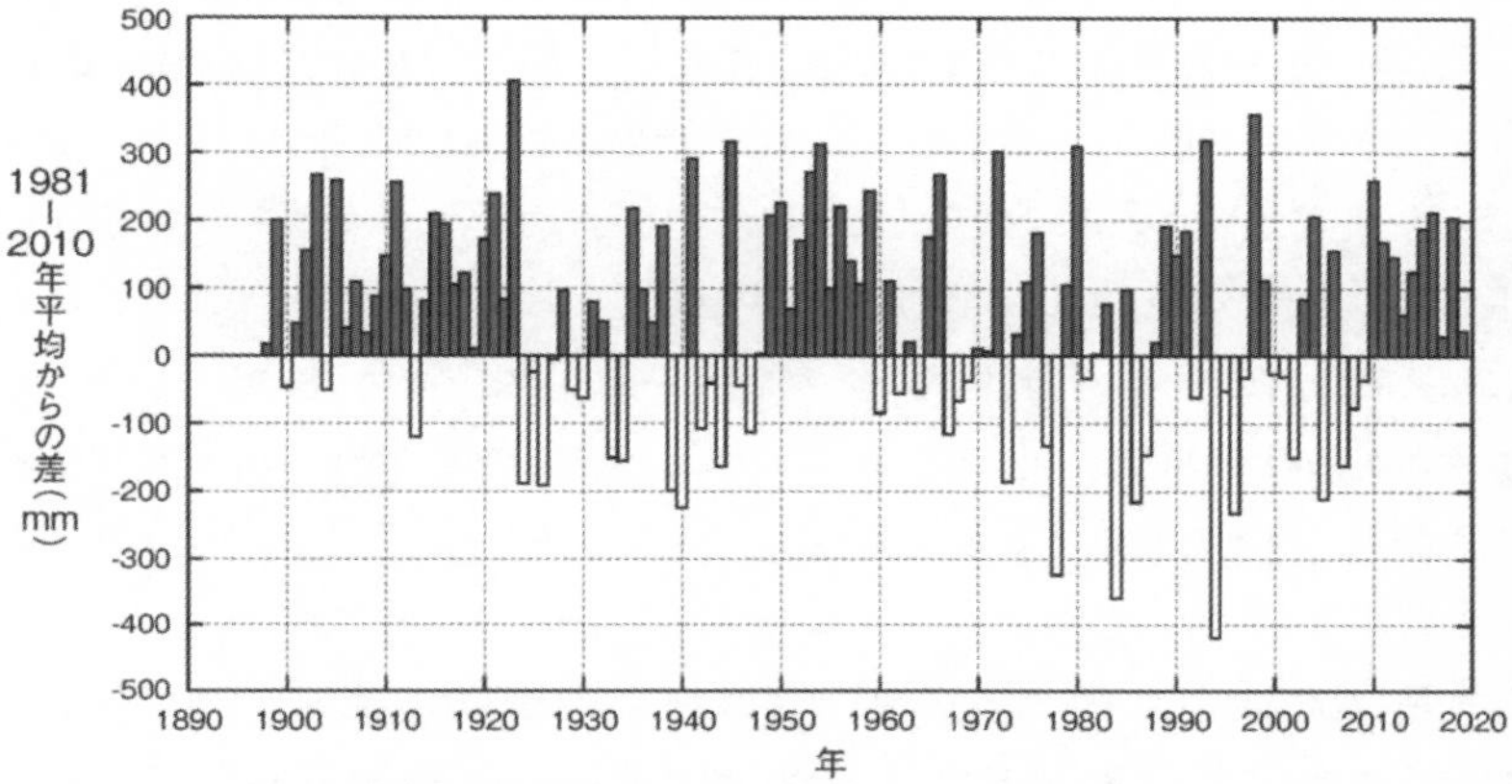

棒グラフは気象庁の観測地点のうち、国内51地点での各年の年降水量の基準値からの偏差を平均した値を示している。0を基準値とし、上側の棒グラフは基準値と比べて多いことを、下側の棒グラフは基準値と比べて少ないことを示している。基準値は1981～2010年の30年間の平均値。

グラフ３　台風の発生数及び日本への接近数

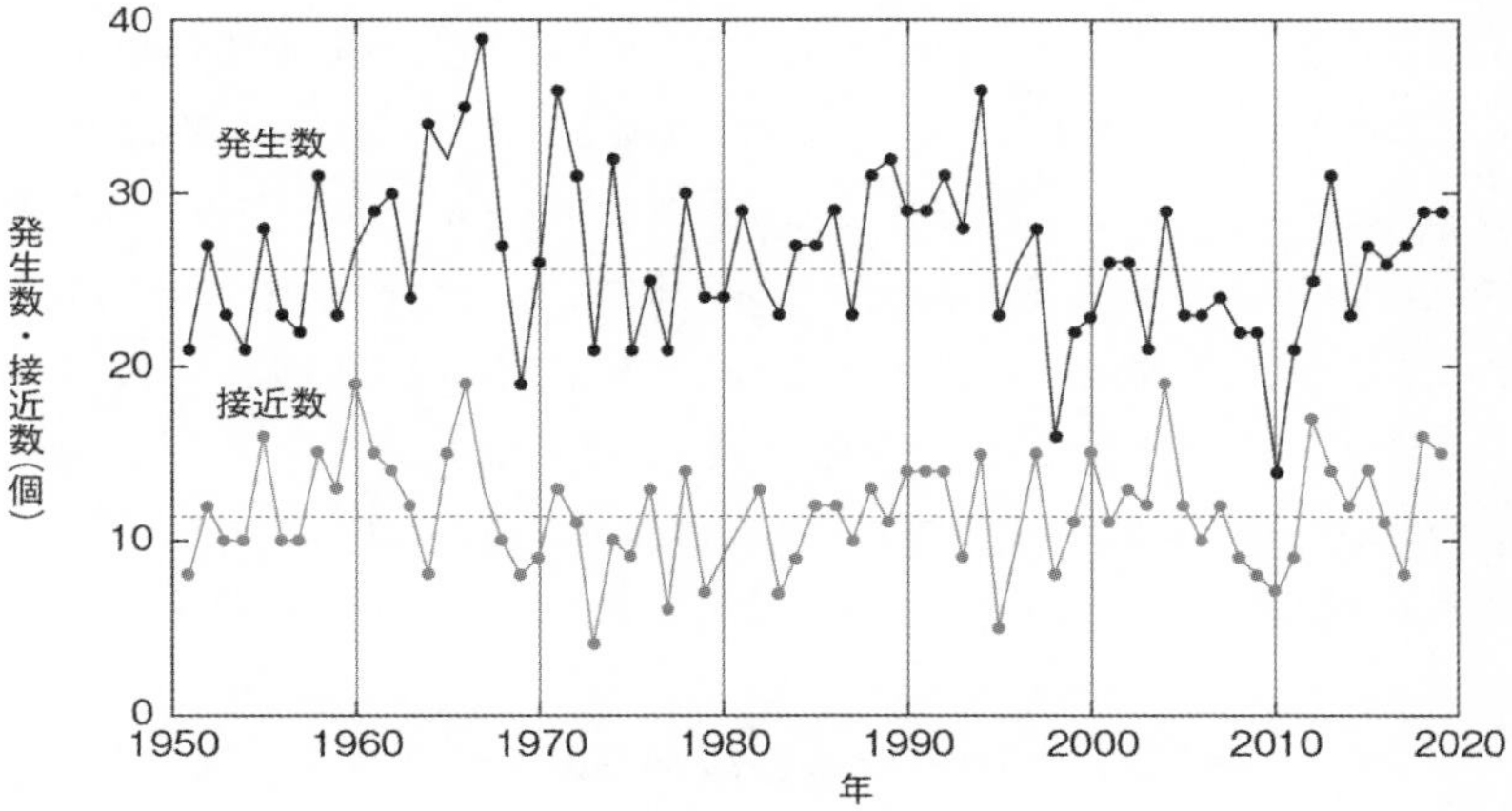

点線は平年値（1950年～2020年の平均）を表す。

（グラフ１～グラフ３は、気象庁「気候変動監視レポート2019（令和２年７月）」をもとに作成）

【資料Ⅱ】

地球温暖化の対策は、これまで原因となる温室効果ガスの排出を削減する「緩和策」を中心に進められてきた。しかし、世界が早急に緩和策に取り組んだとしても、地球温暖化の進行を完全に制御することはできないと考えられている。温暖化の影響と考えられる事象が世界各地で起こる中、その影響を抑えるためには、私たちの生活・行動様式の変容や防災への投資といった被害を回避、軽減するための「適応策」が求められる。例えば、環境省は熱中症予防情報サイトを設けて、私たちが日々の生活や街中で熱中症を予防するための様々な工夫や取り組みを紹介したり、保健活動にかかわる人向けの保健指導マニュアル「熱中症環境保健マニュアル」を公開したりしている。これも暑熱に対する適応策である。また、健康影響が生じた場合、現状の保健医療体制で住民の医療ニーズに応え、健康水準を保持できるのか、そのために不足しているリソース(注1)があるとすれば何で、必要な施策は何かを特定することが望まれる。例えば、21世紀半ばに熱中症搬送者数が2倍以上となった場合、現行の救急搬送システム(救急隊員数、救急車の数等)ですべての熱中症患者を同じ水準で搬送可能なのか、受け入れる医療機関、病床、医療従事者は足りるのか、といった評価を行い、対策を立案していくことが今後求められる。また緩和策と健康増進を同時に進めるコベネフィット(注2)を追求していくことも推奨される。例えば、自動車の代わりに自転車を使うことは、自動車から排出される温室効果ガスと大気汚染物質を減らし(緩和策)、自転車を漕《こ》ぐことで心肺機能が高まり健康増進につながる。肉食を減らし、野菜食を中心にすることは、家畜の飼育過程で糞《ふん》尿などから大量に排出されるメタンガスなどの温室効果ガスを抑制すると同時に、健康増進につながる。こうしたコベネフィットを社会全体で追求していくことは、各セクター(注3)で縦割りになりがちな適応策に横のつながりをもたらすことが期待される。

(橋爪真弘《はしづめまさひろ》「公衆衛生分野における気候変動の影響と適応策」による)

注 1 リソース…資源。
2 コベネフィット…一つの活動が複数の利益につながること。
3 セクター…部門、部署。

問1　【資料Ⅰ】文章と図との関係について、次の(i)(ii)の問いに答えよ。（4点×2）

(i)　文章の下線部ⓐ〜ⓔの内容には、図では省略されているものが二つある。その二つの組合せとして最も適当なものを、次の①〜⑤のうちから一つ選べ。

①　ⓑとⓔ
②　ⓐとⓓ
③　ⓒとⓔ
④　ⓑとⓓ
⑤　ⓐとⓒ

(ii)　図の内容や表現の説明として適当でないものを、次の①〜⑤のうちから一つ選べ。

①　「気候変動による影響」として環境及び健康面への影響を整理して図示し、文章の内容を読み手が理解しやすいように工夫している。
②　気温上昇によって降水量・降水パターンの変化や海水温の上昇が起こるという因果関係を図示することによって、文章の内容を補足している。
③　「気候・自然的要素」と「気候変動による影響」に分けて整理することで、どの要素がどのような影響を与えたかがわかるように提示している。
④　「気候・自然的要素」が及ぼす「気候変動による影響」を図示することにより、特定の現象が複数の影響を生み出

12

し得ることを示唆している。

⑤ 気候変動によって健康分野が受ける複雑な影響を読み手にわかりやすく伝えるために、いくつかの事象に限定して因果関係を図示している。

問2 次のア〜エの各文は、ひかるさんが【資料Ⅰ】【資料Ⅱ】を根拠としてまとめたものである。【凡例】に基づいて各文の内容の正誤を判断したとき、その組合せとして最も適当なものを、後の①〜⑤のうちから一つ選べ。（4点）

【凡例】

正　し　い――述べられている内容は、正しい。 **誤っている**――述べられている内容は、誤っている。 **判断できない**――述べられている内容の正誤について、【資料Ⅰ】【資料Ⅱ】からは判断できない。

ア　気候変動による気温の上昇は、冬における死亡者数の減少につながる一方で、高齢者を中心に熱中症や呼吸器疾患など様々な健康リスクをもたらす。

イ　日本の年降水量の平均は一九〇一年から一九三〇年の三〇年間より一九八一年から二〇一〇年の三〇年間の方が多く、気候変動の一端がうかがえる。

ウ　台風の発生数が平年値よりも多い年は日本で真夏日・猛暑日となる日が多く、気温や海水温の上昇と台風の発生数は関連している可能性がある。

エ　地球温暖化に対して、温室効果ガスの排出削減を目指す緩和策だけでなく、被害を回避、軽減するための適応策や健康増進のための対策も必要である。

① ア　正しい　　イ　誤っている　　ウ　誤っている　　エ　判断できない
② ア　誤っている　　イ　判断できない　　ウ　誤っている　　エ　誤っている
③ ア　正しい　　イ　誤っている　　ウ　判断できない　　エ　正しい
④ ア　誤っている　　イ　正しい　　ウ　判断できない　　エ　正しい
⑤ ア　判断できない　　イ　正しい　　ウ　判断できない　　エ　誤っている

問3　**気候変動が健康に影響を与えることを知り、高校生として何ができるか考えたひかるさんは、【資料Ⅰ】と【資料Ⅱ】を踏まえたレポートを書くことにした。次の【目次】は、ひかるさんがレポートの内容と構成を考えるために作成したものである。これを読んで、後の(i)(ii)の問いに答えよ。**（4点×2）

【目次】

テーマ：気候変動が健康に与える影響と対策

はじめに：テーマ設定の理由

第１章　気候変動が私たちの健康に与える影響

　a　暑熱による死亡リスクや様々な疾患リスクの増加

　b　感染症の発生リスクの増加

　c　自然災害の発生による被災者の健康リスクの増加

第２章　データによる気候変動の実態

　a　日本の年平均気温の経年変化

　b　日本の年降水量の経年変化

　c　台風の発生数及び日本への接近数

第３章　気候変動に対して健康のために取り組むべきこと

　a　生活や行動様式を変えること

　b　防災に対して投資すること

　c　［　X　］

　d　コベネフィットを追求すること

おわりに：調査をふりかえって

参考文献

(i)　**【資料Ⅱ】**を踏まえて、レポートの第3章の構成を考えたとき、**【目次】**の空欄 **X** に入る内容として最も適当なものを、次の①～⑤のうちから一つ選べ。

① 熱中症予防情報サイトを設けて周知に努めること
② 保健活動にかかわる人向けのマニュアルを公開すること
③ 住民の医療ニーズに応えるために必要な施策を特定すること
④ 現行の救急搬送システムの改善点を明らかにすること
⑤ 縦割りになりがちな適応策に横のつながりをもたらすこと

(ii) **ひかるさんは、級友に【目次】と【資料Ⅰ】【資料Ⅱ】を示してレポートの内容や構成を説明し、助言をもらった。助言の内容に誤りがあるものを、次の①～⑤のうちから一つ選べ。**

① Aさん　テーマに掲げている「対策」という表現は、「健康を守るための対策」なのか、「気候変動を防ぐための対策」なのかわかりにくいから、そこが明確になるように表現すべきだと思うよ。
② Bさん　第1章のbの表現は、aやcの表現とそろえたほうがいいんじゃないかな。「大気汚染物質による感染症の発生リスクの増加」とすれば、発生の原因まで明確に示すことができると思うよ。
③ Cさん　気候変動と健康というテーマで論じるなら、気候変動に関するデータだけでなく、感染症や熱中症の発生状況の推移がわかるデータも提示できると、より根拠が明確になるんじゃないかな。
④ Dさん　第1章で、気候変動が健康に与えるリスクについて述べるんだよね。でも、その前提として気候変動が起きているデータを示すべきだから、第1章と第2章は入れ替えた方が、流れがよくなると思うよ。
⑤ Eさん　第1章から第3章は、調べてわかった事実や見つけた資料の内容の紹介だけで終わっているように見えるけど、それらに基づいたひかるさんなりの考察も書いてみたらどうだろう。

13 実用文

レポートと資料＋文章の読み取り

オリジナル

目標解答時間　10分

本冊（解答・解説）p.148

のぞみさんは、自分の家のまわりでも見聞きする空き家の問題について調べ、「空き家問題について」という題で自分の考えを【レポート】にまとめた。【資料】（記事・グラフ1・グラフ2・表）と文章は、【レポート】を書くため参考にしたものに、見出しをつけて整理したものである。これらを読んで、後の問い（問1～4）に答えよ。

【レポート】

　近年、私たちの町にも、誰も住んでおらず、ほとんど壊れかけているような家がふえてきて、私も少し怖いように感じることがある。このような、いわゆる「空き家」がどのようにしてふえてきたのか、またその問題は今後どのようにすべきなのか、という点について述べていきたい。

　まず「空き家」自体がふえていることは、グラフ1を見ても事実である。そこには持ち主不明、税制度の問題など複数の原因が考えられる。

　こうした「空き家」がふえていくことで生じる問題として、建物の倒壊や犯罪の増加などがあげられる。こうした問題を少しでもなくすためには、家の持ち主やそれを引き継いだ人の責任ある姿勢が求められる。

しかしこれは、本当に、その家の持ち主だけの原因によって生じる問題なのだろうか。近年地域社会の崩壊、ということがいわれる。**表**を見ると、日本人の他人や社会に対するやや冷淡な意識がうかがわれる。こうした他人への無関心がひそかに「空き家」問題を起こしている、ということがないだろうか。また［ Y ］という考え方もある。「空き家」問題はそうした面も含め、私たちの意識や地域の問題など、多様な側面から考察されるべきである。

【資料】（記事）

強風や地盤の悪さのために倒壊などのリスクがある空き家の撤去に、全国の自治体が投じた費用はここ数年は一年あたりでは、二〇〇〇億円を超えると試算されています。今後も公的な負担は増加し、自治体の財政が苦しくなり、国の地方交付金が増える可能性があります。空き家も個人の財産ですが、撤去費用がないという高齢の所有者も多く、後継者も都市へ出ていきおらず、空き家の倒壊などで、近隣に被害が出ることを防ぐために、自治体が撤去せざるを得ないのです。

総務省が発表した最新の『住宅・土地統計調査』によれば、全国の空き家数は過去十年で八九万戸に増え、空き家の割合も過去最高の水準に到達しています。さらに「このままだと空き家が増える」(A)と危惧する声もあります。二〇三〇年代初頭には国内の一般住宅の四戸に一戸が空き家となるという予測もあります。

積極的な解体が進まない原因の一つとして、住宅が建っていれば、空き家であっても固定資産税が減免されるため、解体しないほうが経済的だ、ということもあります。政府はこうした事態を受けて、「空家等対策の推進に関する特別措置法」を施行し、空き家対策の策定や情報収集、有益な活用に向けた対策の実施に加え、財政、税制上の措置をとることを定めました。

（経済ｗｅｂネット記事より）

13

グラフ１　空き家の現状―推移と種類別内訳

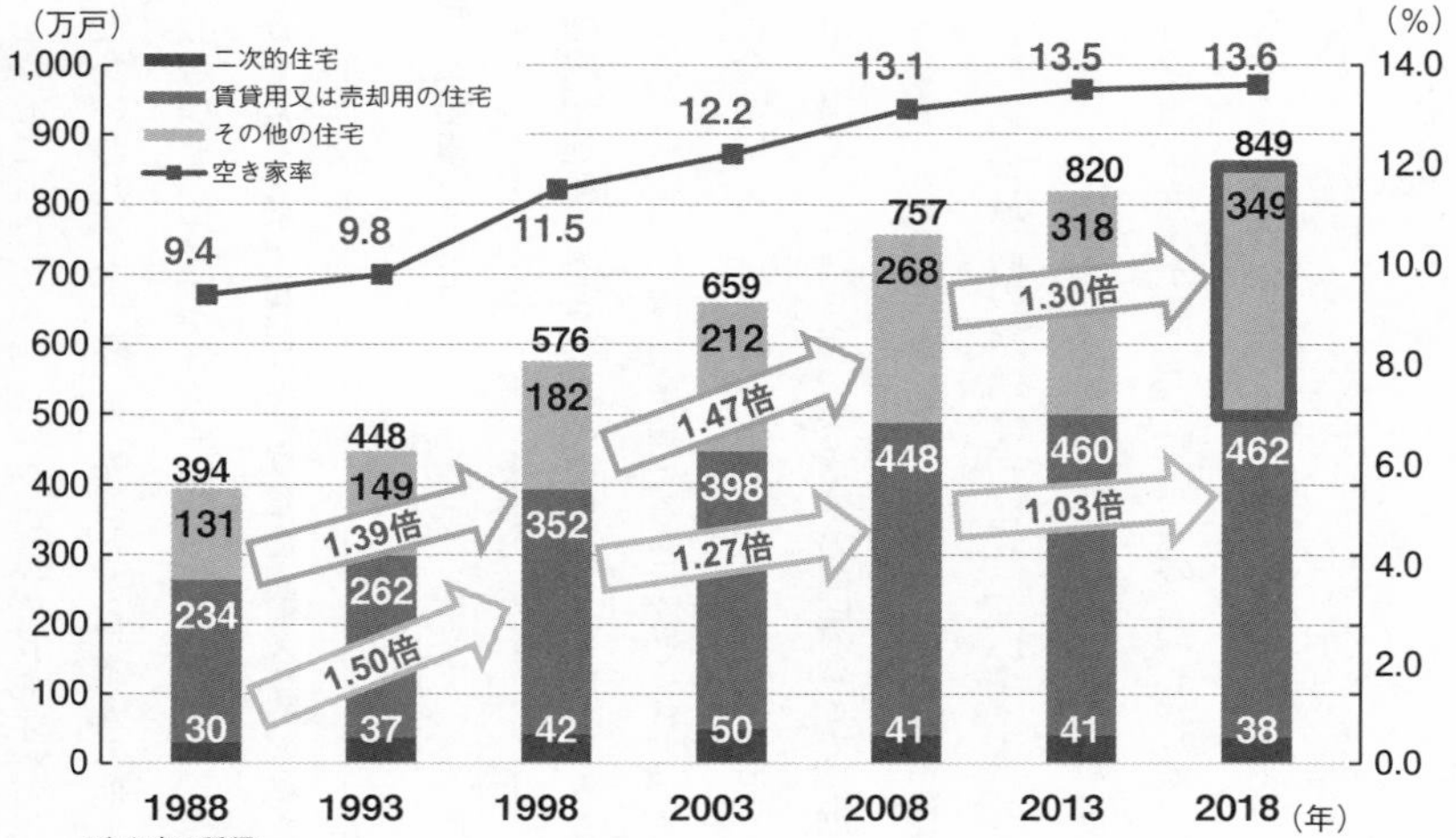

[空き家の種類]
二次的住宅：別荘及びその他（たまに寝泊まりする人がいる住宅）
賃貸用又は売却用の住宅：新築・中古を問わず，賃貸又は売却のために空き家になっている住宅

出典：住宅・土地統計調査（総務省）

グラフ２　65歳以上の者のいる世帯数及び構成割合

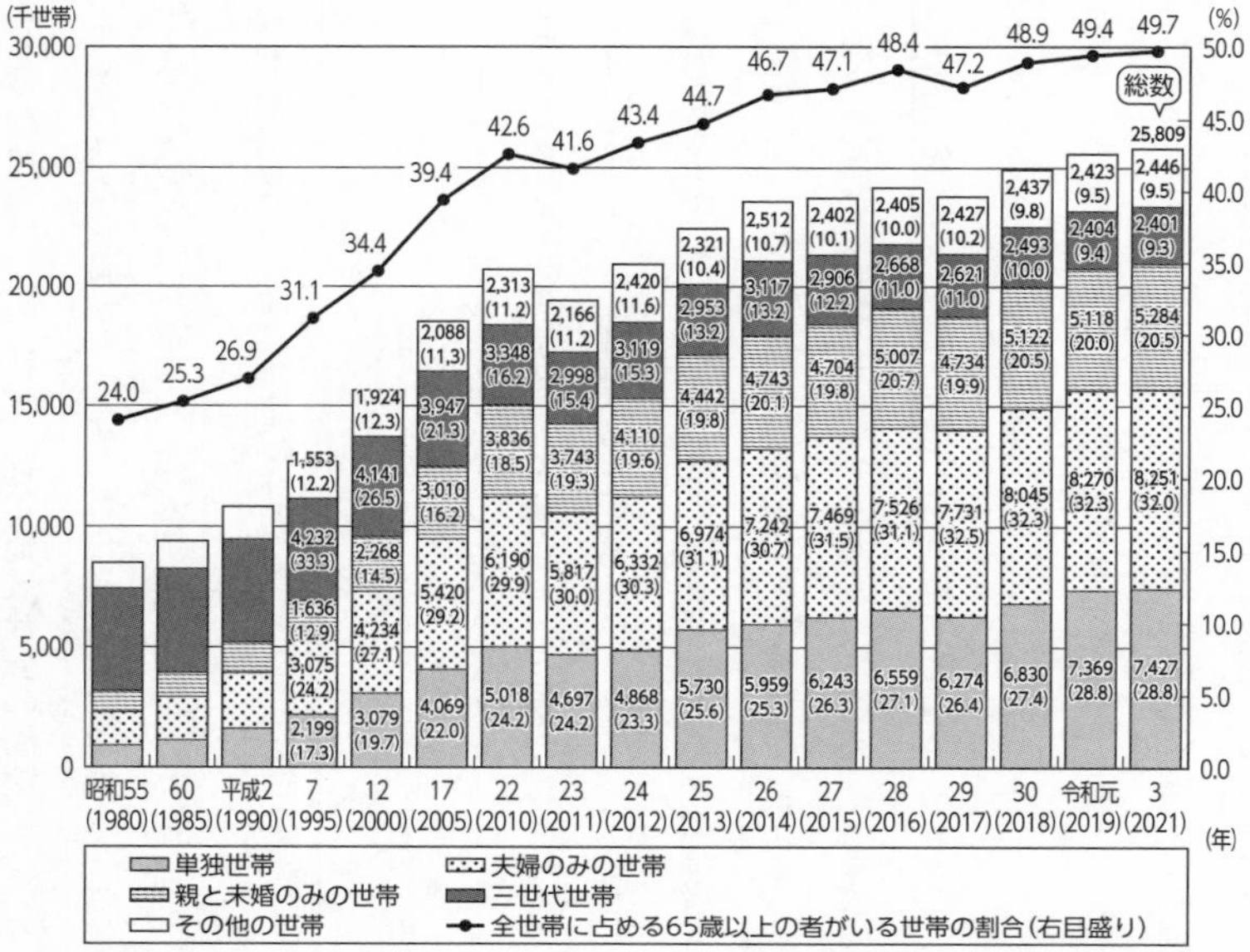

※昭和55年～平成２年の数値は省略

出典：『高齢社会白書』（内閣府）

表 他人を信頼するかどうか

	イギリス	アメリカ	スウェーデン	フランス	**日本**
大体いつも信用できる	1.1	3.8	4.8	1.9	**1.1**
大体信用できる	45.7	44.4	61.0	34.8	**31.2**
大体信用できない	47.6	42.1	27.8	50.5	**52.7**
信用できない	5.6	9.7	6.5	12.9	**15.1**

※小数点の処理上計100%にはならない (%)

出典：国際社会調査プログラム（ISSP）2004年

貧しい人を助けるのは政府の義務か

	イギリス	アメリカ	スウェーデン	フランス	**日本**
そう思う	53	28	56	49	**15**
どちらかといえばそう思う	38	42	30	34	**44**
どちらかといえばそう思わない	5	17	8	14	**31**
そう思わない	3	11	4	3	**7**

※「わからない」「無回答」を含まないため100%にはならない (%)

出典：Pew Research Center “World Publics Welcome Global Trade but Not Immigration”,2007

13

文章

空き家が放置されると、ひどい場合には火事の発生や治安の悪化のように地域にとって望ましくない外部性が生み出される可能性がある。しかし、空き家の持ち主個人にとっては、大きな費用がかかる空き家の処分を行う動機付けは弱く、放置されがちとなる。そのような中で、空き家を「負の資産」とさせずに地域で有効利用しようという取り組みが行われている。たとえば「古民家カフェ」などと呼ばれるように、もともと住宅であったものを飲食店に転用する試みはその代表的なものだろう。貸す側としても、住宅として貸すよりも高い家賃を期待できる。しかし、利益を出すには一定の集客と、利用可能な空き家についての情報流通も必要になるために、一定規模の都市でないと難しい。（中略）また、子育て施設や高齢者・障害者のグループホームなどとして空き家を利用するという試みもある。収益性という観点からは期待しにくいが、不足している公共施設を供給するために空き家を活用することができれば、地域にとっての「負の資産」どころか必要な資産になるだろう。それ以外にも、地域で活動するＮＰＯに使用させるということもある。子育て期の母親をはじめ、孤立しがちな人々の居場所になるという機能や、芸術家を支援してアートイベントを行うという試みもしばしば行われている。（中略）

政府の補助を受けて、公営住宅に準じるかたちで空き家を再利用する可能性も検討されている。住宅として利用されなくなった空き家を、住宅を求める高齢者や低所得者に対して積極的に貸すことを狙うものである。二〇一七年四月に成立した改正住宅セーフティネット法では、一定の条件を備えた空き家の所有者が、空き家を賃貸住宅として都道府県や政令市・中核市などに登録すれば、所有者に対して住宅改修の補助金を出したり、入居する人々に家賃補助を行ったりすることを定めている。空き家を有効利用するだけでなく、孤独死リスクのある高齢者や、家賃を十分に払うことができない低所得者が、賃貸住宅を新たに借りることが難しいという問題に対して、政府が仲介に入ることで住宅を借りやすくすることを狙っているのである。

（砂原庸介『新築がお好きですか？――日本における住宅と政治――』による）

問1　次のア〜エの各文は、【資料】（記事）の傍線部A「このままだと空き家が増える」と書かれていることの根拠として、のぞみさんが【資料】（記事）と グラフ2 を根拠にして列挙したものである。【凡例】に基づいて各文の内容の正誤を判断したとき、その組合せとして最も適当なものを、後の①〜⑤のうちから一つ選べ。（4点）

【凡例】

> 正　し　い――述べられている内容は、正しい。
> 誤っている――述べられている内容は、誤っている。
> 判断できない――述べられている内容の正誤について、【資料】（記事）、グラフ2 からは判断できない。

ア　強風や大雨などの異常気象などによって火災や水害などの被害が多く発生し、家屋も被害を受けやすくなるから。

イ　世帯全体における高齢者率も単独世帯の高齢者率も増加傾向にあり、空き家を撤去する経済的余裕のない高齢者も多いから。

ウ　空き家や土地を受け継いでくれる人間自体がいない場合が多く、夫婦だけの世帯が今後も増えていくと考えられるから。

エ　空き家の解体を行う費用がないという家の所有者に対し、自治体が費用を負担することには、賛成しない人が多いと考えられるから。

① ア　正しい　　イ　誤っている　　ウ　誤っている　　エ　判断できない

② ア　正しい　　イ　誤っている　　ウ　判断できない　　エ　正しい

③　ア　誤っている　　イ　判断できない　　ウ　誤っている　　エ　誤っている
④　ア　判断できない　イ　正しい　　　　ウ　誤っている　　エ　判断できない
⑤　ア　誤っている　　イ　正しい　　　　ウ　判断できない　エ　正しい

問2　**グラフ1・グラフ2についての説明として適当でないものを、次の①〜⑤のうちから一つ選べ。**（4点）

①　もともと戸数が多くないのも確かだが、二次的住宅といわれる別荘などでは、空き家の数にあまり変化は見られない。
②　二〇〇八年以降空き家率の伸びが鈍化しているのは、空き家に対する特別措置法や自治体の対策の結果だと考えられる。
③　二〇〇〇年代に入ると、三世代世帯が減少傾向を見せ、それと呼応するかのように、単独世帯や夫婦のみの世帯が増えている。
④　二〇〇八年から二〇一八年のあいだを見ると、どのようなことが原因かは不明だが、空き家の発生率は低下傾向にある。
⑤　グラフ1・グラフ2で「その他」と概括されているものには、同様の増加傾向が見られるが、相関があるとは考えられない。

問3　【レポート】を書く前にのぞみさんは次のような構成メモを書いていた。これを読んで、後の(i)(ii)の問いに答えよ。（4点×2）

【レポート】の構成メモ

テーマ：「空き家」問題の原因と対策

1　はじめに：テーマ設定の理由

・自分の家の近くでも、「空き家」問題が生じている

2　「空き家」が発生する理由

a　後継者の不在

b　利便性のよい場所への移住

c　固定資産税などの税制度

3　「空き家」が多くなることで生じる問題

a　暴風などによって建物が倒壊する危険がある

b　建物が事件の対象になったり、事件の温床になる

c　［　　X　　］

d　空き家対策によって自治体の財政が圧迫される

4　おわりに：「空き家」問題に対する視点と今後の展望

a　日本人の他者意識との関わり

13

(i) 構成メモの空欄 X に入るものを【資料】(記事)に基づいて考えた場合、最も適当なものを、次の①〜⑤のうちから一つ選べ。

① 周囲に対する悪い影響が出る
② 建物が放火され火災が発生する
③ 個人の財産権が強制的に剝奪《はくだつ》される
④ 近隣住民からの苦情が自治体に出される
⑤ 固定資産税の税収が少なくなる

(ii) 【レポート】の空欄 Y には、文章 の要約が入る。その要約として最も適当なものを、次の①〜⑤のうちから一つ選べ。

① 「空き家」を無駄なお金がかかる厄介なものとだけ考えるのではなく、利益を生み出すものとして捉え、具体的な活用策を考える
② 「空き家」を撤去した後に、その空間をどのような空間として有効活用することが、地域や人々にとって有効かを積極的に考えていく
③ 「空き家」を使えば、都市では失われてしまった人々の結びつきを回復させる場所として利用することもできるし、孤独を癒《い》やす場所ともなり得る
④ 「空き家」を地域にとって必要な空間に生まれ変わらせることも可能であるし、まだ「家」として使えるならば、社会的弱者を救う一助にもなる

⑤「空き家」が治安を悪化させるものにならないために、「空き家」を地域で使用する施設とし、イベントなどでつねに人が出入りする場所にする

問4 のぞみさんは、級友に【レポート】と構成メモを示して【レポート】の内容や構成を説明し、感想や助言をもらった。助言の内容に誤りがあるものを、次の①～⑤のうちから一つ選べ。（4点）

① aさん 2の「空き家」が発生する理由や、3の「空き家」が多くなることで生じる問題については、**構成メモ**であげているものは、すべて列挙して書かないと**【レポート】**を読む人は違和感を抱くと思うよ。

② bさん 「少し怖いように感じる」という個人的な感覚から「空き家」問題について書いていくと、初めから「空き家」は悪いものだと考えているように捉えられてしまい客観的じゃないって思われないかな。

③ cさん 他人を信用しない日本人と「空き家」の持ち主が不明だということのつながりは何となくわかるけど、そうした冷たい関係が実際「空き家」の隣人と「空き家」の持ち主との間にあった例とかが書けると、もっとわかりやすくなると思うよ。

④ dさん **構成メモ**の「テーマ」では「対策」となっているけど、「対策」については**【レポート】**に書かれてないよね。書かないならそれでもいいけど、**【レポート】**に書いた方が内容が充実していいと思うよ。

⑤ eさん 「おわりに」の「展望」は今のままだと少し物足りない気がする。そんなに具体的じゃなくてもいいけど、もう少しのぞみさんがどうなったらいいと思っているのかが書かれていてもいい気がするね。

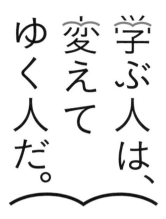

大学入試 全レベル問題集

現代文

河合塾講師 梅澤眞由起 著

2 共通テストレベル

三訂版

はじめに

日本の教育が大きく変わろうとしています。グローバル化に対応して、自分の意見をはっきりと主張し、なおかつみんなと話し合い協力していける人間が求められています。それは大学だけでなく、社会に出てからのありかたとして、みんなに求められており、共通テストの背景にもそうした考えがあります。つまり外部に自分をアピールできる人間が評価されるのです。

でも自己アピールが評価されるならば、誰もがそういうキャラを作ろうとするでしょう。そして若い人たちは自分が他人からどう見られるかということに敏感になり、自分の心と対面する時間を失います。だからといって他人との関係が充実しているわけではないでしょう。

そういう若い人の心の揺れ動きが気にかかります。今必要なことは、孤独な時間を作ることです。孤独の中で自分の心と向き合うことです。孤独の中で自分と出会い、そこから他者へと開かれていくことの中にしか、自分を安定させる道はないのです。

僕はそんな孤独な時間をこの問題集を通じてもってほしいと思っています。現代文の問題を解くことは、筆者の考えの筋道をたどり、他者と出会うことだからです。そうした他者との出会いが、いつしか、では自分は何をどう考えているのか、という想いを抱くことへと通じると思っているのです。

設問を解くことと同時に、筆者の言葉を自分はきちんと受けとめているかを確かめながら、問題文を読んでいってください。

梅澤真由起

目次

この問題集の構成と使いかた

本書は、次の流れで取り組むことをおすすめします。

1 「共通テストの現代文について」（本冊6ページ）

2 「共通テストへの導入問題」問題（別冊2ページ）→解説（本冊10ページ）

3 「〈論理的文章〉へのアプローチ」（本冊25ページ）

4 〈論理的文章〉別冊問題→本冊解説

＊〈文学的文章〉〈実用文〉も同様の流れで取り組むとよいでしょう。

各講の解説は、次の三つで構成されています。

学習ポイント（一部の講のみ）… その講で学習すべき、大事な点を説明しています。その後の解説でもここで挙げたポイントを意識して読み進めてください。

問題文ナビ … 出題された文章、つまり問題文そのものを細かく読み解きます。

読解のポイント **ひとこと要約** などで、頭の中をしっかり整理してください。

設問ナビ … 出題された設問を解説していきます。自分自身がひっかかってしまった点をここでしっかり解決しましょう。

本冊で使用する記号について

ムズ … 間違えても仕方のない、ややむずかしい設問に示してあります。

大ムズ … むずかしくて、かなり正答率の低い設問に示してあります。

目標点 30／50点 … 〈予想される平均点＋1問分〉として示してあります。

語句ごくごっくん … 問題文に登場した重要語句を解説しています。言葉を飲み込んで、みんなの血や肉になることを意識したネーミングです。しっかり飲み込んでください。

L42・**L42**・（**L42**）… 問題文での行番号を示しています。

梅POINT … 現代文の大事なポイントをひとことでビシッと示しています。同じ種の設問などにも共通するポイントなので、頭のひきだしに入れておきましょう。

テーマ 言語1 … 各講の問題文で扱われたテーマについて、もう一歩踏み込んで解説しています。

チョイマヨ … 間違えやすい、〈チョイと迷う〉選択肢を示しています。

「全レベル問題集　現代文」シリーズのレベル対応表

シリーズラインナップ　各レベルの該当大学　＊掲載の大学名は購入していただく際の目安です。また、大学名は刊行時のものです。

① 基礎レベル	高校基礎～大学受験準備
② 共通テストレベル	共通テストレベル
③ 私大標準レベル	日本大学・東洋大学・駒澤大学・専修大学・京都産業大学・近畿大学・甲南大学・龍谷大学・東北学院大学・成蹊大学・成城大学・明治学院大学・國學院大學・亜細亜大学・聖心女子大学・日本女子大学・中京大学・名城大学・京都女子大学・広島修道大学　他
④ 私大上位レベル	明治大学・青山学院大学・立教大学・中央大学・法政大学・学習院大学・東京女子大学・津田塾大学・立命館大学・関西大学・福岡大学・西南学院大学　他
⑤ 私大最難関レベル	早稲田大学・上智大学・南山大学・同志社大学・関西学院大学　他
⑥ 国公立大レベル	東京大学・京都大学・北海道大学・東北大学・信州大学・筑波大学・千葉大学・東京都立大学・一橋大学・名古屋大学・大阪大学・神戸大学・広島大学・九州大学　他

「全レベル問題集　現代文」WEB 特典

共通テスト／志望大学別　出題分析と学習アドバイス

共通テストや各レベルの主要大学の出題傾向分析と学習アドバイスを紹介しています。今後実施される共通テストについては、こちらのサイトに解説を掲載します(2023 年 12 月時点)。以下の URL か右の二次元コードから、公式サイトにアクセスしてください。

https://service.obunsha.co.jp/tokuten/zenlevelgendaibun/

※本サービスは予告なく終了することがあります。

自動採点について

採点・見直しができる無料の学習アプリ「学びの友」で、簡単に自動採点ができます。

① 以下のURLか右の二次元コードから、公式サイトにアクセスしてください。　https://manatomo.obunsha.co.jp/

② アプリを起動後、「旺文社まなび ID」に会員登録してください(無料)。

③ アプリ内のライブラリより本書を選び、「追加」ボタンをタップしてください。

※ iOS ／ Android 端末、Web ブラウザよりご利用いただけます。　※ 本サービスは予告なく終了することがあります。

執筆者　**梅澤眞由起**（うめざわ まさゆき）

河合塾講師。北海道札幌市出身。著書に『入試精選問題集　現代文』『得点奪取　現代文』(ともに河合出版：共著)、『私大過去問題集』(桐原書店)、『基礎からのジャンプアップノート　現代文重要キーワード・書き込みドリル』『〃現代文読解・書き込みドリル』(旺文社) など。文章を丁寧に読み解く授業には定評がある。

編集協力：(株) 友人社
校正：そらみつ企画／山本咲子
装丁デザイン：(株) ライトパブリシティ
本文デザイン：イイタカデザイン

共通テストの現代文について

＊2023年11月現在の情報です。

現代文の原点　①根拠をつかもう！

「客観的」という言葉があります。「客観的」とはほかの人の立場に立つ、という意味です。では、この「ほかの人」とは誰でしょう？　受験の現代文では、「ほかの人」とは〈筆者〉です。では〈筆者の立場に立って読み、解答する〉には、具体的にはどういうことをすればよいのでしょうか？

それは自分の考えや常識を交《まじ》えずに、**筆者の記した言葉とそこに現れた筆者の意識だけを、読解の、そして解法の手がかりとする**、ということです。〈ここにこう書かれているから、こういうことだ。ここにこう書かれているから、解答はこうなる〉というふうに、**つねに読解の根拠を問題文に求める**ということ。つまり、与えられた文章で筆者はなにを述べていたかを答えることが、「客観的」＝筆者の立場に立つ、ということです。現代文では、みんなは筆者の考えを忠実に大学へ伝える筆者の分身なのです。

もちろんレベルが上がれば、問題文に書かれていない内容を推論しなければならない場合も出てきます。ですがその場合でも、〈問題文にこう書かれているから、こう推測できるのではないか？〉というふうに、あくまで筆者の書いた言葉に即した根拠を求めて読解していかなければなりません。

そして「根拠」とは〈問題文に書かれていて、読解や解法を支える証《あかし》〉のこと。みんなはつねにこの「根拠」を問題文に探してください。根拠をもとに答えること——これが「客観的に解く」ということの意味です。

現代文の原点　②論理的になろう！

「客観的」な読解ということともう一つ、現代文の学習でよくいわれることが**「論理的」**に読み解く、ということです。「論理」ってむずかしそうだけど、ある論理学の先生は〈論理は思いやりだ〉っていってます。つまり文章を書いている人は、自分のいっていることを読んでいる人にわかってもらいたいんだ。だからどうやったらわかりやすくなるか、そのことを考えて、〈ふつうなら言葉や話題はこうつながるよね、こうつながったほうがわかりやすいよね〉って考えて文章を書く。なので文章の中には、**言葉のつながりや内容のつながり、つまり論理**が生まれる。文章のことをテキストと呼びますね。織物のことはテキスタイル、語源は同じです。織物は縦糸と横糸で成り立つ。テキストの縦糸は書かれた日本語、そして横糸は眼には見えませんが、そのつながりが**論理**です。その見えない横のつながりを追いかけてたどっていくことが筆者の思いやりを受けとめて、文章を読み文章を理解するということです。

そのつながり（＝論理）は、一番小さい単位でいえば語句と語句とのつながりから始まり、文と文、段落と段落、そして複数の段落のつながりが生み出す意味のブロックとほかの意味のブロックとのつながり、そして文章全体のつながりへと広がっていきます。その全体像を意識できるようになることが、**〈論理的に読む〉**ということです。

学習する上でのこころがまえと手順

◆時間配分に注意しよう

どんなにむずかしい**【文章】**でも、読解に時間をかけすぎてはいけない。もち時間の60％は問題解法・選択肢の吟味に使おう。

◆二段階のチャレンジ

❶ 時間を決めて、ホントのテストのつもりで解く。

❷ その数時間あと、または2、3日あとに、他人の立場に立ち徹底的に自分の解答にツッコミを入れて、なぜこの選択肢を選んだか、他人に説明できるようなチェックを行う。最初のテスト時間内にできなかった部分や、あとで書き換えた答えは青で記す。もとの答えは残しておく。その青の部分がなくなってきたら、スピードと実力がついてきた証拠！

◆目標点越えを意識せよ

目標点は〈予想される平均点＋1問分〉です。平均点だと、残念ながら、みんなの志望校には届かないと思います。だから「＋1問分」です。ぜひ、この「目標点」を越えられるようにがんばってください。

■ 復習しよう ■

① 解説を読もう。
② 問題集に答えなど書き込む前にまっさらな問題文をコピーしておいて、**【文章】**を自分のことばでかみ砕いてもう一度読もう。
③ 声に出して誰かに説明するように、それぞれの問題の解きかたをもう一度確認しよう。
④ 問題文ナビの語句を再確認しよう。〈論理的文章〉にマーク型漢字書き取り問題が出題されているときは、選択肢の漢字も書こう。
⑤ 長い**【文章】**（〈文学的文章〉を除く）については、要約（100～200字以内）をして、先生など誰かに見てもらおう。
⑥ 数学と同じで、同じ公式を違う問題で使えることがポイント。なので、梅POINTなどに書いてあるルールを確認し、すぐに新しい問題にチャレンジしよう。それが復習！

今までの試験とは異なる能力を見ようとしている

多くの入試では、評論は文章の中の論理（＝つながり）やむずかしい表現の意味を理解すること、小説は心理を読み取ることがポイントとなります。私立大学の現代文・国公立大学の（二次）試験ではそうしたことが変わらず問われています。もちろん共通テストにもそういう問題はありますが、共通テストでは〈論理的文章〉で**〈思考力・判断力・表現力を問う〉**とされています。そして〈論理的文章〉でも、〈文学的文章〉でも、テキスト＝複数の文章や資料（図表）の中から、傍線部や問題の要求に従って、必要な情報を見つけ、共通点などを結びつける力が求められています。そうした部分がどこかを見きわめ、ときにはそこから解答を論理的に推測する力が共通テストで求められる**〈思考力〉**です。それは、大事な部分はここだと**〈判断する力〉**でもあります。

そして〈実用文〉では、資料や図表の中から、大事な情報だけを取り出し、整理する**〈情報収集力〉**が問われるといってよいでしょう。

また、選択肢（とくに正解の選択肢）では、問題文（や資料）に書かれた表現とは少し違う表現に**イイカエ**られていることがあります。その**イイカエが問題文と対応しているか**を見抜く力、また〈文学的文章〉での表現に関する問題に答える力、これが共通テストで求められる**〈表現力〉**です。これらは慣れていないと苦戦すると思います。たくさんの問題にチャレンジして慣れてください。またみんながクリアしなければいけない具体的な課題としてつぎのようなことがあります。

時間との戦い

共通テストはとにかく時間的に厳しいテストです。それは複数の素材（＝テキスト）を見なければいけないからです。25年度から実用文が入り、国語の試験時間は全体で10分ふえて90分、配点は実用文が20点で他の大問は45点となる予定です。でも10分ふえても、現代文2題＋実用文1題、古文1題・漢文1題が一度に押し寄せてくるので、頭の切り替えが必要です。そこで考えるべきことは、①**どれから解くか**、②**どういう時間配分をするか**、ということです。

①**どれから解くか**　僕は古文か漢文から入ったほうがいいと思います。現代文は現代日本語ですから、とりあえず読めるので、「もう少し考えると解けるかも……」という気になりやすく、ズルズル時間を使ってしまうことになりがちだからです。でもこれは人それぞれですから、論理的文章・文学的文章・実用文・古文・漢文をセットで解いて自分に合ったパターンを2つは用意しましょう。〈2つ〉というのは、たとえば漢文から解くと決めていて、もし漢文がすごくむずしかったときに、違うルートをもっていれば、動揺せず違うものから手をつけていけるからです。

②**どういう時間配分をするか**　5題セットで何回か解き、自分は論理的文章は25分、文学的文章は20分、実用文は10分、古文は20分、漢文は何とか15分でできる、などというような平均を出してみましょう。たぶん時間的にはキツキツだと思いますが、その平均時間をどんな問題でも守ることです。つまり1題ごとの時間を決めて、時間が来たら**〈移る〉**！　この**〈移る勇気〉を身につけてください**。ですから、この問題集をやって、現代文（実用文と合わせて110点）はOKということになったら、必ずセットで問題を解くようにしてください。

そして**〈移って〉**いって総合点で勝負！です。たとえば（実用文は置いといて）大問3題カンペキにこなしても大問1題全然やる時間がなく全滅⁉となると、135点です。大問4題に自分の決めた時間をかけて、とりあえず解ける問題は解いたという状態で35点ずつ取れば140点になります。**1題だけにこだわらず、総合点できちんとゲットする**。このことを忘れずに。ただし移るときにマーク箇所がズレないように、答えはとりあえず仮決《かりぎ》めしてマークしておきましょう。そして時間に余裕があれば、あとでもう一度考えればよいのです。

問題文を最後まで読んでから解くか、読みながら解くか

これはよく聞かれるんですが、文章（問題文）は一度最後まで読み、資料などにも目を通してから問題を解くほうがよいと僕は思います。複数の素材には共通点や相違点などがあります。それをまず見ぬいて、素材同士のつながりを見つけることが大切だからです。そしてこれらの共通点などがテーマであり、問題の解答につながることも多いのです。そのためにも、まずどの素材とどの素材とを結び合わせる問題があるか、読みに入る前に問題をチラ見しましょう。一つでいいですから、複数の素材を結びつける設問を頭に入れてから、読みに入りましょう。とくに最後の問題（問6など）には、資料があったり、それ自体が問題文をまとめる問題などになっていることが多いので、すべてのテキストを読んだら**最後の問題を先に解く**といいと思います。それに〈論理的文章〉では、問題文のテーマや文章の構造や構成を問う問題が出題されることが多いので、全体がわかっていないとマズいです。読みながら解く人は、文章の全体像がつかみにくい、というリスクがある。問題で「資料を参考に」などと書いてある場合でも、資料だけではなく文章の関連箇所を使って選択肢が作られていることもあります。そういう点でも目配りは広ければ広いほどよいのです。また読みながら解く人は、まだ読んでいないところに問題の根拠（**＝問題文に書かれていて、自分の読解や解法が正しいといえる証《あかし》**）があったら当然これが見つけられない。そういうリスクがあります。でもどうしても時間がない人は読みながら解いても仕方ないので、つぎのようにしてください。傍線部に関連する意味のブロックの切れ目や根拠が見つかったらそこまでで解く。見つからないときは、つぎの傍線部まで読み、そこで前の問題の選択肢を消去法で考える。それでも一つに答えを絞《しぼ》れないときは答えを仮決めして先に進む。そして最後まで読んでからもう一度考えて解く。消去法についてはあとでも説明しますが、**たんに問題文に書いてある・書いてないだけでなく、傍線部の内容や表現と対応しているか、設問文の問いかけに対応しているか、という基準で選択肢を見ていくのが消去法**です。

〈文学的文章〉も同様に、最初から最後まで一度読むということを勧《すす》めます。しっかりルールを身につけてください。ではまず、別冊p.2の「共通テストへの導入問題」を解いてみてください。

1 論理

共通テストへの導入問題

別冊（問題） p. 2

解答

問1	問2	問3
⑤	(i) ②	(i) ①
	(ii) ④	(ii) ④

ムズ 問1、問2(ii)、問3(ii)

導入問題もむずかしかったでしょう。では、〈論理的文章〉を題材にして、**「共通テストの問題とはどのようなものか」**ということについて具体的に見ていきます。これからいうことは、〈文学的文章〉についてもいえることです。一部の問題や素材は違いますが、問題作成者が問おうとしている学力は同じなのです。

センター試験というものがありました。それを〈共通テスト〉に変えたのは、どうしてか？ 大きな理由の一つは、文部科学省は高校や大学の授業を変えたいということです。大学もそうだけど、先生が一方的にしゃべり、解説をするという、生徒が受け身の授業では、これからの国際的な競争の場できちんとものをいえる人間が育たない。でも学校の授業はなかなか変わらない。なら試験を変えて、**こういうふうに授業をしてほしいという問題を出して、授業からじゃなくて、テストから教育を変えよう**、と思ったと僕は考えています（ヤッパリ授業が変わって、それに対応したテストが行われるのが、正しい順序だと思いますが）。で、そこで養われるべき学力が、**〈思考力・判断力・表現力〉**ということになるのです。ならば**どういう問題を出したら、大学や高校の授業を変えられるか？** と考えて、今のところ**3つのパターン**が示されています。それが

A　話し合い型

B　【資料】などにもとづく発展学習型（ノート型・メモ型）

C　複数テキスト型

です。**〈話し合い〉**をすれば理解も深まるし、きちんと人前でも話ができる人間になれる。総合学習みたいに習ったことを積極的に調べたり深く考えたりする**発展学習（ノート型・メモ型）**は、もちろん優等生。そして**複数テキスト型**。同じテーマや関係がある本を読み比べたりすることで、一つのものをいろいろな角度から考えることができることを知り、自分の〈**思考力**〉もアップする。みんな一方通行の受け身の授業じゃないから、望ましい授業だし、レポートなんか書いたら、〈**表現力**〉まで

進むってことです。実際現代文第3問の〈実用文〉ではレポート作成（マーク式）が試作問題で示されています。ということでこの三つのタイプの問題が〈共通テスト〉の特徴をよく表す問題なのです。それでは具体的に問題を見ていきますが、まずは、**〈A　話し合い型〉**から。その前に、**【文章Ⅰ】**に出てくる語句の意味と**【文章Ⅰ】**の内容を確認しておきます。

問題文ナビ

語句ごくごっくん

【文章Ⅰ】

L8 **多義**…複数の意味をもつこと。複雑

L9 **実在**…実際に存在するもの

L17 **意匠**…工夫。趣向

L22 **概念**…言葉で表された、物事についての一般的な考え

L32 **秩序**…物事の正しい順序。きちんとした関係・きまり

L38 **バージョン**…書物などの版。コンピュータのソフトウェアなどの、改訂版

L52 **可搬性**…運ぶことができること。また、その性質

L61 **ハードウェア**…機械や装置

L62 **摂理**…（神などの造った）世界のしくみ・法則

L67 **レディメイド**…すでに作られたもの。既製品

L68 **オーダーメイド**…注文して作るもの

読解のポイント【文章Ⅰ】

1　デザインとは、「ひとのふるまいと世界のあらわれ」に関わる

2　デザインとは、今ある現実に人間が手を加えることだ
＝環境を人工物化することだ
≒
デザインとは、対象に今までと違う秩序を与えたり、変化させたりすることだ

ひとこと要約

人間は現実に手を加え、文化を作ってきた。

1 デザインとは？　その1（L1～L22）

「デザイン」というと、ふつうは〈美しさや機能（＝働き、使いやすさ）を考えて形あるモノを作ること〉というような意味でしょう。筆者も「一般にデザインということばは、ある目的を持って意匠・考案・立案すること、つまり意図的に形づく

ること、と、その形づくられた構造を意味する」（L17）と書いています。ですが、「デザイン」ということを、広い意味で用い、**「ひとのふるまいと世界のあらわれ」**（L19）について用いてきたとも述べています。

ここまで読んで、「授業」「講義」のことを書いた最初の2段落の内容を考えてみると、教師が「これから話す内容をどの程度理解できたか、後でテストをする」といったことが、「ひとのふるまい」だとわかりますね。そしてその教師の一言で、今までボーッとしていた学生も「ひえ〜」とあせり、「整理してノートを取る」など「暗記に向けた聴き方へと、授業の聴き方を違える」（L4）ことになります。こうして「学生」の「ふるまい」は変わり、授業の場も変わります。場の変化は「世界のあらわれ」が変わった、といってよいでしょう。だから教師の一言と学生の変化は、「学習や教育の場のデザイン」（L4）といわれているように、「ひとのふるまいと世界のあらわれ」という「デザイン」の「例」なのです。

そもそも授業や講義とは何か？　その答えは学生それぞれで違います。いろんな意味をもつ＝「多義的」、なものです。ある学生には教師の声によって生まれる「空気のふるえ」だったり、教師の「モノローグ（＝独白）」かもしれません。

このように「講義」という日常的なものでさえ、〈こういうものだ〉と確定できません。つまり、「講義」というものも、人間と関わりなく存在する固定的な存在＝「不変な実在」（L9）ではないのです。

そうしたところへ教師が「テストをする」という言葉を発する。その一言で〈テストのために聴くべき授業〉というように、授業の意味が明確なものになります。つまり「多義性」はなくなり、講義は「記憶すべき一連の知識」（L12）となります。こうして「テストをする」という教師の「ふるまい」＝「授業者（＝教師）の教授上の意図的な工夫」（L12）によって、学生の「ふるまい」や講義の場（＝「世界」）の「あらわれ」かたが変わります。このように第3、第4段落は、冒頭2段落で述べた「デザイン」のことを、もう一度繰り返し説明している**〈イイカエ＝問題文中の同義〉**の部分です。

第5段落（L17〜）については先にコメントしましたが、筆者は、「デザイン」という言葉を、「ひとのふるまいと世界のあらわれについて用い」るといっています。ですが、ノーマンのすぐれた著書を見ても、このことをどう「定義」して説明するかということには触れていない。だから筆者自らが「その説明を試みることで、私たちがデザインという概念をどう捉えようとしているのか」（L21）を示していくと筆者はいいます。

2 デザインとは？ その2（L23～ラスト）

筆者は、L21の最後で、「デザインという概念」を「ひとのふるまいと世界のあらわれ」として考えていくことを説明していくと書いていたので、L23からは、筆者のいう「デザイン」の概念が、より深められていくと考えられます。

「デザイン」という言葉は、ラテン語の語源に従うと、「印を刻むこと」という意味だそうです。人間は自分に与えられた環境を自分たちが生きやすいように変えてきました。それは自然環境に自分の「印を刻」み、自分のものにするような営みです。そして自然を文明的なものへと「近づけていった」のです。それは「今ある現実に『人間が手を加えること』」(L26)です。「太陽の高さで時間の流れを区分する」ことによっても、現実や自然に人間の手が加わります。

このように環境を変えていくことが、人間というものの「何よりの特徴」です。そしてつぎに明確な「デザイン」の定義が出てきます。「デザイン」とは**「環境の加工」**(L27)だというのです。「加工」だから、人間が手を加えて人工的に変える、つまり「デザイン」は、**「まわりの世界を『人工物化』することだと言いかえ」**(L28)ることもできる。時間を区分された自然は、人間が加工しました。つまり「人工物化」されました。そこから5時という名付けや、時計が生まれれば、区分された時間という「人工物」が、時計という形で「再人工物化」されることになります。このように、「アーティフィシャル」つまり**「ひとの手の加わったものにする」こと**、が「デザイン」の定義なのです。

さらに「デザイン」は、**秩序（＝きちんとしたありかた）のない「無秩序」なところに秩序を与えたり、「今ある秩序」を変化させ「異なる意味や価値を与える」**(L32)**こと**だといえます。

たとえば昔の本にはページ番号がない。でもページ番号をつけると、「新しい秩序」が生まれる。その秩序があると、「さっきは32ページを読んでいたんだっけ」と、読みはじめる部分にすぐにたどりつける。これが「任意の位置にアクセス可能」(L33)ということです。

ページ番号をつけるという「デザイン」が、「本という人工物」を再人工物化して、その性質をがらりと変える。現実は、「デザイン」によって、新しい秩序として私たちに「知覚」(L36)されるようになるのです。L1に書いてあった教師の一言も、講義の意味を変化させ、「記憶すべき知識群」という新しい秩序を「講義」にもたらしたのです。筆者がここで冒頭2段落に書いてあった例をもち出したのは、1で説明されていた「ひとのふるまいと世界のあらわれ」という「デザイン」の意味が、人が自然や環境を変えて人工物化し、現実や世界の秩序を変化させることと同じだということを示そうとしたからです。そして

L21でいっていたように、筆者はここで「デザイン」の意味をより深く説明しているといえるでしょう。

　このように「デザイン」は、今ある現実とは「別のバージョン」（L38）の現実を生み出します。「モノ（＝物質）」、「コト（＝できごと・事柄）」に手を加えることで、世界の意味や価値が違って見えてきます。その例が**図1**の、湯飲み茶碗《ぢゃわん》に持ち手をつけると珈琲《コーヒー》カップになることです。持ち手がつくと、指に引っ掛けてもてるようになり、モノとしての扱いかたが変わります。それは現実が「別のバージョン」を見せることですから、世界の意味や価値が違って見えるということでもあります。

　そして持ち手をつけたカップから、〈指に引っ掛けてももてるよ〉、という扱いかたの可能性（＝「アフォーダンスの情報」（L42））が提供されます。こうした情報はモノの「たたずまい（＝様子）」の中に含まれているのです。鉛筆なら「つまむ」という情報が「モノ自身から使用者に供される（アフォードされる）」（L45）のです。「アフォーダンス」のことはあとで説明しますが、モノが与える情報ということを覚えておいてください。

　このように形が変わると、「ひとのふるまい」も変化します。「ひとのふるまい」は「デザイン」に関連することでしたね。たとえば**図2**のように、持ち手のついたカップは両手の指に一個ずつ引っ掛けると十個いっぺんにもつことができます。

　こうした「ふるまい」の変化は、「こころ」の変化につながっていきます。一回で十個片付けられる（運搬の可能性＝可搬性が高まった）のに、両手に一個ずつもって片付けているウェイターを見たら、雇い主は「十個もてるだろっ！」って思い、「いらいら」するかもしれません。だから「ふるまい」の変化は、「こころ」の変化につながるのです。そして持ち手がつくことで変化したのは「可搬性」だけではありません。今までは二、三個運べればOKだと考えていた現実も変わりました。ウェイターも雇い主も「知覚可能」な、今までとは違う〈十個もてる〉という現実が登場したのです。

　ここまでのことをふまえながら、筆者は「デザイン」の定義をまとめます。その定義によれば、「デザイン」とは、人間が対象に手を加え**「対象に異なる秩序を与えること」**（L57）です。

　こうして「デザイン」は、**「ひとのふるまいと世界のあらわれ」＝「環境の加工」＝「ひとの手の加わったものにする」こと＝「対象に異なる秩序を与えること」**、と**イイカエ**られていきます。こうした**イイカエ＝同義をつなぎ、筆者が繰り返し強調していることを見つけることは、重要な読みかたの一つ**です。

　そして「デザイン」には「物理的な変化（＝形が変わった）が、アフォーダンスの変化（＝モノが与える情報が変わった）が、ふるまいの変化が、こころの変化が、現実の変化が伴う」ともいっています。たとえば目の前に熱い砂（＝「対象」）があるとします。裸足《はだし》ではやけどしてしまう。これは人間という「ハードウェア」の運命です。でも「はき物」をデザインする、つまり人工物を作り出す。すると「熱くてこんな砂の上は歩けない」と知覚していた現実が変わる。ビーチサンダルでも手に入れれば、「自然の摂理が創り上げた（人間の皮膚は弱いという）運命」（L62）を、簡単なデザインで乗り越えられる。これが**「対象に異なる秩序を与えること」**です。そのとき、「熱い砂」という「対象」は「危険」だという情報ではなく、〈歩いてもOKだよ〉という情報をアフォード（＝提供）するものになるのです。

現代では、「電話」、「電子メール」などが私たちの「現実」を変化させていることは、「スマホをなくして何もできない！」と思うように、失ってみれば身にしみてわかることです。そしてそうした人工物による現実の変化の先では、現実と人工物が互いに関わり合いながら（＝「相互反映的」）、また新たな人工物を生み出していることも、よくわかりますね。

このように私たちの生きている現実では、「文化」が生み出した「人工物」が、私たちと環境や世界を「媒介（＝仲立ち）」しています。つまり私たちは「文化的意味と価値」というめぐみを受け取っています。だから「文化」的「価値」と固く手を結んでいます。「価値中立的」ということは、どんな価値とも関わらない、あるいはどれとも同じように関わることですが、すると、文化的な価値と強く関わっている私たちの「現実」は、「価値中立的な環境」ではありませんね。そしてその文化がもたらす意味や価値は「一意に定まった（＝一つに決められた）レディメイドな（＝すでに作られて変えようのない）世界」（L67）ではありません。私たちの文化や人工物が与える可能性や、実際に作られた物を試してみる「実践」によって変わっていく世界です。自分たちの状態に応じて、つまり「身の丈に合わせて」作られる、「オーダーメイドな現実」（L68）なのです。たとえば、それは手の長さ、肩幅などを測って作られるワイシャツのように、自分たちに合わせて作られるのです。

人間の文化や歴史を振り返ってみれば、人間が「デザインした現実」＝人工物化した現実（たとえば、本にページ数をつける）を作り、それを「知覚」して、また再び「人工物（たとえば、電子書籍を作る）」を作ったりして生きてきたことがよくわかります。このことは人間というものについて書き記し、理解していく上でとても大事なことだ、と筆者は考えています。

設問ナビ

問1 〈話し合い〉の中の空欄に語句を補充する問題

ではまず**〈話し合い型〉**問題を見ていきましょう。一つ意識してほしいのは、これも空欄補充問題だということです。**空欄補充問題では、空欄の前後の文脈とのつながりが大事です**。だから今も、「四人の生徒」は何を話題にしていて、何を考えているか、という会話の流れを読み取ることです。とくに空欄の前後では何が話されているか、は当然解答の根拠になるはずです。そのことを頭に入れて、四人の話し合いの流れを確認していきましょう。

図1と**図2**は、「デザイン」を変えたことで「ひとのふるまい」が変わることを示す例です。このことは**【文章Ⅰ】**の***L*38**〜***L*56**でも説明されています。生徒たちの会話も、最初の生徒A・生徒B・生徒Cの話は***L*38**〜***L*47**に書かれていることをなぞっています。

話が転換するのは生徒Dが、茶碗やカップのもちかたについて、〈色々できるよ〉という自分の考えを述べるところです。こうして**問題文の内容から話題を発展させたり、内容を深めたりするというのが〈話し合い型〉の特徴**です。そうすると学習が発展するでしょ。だからそういう転換点は要注意。

生徒Bは生徒Dの考えに合意し、「**図2**のような運び方をするとは限らないね」といいます。そこで生徒Aが生徒Dの話を自分なりに解釈して、「デザインを変えたら、変える前と違った扱いをしなきゃいけないわけではないってことか」といいます。つまり「デザイン」を「共有し」、「今ある現実の別のバージョン（ex：両手で十個の珈琲カップを運ぶことができるという現実）を知覚」しても、現実の行動はその通りでなくてもよい、ということを生徒Aは述べているのです。そして生徒Aの話を聞いて空欄部を含む発言をした生徒Cは、「それじゃ、デザインを変えたら扱い方を必ず変えなければならないということではなくて」と、生徒Aの発言と同じことを繰り返します。すると、この生徒Cの発言に続く空欄には、デザインが変わったら、**〈A　必ずこうすると決まるのじゃなくて、こうもできる〉**ということにつながる内容が入れば、空欄の前とつながります。

また空欄のあとには「そうか、**それ（＝空欄に入る内容）が、『今とは異なるデザインを共有する』ことによって、『今ある現実の別のバージョンを知覚することになる』ってことなんだ」**（**b**）、という生徒Dの発言があります。**空欄には、このことにつながる内容が入らなければいけません。**

梅 POINT　空欄補充問題では、空欄前後とのつながりをよく考えよ。

では空欄のあとの、「今とは異なるデザイン（持ち手がついたこと）を共有する」ことによって、「今ある現実の別のバージョンを知覚することになる」（**b**）ということが、問題文ではどのように説明されているかを見てみましょう。

このbの語句はL38冒頭にあります。そしてそのあとでは「デザインすることで、世界の意味は違って見える」（c L39）ことと並列されて書かれています。なので「現実の別のバージョンを知覚すること」（b）と「世界の意味は違って見える」（c）こととは同じような内容です。そしてcの例として、持ち手をつけることで、「モノから見て取れるモノの扱い方の可能性」が「変化する」（d L41）ということが示されます。dも「変化」だからcとイコールと考えられます。bとcも似たもの同士でしたから、するとb＝c＝d**（これをまとめてBとします）**、ということになります。これらから、**「今とは異なるデザインを共有する」ことが、「今ある現実の別のバージョンを知覚することになる」というのは、**新たな「デザイン」によって、みんなにとって、**「世界の意味」が「違って見え」たり、「モノから見て取れるモノの扱い方の可能性」が「変化」したりすることだ**（B）とわかります。

ではAとBの両方に、うまく結びつく内容はどういうことでしょう？　**A**は**〈行為が決まってしまうのではなく、色々な扱い方もできる〉**こと。**B**は**見たり「可能性」を想像したりすること**。つまりAとBに共通するのは、行為ではなく、可能性を**「知覚」**することなんです。**「違って見え」たり、「可能性」として感じられれば、それでよいのです**。すると**実際に決まった行為をするのではなく、以前とは違った扱いかたが理解・想像できる、という内容**が、Aともつながり、Bとも合致する内容です。この内容を空欄に入れればいい、それは⑤です。「形を変える以前とは異なる扱い方ができることに気づく」という⑤の選択肢の「できることに気づく」という説明に注目してください。これは現実の行動ではなくて、「できる」という〈可能性〉を感じた、理解した、ということですね。だからAともBとも合致します。それに⑤を入れると、空欄のあとの「それ」が〈できることに気づくこと〉を指すことになります。「気づく」と「知覚」が同様の意味をもつので、「気づく」ことは「『知覚することになる』ってことなんだ」というのは、言葉同士の対応もよく、空欄のあとともスムーズにつながります。もちろん空欄の前ともうまくつながります。なので**正解は⑤**。

〈選択肢チェック〉

①行為の話をしているため、空欄直後の生徒Dの「知覚する」ことにうまくつながりません。それにこれを空欄に入れると、直後の「それ」が「各自の判断に任されている」という内容になり、「各自の判断」と「共有する」がミスマッチを起こします。

② チョイマヨ 「別のバージョンを知覚」しますが、「無数の扱い方が生まれる」のかはわかりません。問題文にもそのような内容はないので、正解にする根拠がありません。

③ チョイマヨ「より新しい現実に合った見方を探る必要性を実感する」という説明は、「現実」が変わったあとで、それに「合った見方を探る」ということです。ですが「今とは異なるデザインを共有するものは、今ある現実の別のバージョンを知覚することになる」というのは、「今とは異なるデザイン」が「共有」されると、自然に自動的に「今ある現実の別のバージョンを知覚することになる」ということです。「ことになる」は、〈自然とそうなる〉という意味だからです。ですから「現実」が変わったあとで、それでは変わった「現実」に合う「見方」を探そうとなど、しなくてよいのです。別のいいかたをすれば、③には〈見方を探らなければいけない〉という意味が読み取れるため、「ことになる」という空欄のあとの表現にもつながりにくくなります。さらに**B**の「**知覚**」の内容と食い違います。

④**B**は「今とは異なるデザインを共有する」ことが条件ですから、「立場によって異なる」という説明が×です。それゆえ「今とは異なるデザインを共有する」という空欄直後の生徒Dの言葉につながりません。「ウェイターだけでなく雇い主にも同時に知覚可能」(L54)という内容とも食い違います。**設問文に「【文章Ⅰ】の内容を踏まえて」とあるのは、【文章Ⅰ】も視野に入れて考えよ、ということです。**

梅POINT 設問文で何を見よといっているかに注意せよ。

どうですか？ 文章から離れて、会話文の空欄を埋めるというのは、意外と大変ですね。空欄の直後で、生徒Dが問題文の内容に触れていますね。そこで**【文章】**にもどらないといけないのが面倒なところです。でもこうしてみんなで議論して、生徒自身、学生自身が与えられた文章から離れて考えを深めるといったイメージがわかってもらえましたか？ そういう授業や生徒のイメージがこうした問題の裏側にあるのです。〈話し合い型〉は現代文だけでなく、古文などでも出題されますよ。

ムズ 解答 ⑤

問2 空欄補充問題

つぎに**〈B 【資料】などにもとづく発展学習型（ノート型・メモ型）〉**に行きます。

このタイプでは、**【資料】**などが示され、**【資料】**の解読、あるいは**【文章】**と**【資料】**の両方に関わる問題などが出題されます。**【文章】**の構成や生徒自身の**【考察】**などが示されることもあります。共通テストの中でも、手の込んだむずかしい問題になることが多いです。とくに〈文学的文章〉の問題では、複数の**【資料】**などと関連させて、**【文章】**（小説など）の内容理解を深めさせようとします。

(i)【ノート】の中の空欄に語句を補充する問題

空欄**X**の前に、ノーマンは「デザインの領域で『アフォーダンス』という語を使い始めた」と書かれています。それは当然「アフォーダンス」ということに興味を抱いたからでしょう。ということは、**X** にはアフォーダンスの定義とデザインを結びつけた内容が入ると考えられます。アフォーダンスの定義としては、この言葉を造った「ギブソンの考え方」が【ノート】の3に示されています。そこには、アフォーダンスは「環境や物の側にあり」、「意味や価値」を「提供（アフォード）」すると書かれています。このアフォーダンスの定義を「モノ」を扱う「デザイン」とつなぐと〈デザインは、人々に価値や意味を与えてくれるものだ〉ということになります。

すると②「よいデザインとはその（＝モノの）使い方（＝価値や意味）をアフォードするものでなければならない」がこうした内容に最も近いです。なので**②が正解**。

〈選択肢チェック〉

①…「アフォード」するのは、モノや環境であり、人間ではありません。ですから「自分のイメージからアフォードされ」るという説明は間違いです。

③…「デザインすることはまわりの世界を『人工物化』することだ」（L28）と【文章Ⅰ】に書かれていますが、「人工物化」した例としては、本などがあげられています。それらは「非日常的な領域」にあるわけではありません。なので③のようにいえる根拠がありません。

④…「デザイン」が環境などの「アフォード」と「個人の独創性との調和」したものでなければならないといえる根拠がやはりありません。「デザイン」はデザイン自体が人間などを「アフォード」すべきであり、「何ものかのアフォード」といういいかただと「デザイン」されたモノ以外のモノなどが「アフォード」するように読めます。またしかに「再人工物化」のときには、個人の独創的な発想が力を発揮することもあるでしょう。でも「デザイン」が「何ものかのアフォードと個人の独創性」がなければ「成立」しないといえる根拠がないので確定できません。

(ii)【ノート】の内容の例として適当なものを選ぶ問題

設問文に「【文章Ⅰ】の内容を踏まえ」とあることに注意。

では「アフォーダンス」を【文章Ⅰ】はどう説明しているでしょう？「モノはその物理的なたたずまいの中に、モノ自身の扱い方の情報を含んでいる」（L43）、「情報が、モノ自身から使用者に供される（アフォードされる）」（L45）とあります。

これらをまとめてみましょう。すると、**モノや環境が、自らもっている情報を人間に投げかけてくるというのが「アフォーダンス」の考えかた**だといえます。つけ加えると、「アフォーダンス」という考えかたは、人間が自分の自由な意志で、行為やふるまいを選んでいるんだという、人間中心の考えかたをくつがえすものであったために、インパクトがあったのです。

そして**【文章Ⅰ】**にも「アフォーダンスの変化」（L58）という設問文と同様の語句があります。**「【文章Ⅰ】の内容を踏まえて」という設問文の指示は、とくに同様の内容が書かれている【文章Ⅰ】の箇所に着目することを求めている**のです。そこで**【文章Ⅰ】**にある「アフォーダンスの変化」という語句に着目しましょう。そこには、熱くて「危険」だぞという情報を「アフォード」していた「熱い砂」の上を、サンダルを「デザイン」したことで、歩くことができるようになったという例が示されています。以前の考えかたなら、これを、人間の技術や創造性の勝利だ、と考えたでしょう。ですが「アフォーダンス」の考えかたでは、情報はモノや環境からやってくるのです。ですから「アフォーダンスの変化」とは、モノや環境の与える情報の変化です。つまり人間が歩けるようになった、というのではなく、「熱い砂」が「危険だぞ」という情報を「アフォード」するのをやめ、「歩けるよ」という情報をアフォード（＝提供）してくれるようになった、と考えるのです。

以上のことをまとめると、**「アフォーダンスの変化」は、モノや環境の側が発する情報が変わること（a）**だといえます。

この観点で選択肢を見たときに、**「適当ではないもの」**はどれか、という設問です。モノや環境の側が発する情報の変化ではなく、人間の側の変化だけを述べているような選択肢があったら、それが**「適当ではないもの」**ですね。なので**正解は④**です。これは人間の心理が変化しただけです。なくなってどこにあるかわからない「財布」から、〈仕方ない、あきらめたほうがいい〉という「情報」が提供されているとは考えられません。「仕方ない」と自分で思っただけです。

【文章Ⅰ】に登場する、カップも鉛筆も熱い砂も、みんな目の前に見えるモノや環境であり、それが人間に情報を与えています。「モノはその物理的なたたずまいの中に、モノ自身の扱い方の情報を含んでいる」（L43）というときの、「物理的なたたずまい」は「物理的」なのですから、目に見えるモノです。目に見えない心が情報を提供してくれる、というようなことは、**【文章Ⅰ】**にも**【ノート】**にも示されていません。つまり④だとaに反し、**「適当ではない」**のです。具体例というのはいろいろな読みができそうな気がします。ですから、ちょっとむずかしかったかもしれませんね。

〈選択肢チェック〉

①「坂道」に「手すりがつけられ」るという「デザイン」がなされ、そこで「坂道」から、今までの〈上れないよ〉という情報ではなく、〈上れるよ〉という情報が発信されるように「変化」したと考えられます。モノや環境の側が提供する情報の変化＝「アフォーダンスの変化」として説明できます。

②「押して開ける」ということが習慣になっていた「ドアに縦型の取っ手がつく」という「デザイン」の変化によってモノに変化が起きています。するとなぜか「ついつい引きたくなる」のは、今までなかった「縦型の取っ手」が、その人に〈引きなさい〉という情報を与えていると考えるのが「アフォーダンス」の考えかたですね。そのような説明が可能な選択肢です。

「モノはその物理的なたたずまいの中に、モノ自身の扱い方の情報を含んでいる」（L43）、という【文章Ⅰ】の記述に最も合致するといってよい選択肢です。

③今まで「食べられな」いという情報を発信していた「イモ」を「焼く」、つまり「加工」（L27）＝「デザイン」することで、「イモ」は〈食べられるよ〉という今までとは違う情報を提供してくれて、人間がそれを食べる、ということになった、と説明できます。「デザイン」には「アフォーダンスの変化」が「伴う」（L57）のでした。③は人間の「デザイン」によって、モノの側が提供する情報が変わったともいえるので、「アフォーダンスの変化」という考えかたが適用できます。

⑤「テニスのラケット」を換《か》えたことで、テニスが上達した、ということです。これは、新しいラケットから〈こうして打てばいいよ〉という情報が届いて、それでテニスが上達した、といえます。だからこれも「アフォーダンスの変化」として説明できます。

解答 (i) ②　ムズ (ii) ④

共通テストでは、一つの【文章】だけではなく、他の【文章】や【資料】など複数のものを見て、情報を集めなければなりません。【文章】がプラスされ、二つの【文章】を読み、**視野を広くもって共通点や相違点などをつかむこと、そして今度は細かく、同じような内容や語句のあるところを結びつけてまとめること**、が求められます。

トンボの眼は、複眼といわれ、とても視野が広いといわれています。みんなもトンボのように、あっちこっちいろんなところを見なければなりません。問われている力は、ほんとは「情報」を集める力で、思考力や読解力とは少し違うものです。でも慣れていないとむずかしく感じるでしょう。だから慣れてください。とにかく、与えられた【文章】や【資料】などを見て、それらの関係に反応する、その反射神経を養ってください。ではもう一つの【文章Ⅱ】を見てください。

問題文ナビ

【文章Ⅱ】

【文章Ⅱ】は、【文章Ⅰ】よりも専門家を読者として想定しているように思えるもので、「アフォーダンス」を受けとる存在も人間に限定せず、広く「動物」としています。ただし【文章Ⅰ】や、【ノート】に書かれている「3 ギブソンの考え方」と同じように、〈「アフォーダンス」は環境やモノの中に実在する〉という〈共通点〉が書かれており、それが動物の行為の源となると述べています。その例としてここでは「紙」の例があげられ、紙を破るという行為も、それは紙が〈破れるよ〉、ダンボールなら〈破れないよ〉というメッセージを出し、「アフォード」しているのだと述べています。

「アフォーダンスは環境の事実であり、かつ行動の事実である」(L10)というのも右でいったことと同じことです。〈アフォーダンスは環境に備わっており、動物の行動を引き出す〉ということです。「アフォーダンス」は動物の行為によって変化するのではなく、ずっと、動物に「発見されることを環境の中で『待って』いる」(L11)のです。

とすれば、「アフォーダンス」はどんな生物も利用できるものですから、「公共的」(L14)だといえます。

「知覚」については、西欧の哲学が〈人はどのように知覚／認識を行うのか〉というかたちで長いあいだ問題にしてきたものです。その中では、知覚やそれがもたらす「意味(＝たとえば、この紙は破れないという知覚の結果もたらされるもの)」は個人の内部の意識が作りだすものであり、それは知覚した者の個々に「私有」されている、というように考えられてきました。

これは、西欧的な、個人の主体性や個性を重んじる個人主義的なものの見方にもとづいた考えかたです。でも「アフォーダンス」の考えでは、紙が破れるかどうかという「意味」は紙というものや環境の中(＝L18「周囲」)にあり、そのうえすべての動物がアクセスできるのだから、「私有」ではなく「公共的」なのです。「媒質(＝動物に情報を与える環境やもの)」はどんな生物にも開かれているからです。

ただそうした情報を知覚するには、「経験」が必要です。赤ちゃんに〈この紙は破れない〉という情報はなかなか届かず、なんでも破こうとしちゃいますね。

設問ナビ

では、こうした読解をもとに、問題を解説します。

問3 (i) 【メモ】の空欄に文を補充する問題

空欄Xには、**【文章Ⅱ】**の要約が入ります。それも**【メモ】**(2)の見出しにあるようにアフォーダンスについての**「捉え方の違い」**が明確になるような内容を入れるのです。すると**【文章Ⅱ】**では**【問題文ナビ】**でもいったように、人間だけではなく、「動物」一般のこととして「アフォーダンス」を述べている（**a**）、という点に**【文章Ⅰ】**との違いがありました。また、**【文章Ⅰ】**にはない内容として、アフォーダンスの「公共性」（**b**）ということが内容の中心となっていました。また最後にはアフォーダンスの「探索」やアフォーダンスの知覚には「長い経験」（L22）が必要であり、けっして「容易」ではないこと（**c**）も語られていました。こうした**【文章Ⅱ】**の、最初の**【文章】**との違いや特徴をまとめたものとしては、**①が適切**です。**a**～**c**の内容をきちんと含んでいます。

〈選択肢チェック〉

②チョイマヨ…「環境『私有』論」という説明が正確ではありません。**【文章Ⅱ】**では、「意味」が「知覚者に『私有』されている」と述べられています。一方、②だと、環境そのものを個人が所有しているという意味になり、**【文章Ⅱ】**の内容と食い違います。また「詳述（＝詳しく述べること）」というほど、「伝統的な知覚論」の内容を説明しているとはいえません。

③チョイマヨ…内容は、**【メモ】**の(1)や、(2)の**【文章Ⅰ】**の要約とほぼ同じであり、(2)の「違い」という見出しと食い違います。内容的に**【文章Ⅱ】**に書いてある、というだけで正解にするのではなく、つぎのことに気をつけてください。

> **梅POINT　【ノート】などの空欄補充問題は、空欄の前後や【ノート】の見出しも意識して解答を選ぶべし。**

共通テストでは、こういうところで結構ミスをしてしまいます。

④…「環境に内在する」、つまり隠れていて見つけづらい「資源であるため」、「探索」が「困難」だという因果関係は問題文には書かれていません。そもそも「探索」が「容易」でない理由ははっきり説明されていないのです。**選択肢の因果関係には注意が必要**です。

(ii)　【メモ】の空欄にまとめの文を補充する問題

基本的には、空欄**X**を含む**【メモ】**の、(2)の二つの内容をまとめれば「まとめ」になります。ではそれはどれか？　選択肢を一つずつ見ていきましょう。

〈選択肢チェック〉

①…「人間」が「それ（＝アフォーダンス）を最も容易に発見できる」という内容が**【文章Ⅰ】【文章Ⅱ】**のどちらにも

書かれていません。

②…「環境が重要であることの一つの根拠として認知されるべき」だという内容が、①と同じく、【文章Ⅰ】【文章Ⅱ】のどちらにも書かれていません。ナシです。

③ チョイマヨ …アフォーダンスを「人間だけではなく、他の動物と共有していること」は【文章Ⅱ】に書かれています。ですが、【文章Ⅱ】では「動物」という言葉に「人間」をも含め、動物の環境の中に「アフォーダンス」があり、それは「公共的」なものだということを論じているだけです。「人間だけではなく、他の動物と共有していることを忘れてはならない」ということ、人間中心の考えをすべきではないとか、動物にも配慮すべきだ、というような主張をしていることになりますが、【文章Ⅱ】には、そうした主張は書かれていません。

④…「人間の主体性を重んじるという考えとは異なり」という部分は、「知覚者の欲求や動機、あるいは主観が構成するようなものではない」(L1)や、知覚の「意味は(人間の)内的構成物」(L18)だという「伝統的な知覚論」と異なる考えを示している部分と対応します。「知覚者」には人間が含まれますし、「主観」は人間にしかないので、④の前半のようにいうことには問題はないでしょう。このように、**問題文の表現を、内容は変えずに違う言葉に代えて選択肢を作る＝イイカエ**をするのも、共通テスト(とくに**〈文学的文章〉**)の特徴です。後半の「アフォーダンスは環境が発する公共的な情報を、知覚をもつ者が受容することで、人間や動物の世界が形成される」という内容は【文章Ⅰ】【文章Ⅱ】の共通点であり、【メモ】の(2)の【文章Ⅰ】の要約や【文章Ⅱ】のL13・L19などとも一致します。だからまとめとして妥当です。よって**正解は④**。

解答 (i)① ムズ (ii)④

どうでしたか?〈共通テスト〉のパターンと文部科学省のしたいことが少しわかってもらえましたか?

視野を広くもって共通点や相違点などをつかむこと、そして今度は細かく、同じような内容や語句のあるところを結びつけてまとめること――さっきいったトンボのようにね。

今後新しいヴァージョンが登場するかもしれませんが、ここまでやってきたことをしっかり頭に入れていれば、大丈夫です。

ではここから〈論理的文章〉の過去問やオリジナル問題に進んでいってください。ガンバレッ!

〈論理的文章〉へのアプローチ

解法の注意点

1 〈論理的文章〉とは、何かについて、論理的に探究していくといういわゆる〈評論〉のことをいいますが、それと合わせて、内容に関連する【資料】や他の【文章】も出題されます。

2 他の【文章】や【資料】は【文章】の内容をまとめたもの・関連することがらが書かれているもの・違う角度から【文章】のテーマを扱っているもの、などがあります。【図表】が示される場合があれば、それは【文章】の中に含まれていることが多く、【文章】に書かれていることの根拠となるもの、などです。

3 【文章】の記述や傍線部と関連のあることがらやイイカエを、【文章】の他の部分やもう一つの【文章】・【資料】などを見て探し、それらを結びつけて解答させる問題もあります。

4 その場合、問われているのは、ふつうの現代文の問題のように、読解して内容を解きほぐし、正解を選ぶ、というよりは、必要な情報を見つけ、結びつける〈判断力〉や〈情報収集〉の力です。

5 設問文で、【文章】・他の【文章】・【資料】の一つを扱うのか、どれかとどれかを結びつけるのか、指示があることが多いので、それをきちんと意識しましょう。

6 【文章】の中に使われている表現が、ほぼそのまま使われて正解が作られるのが基本ですが、【文章】や【資料】などに使われている言葉をベースにし、それをイイカエた表現で正解が作られることも少なくありません。→〈○○と書かれているということは、△△ということだな〉という解釈力＝イイカエを読み解いていく力が問われる、ということも意識しましょう。そのためには語い力も必要です！

7 【文章】のテーマに関する主旨（＝一番中心になること）判定問題が出題されることもあるので〈要約力〉も身につけましょう。

8 最後の問題（問6など）で【文章】や【資料】をもとにした【メモ】や【ノート】、〈生徒同士の話し合い〉が示され、空欄に【文章】の要点や【資料】の内容を入れる問題も出ます。だから最後の問題を先に見ておくと、【文章】などの読解の助けになります。

9 小説と同じように、【文章】の表現の特徴も問われるので引用や記号（ex:「――」）の役割に注意しましょう。

10 【文章】の仕組み（＝構造）や構成を問う問題も出ます。次に示す四つの【文章】の書きかた・構造を読み取れるようになりましょう。

文構造の種類

イイカエ

Aに傍線を引いて、もう一方の内容（A´）をもとに説明させたり、Aと同じ内容の部分（A´）を手がかりにしてAを説明させたりする設問が作られる。

A´＝A

A…言葉には複数の意味がある
＝
A´…言葉は多義的だ

具体（例）と抽象（まとめ）

イイカエの〈つながり〉の変形バージョン。具体例（A）の部分に傍線を引き、Aを抽象化させたり、イコール関係にあるまとめ（A´）の部分の内容を問うたりする設問が作られる。

A（例）＝A´（まとめ）

A（例）…父は今日も残業だ
＝
A´（まとめ）…日本人は勤勉だ

対比

二つの対照的なことがらを比べ合うのが対比。二つの違いを問う相違点説明や、同じグループにある語句の組み合わせを問う設問などが作られる。Aに関することが離れたところにもう一箇所あれば、それをつなぐとイイカエの〈つながり〉が作られることにも

〈B〉↔A

A…文学は主観を重んじる
↔
〈B〉…科学は客観性を重んじる

因果関係

論理〈つながり〉のメイン。問題提起をしている文章や「どうしてか」ということを追究した文章では、結果や事象（A）に傍線を引き、その理由（B）を問うという設問などが作られる。理由説明問題がある場合は、展開のある文章であることが多く、視野を大きくもち、論理的に整理していくことが求められる。

A（結果）
→
B（理由・原因）

A（結果）…科学の発展
→
B（原因）…産業革命

【文章】の具体的な読みかた

① 段落冒頭の接続語・指示語や段落間の共通語句をチェックし、段落同士の話題のつながり、境界・区分け（意味のブロック）を把握する。

② 対比（二項対立・日欧比較文化論・近代と他の時代・筆者の意見と他の意見や一般論との対立）をつかむ。できたら、対比関係にあることがらのどちらか片方を〈　〉で囲む。

③ 具体例は軽く読む。「このように・要するに・つまり」などで始まる〈まとめ〉の部分に傍線を引く。

④ 引用、比喩もイイカエ関係なので、具体例と同じように扱う。

⑤ 問題提起とそれに対する筆者の結論に傍線を引く。

⑥ 筆者の考えが強調されていたり、定義を示している、次のような箇所や、繰り返されている内容に傍線を引く。

「もっとも大事なことは～」・「～こそ必要である」・「～しなければならない」・「このようにして～（まとめ）」・「（打ち消しを伴う）～ではない（だろう）か」「○○とは××である」

注意点 ・傍線は引きすぎないように。自分が大事だと思う箇所に傍線を引くのではなくて、筆者が大事だということを示している右のような箇所にだけ傍線を引く。

p.7に書いてある「二段階のチャレンジ」と「復習しよう」を行うこと。がんばって下さい！

2

論理

妖怪観の移り変わり

2021年度本試験

別冊（問題） p. 14

解答

問1		問2	問3	問4	問5	
(ア) ③	(エ) ③	①	②	②	(i)	④
(イ) ①	(オ) ①	7点	7点	7点	(ii)	Ⅲ ③ / Ⅳ ④
(ウ) ②	2点×5				(iii)	②

（問5）(i) 5点、(ii) 3点×2、(iii) 8点

ムズ 問5 (ii)、(iii)

目標点 37／50点

学習ポイント

妖怪について考えるために、筆者はフーコーの考えかたを用います。その考えかたの内容と、妖怪の移り変わりをきちんと理解すること、そして**問5**は**【ノート】型問題**です。

問題文ナビ

語句ごくごっくん

L1 **フィクション**…作りもの。虚構

L1 **歴史的**…①時間の流れをたどる ②歴史に残るような偉大な ③ある時代に作られた。ここでは③の意味

L6 **民俗**…古い生活習慣

L9 **意味論**…①語句や文などが表す意味や構造などを研究する言語学の一分野 ②言語などの記号とそれが指示する物との関係を研究する分野

L11 **リアリティ**…現実らしさ。真実味

L12 **伝承**…伝わっていくこと。一般的には、口伝えで受け継がれていく

L18 **アルケオロジー**…考古学＝遺跡や遺物によって人類の歴史を研究する学問

L21 **エピステーメー**…知。知識。ある時代の知の枠組《わくぐ》み

L31 **布置**…物事の配置

L37 **記号**…意味を発するもの。ある考えや事柄の内容を表した

めのしるし

L39 **所与**…与えられた経験・事実

L44 **嗜好**…好むこと。親しむこと

L48 **表象**…イメージ。象徴（＝具体的な物で抽象的な事柄を置き換え、示すこと）

L50 **形象**…ある形をもって外に現れている物の姿

L51 **弁別**…区別すること。見分けること

L60 **合理的**…理性を重んじるさま。理屈、法則に合致しているさま。ムダがないさま

L60 **啓蒙**《けいもう》…理性的であることを重視し、理性によって人を知的な世界へ導くこと

読解のポイント

1 中世の妖怪…悪いことを伝える存在

2 近世の妖怪…人間が作った娯楽

3 近代の妖怪…人の心に棲《す》みつく存在

ひとこと要約

妖怪は時代とともに変化する。

テーマ　妖怪

問題文の内容とはちょっと違いますが、妖怪は人間の自然に対する怖《おそ》れが生み出したのだ、という考えかたがあります。江戸時代、今の池袋は繁華街ですが、まだ田舎でやっと宅地開発が進んでいる頃、ある堀で魚を取っていた連中が、「大漁だ！」と喜んで帰ろうとしたとき、どこからか、こわーい声で「おいてけぇ〜、その魚おいてけぇ〜」と聞こえてくる。驚いた連中は、魚をほっぽり投げて逃げました。それから、その堀には「おいてけぼり」という妖怪が出るというわさが流れました。でもこれは宅地造成で自然を破壊していくことで、自然の神が怒るのではないかという、人間の深層心理が生み出した現象かもしれません。今でもみんながどこかへ行ってしまって、一人取り残されることを「おいてけぼりを食う」というように、言葉として残っています。

問題文は、江戸時代から近代にかけての妖怪のイメージや概念の変化とその背景について述べた文章ですが、問題提起、妖怪を考える際の方法論、日本の妖怪についての考えかたの変化、江戸の妖怪についての考えかた、近代の妖怪についての考えかた、という五つのブロックに分けることができるので、それに従って問題文を見ていきましょう（なお1などは何段落かを示しています）。

Ⅰ 問題提起（L1〜L17）

まず、この問題文は冒頭で、妖怪は「いかなる歴史的背景のもとで生まれてきたのか」という問題提起（＝テーマ設定）がされています。これは、この文章では、このことを述べるよ、というテーマを宣言しているのです。①

妖怪といっても、〈妖怪はいるっ⁉〉というような話ではなく、あくまで本や絵に書かれた作り物＝「フィクション」（L1）としての妖怪が、いつ頃から現れたか、という「歴史」が筆者の論じたいことなのです。そして、「フィクション」としての妖怪が登場するのは、近世（＝ここでは、江戸時代）中期だと述べています。そういう意味で、妖怪は江戸という時代に作られた「歴史的」なものなのです。②

妖怪が絵などに描かれて広まるのは江戸時代ですが、それ以前から妖怪のイメージはありました。何か日常的なことが原因で起きること（＝「結果」）とはどうしても思えないレベルのことが起こったとき、人は「不安と恐怖」を感じます。それはある現象の意味がわからないという「意味論的な危機」（L9）であり、それを〈あれは○○ってことじゃないか〉などと意味づけて安心するために生み出されたのが「妖怪」なのです。それは「民俗」に結びついている心の動きから生まれたものであり、人間が作り出した「文化」（L10）です。そして安心を得るためには必要なものであり、「リアリティ」（L11）をもつものとして人々のあいだで「伝承」（L12）されていったのです。③

ただし、こうした生活の必要から生まれた切実なものは、フィクションとして楽しむという「感性」（L14）の対象にはなりません。どこかの時点で、そうした切実にコワイものではなくなる変化が起きたはずです。そして問題文冒頭で示した問題提起をより詳しく、筆者は、妖怪に対する認識の変化がどのように起こったのか、その歴史的背景は何か、を「具体的な事例を通して探っていこう」と説明して、つぎのブロックへと向かいます。④・⑤

Ⅱ 妖怪の認識を探るためのアルケオロジーという方法（L18〜L33）

妖怪に対する認識の変化を探るために、筆者はフーコーの「アルケオロジー」という考えかたを用いようと考えます。フーコーの「アルケオロジー」という考えかたは、私たちの思考や認識を可能にしている知や知識の枠組み（＝「エピステーメー」）の移り変わりを歴史として描こうとする試みです。つまり、人々のものの考えかたは変わっていく、というとらえかたをするということです。これはわかってもらえると思うのですが、ちとややこしいのは「エピステーメー」です。フーコーが例としてあげていることに即して説明しますね。たとえば「犬」を中国の昔の百科事典では、①皇帝に属するもの、②匂いを放つもの、③飼いならされたもの、④人魚、⑤よく騒ぐもの、⑥遠くから見るとハエのように見えるもの、などと分類しています。ですからその当時の中国の人は「犬」を考えるとき、これらの分類（＝「秩序」「関係」）の「枠組み」を思い浮かべて、犬を考えたわけです。現代の私たちは、「皇帝のもの」とか「人魚」とかを「犬」を認識するときに思い浮かべませんね。つまり「事物」には、いつでも誰にでも通用する「客観的」な「秩序（＝分類・関係）」などないのです。つまり私たちの認識の枠組みは、時代で変わっていく。そして「犬」は「犬」だけでなく、動物という概念や猫との違いなど、他の要素との関係で成り立っています。私たちも意識はしないかもしれませんが、「犬」を考えるときに、他の動物や犬の種類など複数の事柄と関係させながら、「犬」を認識しているのです。フーコーが「枠組み」といっているのは、私たちの知（知識）が、複数のものとの関係の上に成り立っていることを示そうとしているのです。

実際フーコーは私たちのエピステーメーを、「物」「言葉」「記号」「人間」などの関係性として描いています。そしてその関係が変わっていくとき、人間の「知」のありかたが変わる、つまりエピステーメーが変わっていくのです。（6〜8）

とすると、こうしたフーコー的な考えかたで「妖怪」に対する考えかたの変化を見ていくということは、「物」「言葉」「記号」「人間」などの関係性＝〈配置、位置〉や「布置」（L31）が変わったから、妖怪に対する考えかたも変わったと考えることを示しています。筆者はエピステーメーを含む「アルケオロジー」という方法によって、「同時代」の「一見関係のないさまざまな文化事象」を、同じ「認識の平面」にあるものとしてとらえることができ、妖怪に対する考えかたの変化を「大きな文化史的変動」の中でとらえることができると考えています。（9）

Ⅲ　妖怪に対する考えかたの変遷①　中世の妖怪観（L34〜L40）

中世では、自然にある「物」も妖怪もみんな意味を発する「記号」として読み取られました。人々は「妖怪」を「凶兆（＝悪いことが起こる兆《きざ》し）」や「警告」と意味づけました。つまり妖怪は、神霊の「言葉」（L37）を伝える記号だったのです。「物」＝「記号」は、すでに人間に与えられた「所与」（L39）ですから、人間にできることはそれをしっかり読み取り、たとえば「凶」を回避しようとして、神霊に祈ったりすることだけでした。（10・11）

Ⅳ　妖怪に対する考えかたの変遷②　近世の妖怪観（L41～L56）

近世では、「言葉」を伝える「記号」だと認識されていた「物」事が、「言葉」や「記号」から独立したものと見なされるようになります。これは「物」「言葉」「記号」の関係の変化ですから、「エピステーメー」の変化ですね。近世独自の自然に対する考えかたや、物を科学的に分類したりする「博物学」に近い「本草学《ほんぞうがく》」が日本に成立し、そして「妖怪」も博物学的な対象や人々の「嗜好」（L44）の対象となっていくのです。⑫

こうした変化にともない、「物」にくっついていた「記号」の位置づけも変化します。中世では神霊に支配されるものだった「記号」は、人間がコントロールできるものになったのです。当然「記号」だった妖怪も人間の支配できるものになります。こうした、人間の支配下にある「記号」を、筆者は「表象」（L48）と呼んでいます。⑬

「表象」は、意味を伝えるという「記号」本来の性質よりも、「形象」＝視覚的形が大事であり、妖怪も説話の中から飛び出して、視覚的な形で区分けされるものになります。現代ふうにいえば「キャラクター」です。キャラクターになった妖怪は「図」をもたらすというような「リアリティ（＝現実味）」を失い、フィクションとして、娯楽の対象になります。そうした妖怪は、人間が自由に作ることのできるものになります。こうして妖怪は「表象」として人間の支配下に入るわけですが、これは妖怪だけではなく、世界のあらゆるものが人間の支配下に入るようになった結果です。人間が神霊がいた位置を奪い取ったのです⑭

Ⅴ　妖怪に対する考えかたの変遷③　近代の妖怪観（L57～ラスト）

ところが近代になると、妖怪に対する考えかたは、再び変化します。たんなるフィクションでしかなく、「リアリティ」を失ったはずの妖怪が、再び「リアリティ」を手にするのです。近代は理性の時代で迷信などを否定したという常識、とは「逆」のことが起こったのです。⑮

その理由は、近代が進むと、人間という存在がそれほど強くないことがわかってしまったからです。「表象」としての「記号」を成り立たせていたのは、人間の絶対的な力でしたが、それが崩れたのです。人間は「内面（＝心）」という、自分でもコントロール不可能な世界を抱えた存在であり、神経の不調によって妖怪を見るようになったり、その内面に妖怪が入り込むようになり、それをリアルと感じるようになったのです。⑯

謎めいた「内面」を抱え込んだ存在。それは「私」と名づけられ、「私」は私にとっても「不気味なもの」となる。ですが、「未知なる」「神秘的な存在」（L67）でもある――そうした「私」の二面性を映し出すものとして、妖怪は現れるようになるのです。近代ではエピステーメーを形成する「人間」の位置が大きく変化しました。だから「妖怪」にも変化が生じます。筆者はこのようにアルケオロジー的方法で、妖怪に対する考えかたの移り変わりを示したのです。（17・18）

設問ナビ

問1 漢字問題

(ア)民俗　①所属　②海賊　③**良俗**（＝よい習慣、健全な風俗）　④継続

(イ)喚起（＝呼び起こすこと）　①**召喚**（＝証人などを呼び出すこと）　②返還　③栄冠　④交換

(ウ)援用（＝他の文献などを引用すること）　①沿線　②**救援**　③順延　④円熟

(エ)隔てる　①威嚇　②拡充　③**隔絶**　④地殻　(エ)のように**訓読みの語が問題になっている場合は、選択肢の語句はみんな問題となっている語と同じ音**（この場合の音は〈カク〉）**をもつ漢字**です。それを手がかりに考えましょう。

(オ)投影　①**投合**（＝二つのものがぴったり合うこと）　②倒置　③系統　④奮闘

解答　(ア)③　(イ)①　(ウ)②　(エ)③　(オ)①

問2 傍線部の内容説明問題

「民間伝承としての妖怪」は、傍線部直後に「そうした」という指示語があることからもわかるように、傍線部のある③で説明されています。この「そうした」は③全体を受けているともいえるので、③の内容をまとめましょう。すると、人間は**「日常的理解を超えた不可思議な現象」に出会うと「不安と恐怖」を感じるが、それをなんとか意味の体系（＝自分のわかる意味の範囲）に回収するために生み出された「文化的装置」が「妖怪」**だということになります。この内容に最も近い選択肢は①です。

〈選択肢チェック〉

当たり前のことですが、つぎのことを確認しておきますね。

梅POINT　選択肢問題は、まず傍線部の内容を理解し、根拠を見つけ、それが入っている選択肢を正解とすべし。

右のやりかたは〈積極法〉ですが、

梅POINT 手がかりなどが見つけられないときは、即消去法に移るべし。

では選択肢を見ていきます。

②…「フィクションの領域においてとらえなおす」のは、絵などに描かれるようになった江戸中期の「妖怪」です。「民間伝承としての妖怪」は、3冒頭に「そもそも」とあるように、妖怪の初期のありかたです。

③…「予測される未来への不安」という部分が不適切。これでは「予測」できるのだから「理解を超えた不可思議な現象」と合いません。また「不安」は現在に関するものかもしれず、「未来への不安」に限定する根拠がありません。

④…3で、妖怪が「日常的な因果了解」では説明できないものだと述べられていることと食い違いますし、「日常的な因果関係……のリアリティを改めて……気づかせる」という内容が問題文にありません。

⑤…「意味論的な危機を人間の心に生み出す」のは「不可思議な現象」で、妖怪そのものではない。その現象に「意味を与え」（L6）、人々を安心させるのが妖怪です。⑤は少し迷いますね。

つけ加えておきますが、

解答 ①

梅POINT 傍線部「〜」とはどういうことか、と問う傍線部内容説明問題では、傍線部やその説明部分と、内容はもちろん、表現も傍線部と近いものを選ぶべし。

問3 傍線部の内容説明問題

傍線部の「アルケオロジー的方法」は、たんに「考古学」のことではなく、フーコーの「方法」として7を中心に説明されているものです。そこでは、**人間が「一つの枠組みを通して……事物の秩序（＝関係やまとまり）を認識する」**（L23）という**考えのもとに、そうした「思考や認識を可能にしている知の枠組み」を「時代とともに変容する」ものとして「歴史を描き出す試み」**（L21）だと説明されています。そしてこの「知の枠組み」といわれているものが「エピステーメー」であり、それは「物」「言葉」「記号」「人間」（L27）の関係として存在しているといわれています。

こうした内容と最も合致するのは②です。

〈選択肢チェック〉

①…まず「考古学の方法に倣い」という部分が、先にたんなる「考古学」ではないといったことと食い違います。さらに、「われわれは決して認識に先立って『客観的に』存在する事物の秩序そのものに触れているわけではない」（L22）という問題文

の記述は、「客観的」な「事物の秩序」が存在しないことを示していると考えられます。「事物の客観的な秩序を復元」するという説明はこのことに反しますし、問題文に書いていないことでもあります。

③…「さまざまな文化事象を『物』『言葉』『記号』『人間』という要素ごとに分類」するということが問題文に書いていないし、「物」「言葉」「記号」「人間」という要素は「関係」し合うのであり、「要素ごとに分類」するためのものではありません。

④…「ある時代の文化的特徴を……分析」するという説明が不適切。「アルケオロジー」は「変容する」「歴史」を描くのですから、特定の「ある時代」だけを分析するのではありません。また「アルケオロジー」は、最終的に「文化史的変動のなかで」（L33）、「（日本の妖怪観の）変容」（L33）を明らかにするのであり、「文化的特徴」を分析するのではありません。

⑤…問題文では「文化事象」（L32）、「文化史的変動」と書かれていることが、「歴史的事象」「世界史的変動」という言葉に入れ替わっています。また「事象」は「同じ世界認識の平面上にあるものとしてとらえ」（L32）られると書かれていることと、「事象」が「物」などと「接合」するということは同じことではないので、この部分も問題文には書かれていないことです。

解答 ②

問4 傍線部の内容説明問題

「表象」とは「人工的な記号、人間の支配下にあることがはっきりと刻印された記号」（a）（L48）のことでした。また「『表象』は、意味を伝えるものであるよりも……形象性、視覚的側面が重要」（b）（L50）であり、「キャラクター」となり、「フィクショナルな（＝作りもの的な）」「人間の娯楽の題材」（c）（L53）となったのです。だから傍線部は、妖怪が**a**～**c**のようなものになった、と述べているのです。こうした内容に最も合致しているのは②です。②の「神霊の働きを告げる記号から」という部分は、**b**冒頭の「意味を伝えるもの（＝「記号」）であるよりも」や**L55**と対応しているし、「～化」という傍線部の表現にも対応しています。「～化」するということは、前と違ったものになることですよね。「表象」になる前は、「神霊の働きを告げる記号」だったのですから、「『表象』化」する前のことを説明しているのです。先の梅POINTの基準をクリアしています。だから余計なことを説明しているわけではないですよ。「人間が約束事のなかで作り出す」というのは、**L46**に書かれています。つけ加えれば、先の「神霊の働きを告げる記号から」と対応する部分として、「神霊の支配を逃れて」（L47）とあるのを、②は用いているのだともいえます。②の「架空の存在」は「フィクション」の**イイカエ**です。

梅 POINT　正解の選択肢は、問題文の表現をイイカエていることが多い。それをしっかり見抜ける語い力を身につけるべし。

〈選択肢チェック〉

①…妖怪が「人間が人間を戒めるための道具になった」ということが、問題文に書いてないし、**c**と食い違います。

③…「人間世界に実在するかのように感じられる」という部分が、「フィクション」になったこと（**c**）と食い違うし、「リアリティ」をもっているように読めます。それは近世の「『表象』化」した妖怪が「リアリティを喪失し」（*L*53）たことと食い違います。

④…「人間の力が世界のあらゆる局面や物に及ぶきっかけになった」がおかしい。「きっかけ」になったということは、「『表象』化」（はじまり・原因）→〈人間の力の強化（そのあとの結果）〉ということになります。でも傍線部を含む一文にあるように、「妖怪の『表象』化」は「人間の支配力」が「『物』などに及ぶようになった「帰結（＝結果）」です。つまり〈人間の力の強化（原因）〉→「『表象』化」（帰結＝結果）なので、**因果関係がおかしい**のです。

ここで少し選択肢のランキングということについていっておきます。

梅 POINT　選択肢を選ぶときには、よりマシなもの・よりダメなものを選ぶ、というランキングの意識をもつべし。

さて〈よりマシなものを選ぶ〉ためには選択肢にランクをつけるという意識が必要です。たとえば、

※　**一番悪い（ワースト1）の選択肢は、問題文の内容や筆者の立場と矛盾**（「**矛盾**」とは、車が正面衝突するように、選択肢と問題文がガチンコすること）**するもの、対比が混乱している**（AとBが対比されている文章で、Aの説明にBのことが含まれる）**もの**です。（これは×。0点の選択肢）。

※　**二番目に悪い（ワースト2）の選択肢は、問題文にナシ、つまり問題文に書かれていないことが書いてあるもの**（上りと下りの電車みたいに、選択肢と問題文がすれ違うのです。これは20点）。

※　**因果関係やつなぎかたがおかしい**（問題文にはAだからBと書いてあるのに、選択肢はBだからAと書いてあるとか、そもそも問題文にはない因果関係がついているとか）。右の二つほどじゃないけど、かなり悪い（ワースト3クラス。40点）。

でも、「因果関係がおかしいというのは、問題文と×だからワースト1じゃないの？」と思う人もいるかもしれません。でもここでいっているのは、たとえばAという内容、Bという内容は問題文と一致している、だけどその〈**つなぎかた**〉だけが

おかしい、という〈**つなぎ**〉の部分だけにキズがある、という選択肢のことです。だからワースト1とは区別してください。

これらに比べれば、たとえば問題文に「かもしれない」と書いてあるのに、選択肢は「〜のだ」と書いてあるというような〈ニュアンス・強弱の違い〉は小さな傷（マイナス5点）です。そうしたものとワースト1・2を一緒にしてはいけません。40点とかの点数はあくまで便宜的なイメージですが、ランキングする、という意識をもってもらうためにあえて書きました。ランキングの意識を忘れないでくださいね。

あと〈よりマシなものを選ぶ〉として、五つの選択肢のうち、二個がワースト1で、もう二つもワースト2で、ワースト3が一つだったらどうしますか？　一番マシなのはワースト3ですから、因果関係がおかしくても、それを選ばなければならないときがあるんです。だから**問4**の④も、ほかにいい選択肢がなかったら、正解になることもあるってことです。そうした柔軟性も身につけてください。

⑤に戻りますが、⑤は「人間の性質を戯画的（＝滑稽《こっけい》に描いた）に形象した（＝形にした）」という内容が**a**〜**c**および問題文にも該当しません。

解答 ②

問5　**【ノート】の空欄に語句を補充する問題**

（i）　設問は、[I]が[2]〜[3]の段落の〈見出し〉、[II]は[4]〜[5]の段落の〈見出し〉です。**見出しとは、内容を抽象的にまとめ、その部分の全体を含むことのできるもの**です。そのことをふまえ、まず[2]〜[3]を見てみましょう。〈見出し〉であることを意識してまとめると、[2]では近世の中期以降に、文芸作品などに登場するフィクションとしての妖怪が出てくること、[3]では**問2**で確認した民間伝承としての妖怪のありかた、が述べられています。[2]〜[3]は、時代的順番は近世が先、近世以前があとになっていますが、妖怪の歴史的な変化を述べているといえます。「娯楽の対象になった」という①・②・③の**I**では、[3]の内容を含むことができないので、解答は**I**だけで④に決まります。

でも一応[4]〜[5]の内容も見ておきましょう。[4]では、リアリティ（＝現実味、真実味）をもっていた妖怪が、フィクションとして楽しまれるようになるには、妖怪に対する認識が根っこから変わることが必要だと述べられています。そして[5]では、その認識の変容がどういう歴史的背景から生じたのかを探っていきたいという問題提起（テーマ設定）が行われています。④の**II**は今いったことと対応していますね。やはり**正解は**④。

〈選択肢チェック〉

③のⅡは④と同じですが、すでにⅠでアウト。①と②はⅡも、今いった内容と食い違います。

易しい問題ですが、つぎのことは覚えておいてください。

梅POINT　組み合わせ問題では、選択肢を比べて消去していき、総合点の高いものを選ぶべし。

(ii)　**【ノート2】**は「近世と近代の妖怪観の違い」の「背景に」、「『表象』」と「『人間』」との関係の変容があった、という書き出しで始まります。なので Ⅲ と Ⅳ に入るのもそうした内容に関わるものでしょう。そのことをまず意識してください。

そしてⅢは近世のことを入れるので、近世のことが書いている13・14などを見ると、近世では「人間の支配下にある」(a)、視覚的形象によって区分される「表象」としてのキャラクター妖怪(b)、が登場したと書かれています。Ⅲ の前に「人間によって作り出された」とあり、(a)の要素は示されているので、(b)の内容を入れれば、「表象」と「人間」との「関係」を示すことができます。そして**右の内容に最も対応するの**は③です。

〈選択肢チェック〉

①の「恐怖」を与えるのも、②の「神霊からの言葉を伝える」のも中世の妖怪です。④の「人を化かす」は問題文にない内容です。

Ⅳ には近代のことが入りますが、近世の「表象」としての妖怪とは異なるありかたを示す、リアリティを取り戻した妖怪が登場するので、「表象」と「人間」とでは、「人間」に関する内容が Ⅳ に入ると考えられます。選択肢もみな「人間」のことです。近代の人間は「謎めいた(=「不可解な」)『内面』」(L66)をもった存在です。よってこの表現に対応する④**が正解**です。

〈選択肢チェック〉

近代の人間は①の「合理的な思考」と「逆」(L60)だと問題文に書かれていますし、近代の人間は不安定で③の「万物の霊長」などという強さはなくなりました。②は「自立した」が問題文に書かれていません。ナシです。

(iii)　**【ノート3】**は、問題文に近代の「私」が「不気味なもの」となったということが書かれていたことに着目し、芥川龍之介《あくたがわりゅうのすけ》の小説「歯車」の一節を示し、「**考察**」では、「歯車」に登場する「僕」の「こうした自己意識」と、17の「『私』という近代に特有の思想」との関連が述べられています。そして Ⅴ は

「**考察**」に示された「ドッペルゲンガー」のこととつながり、また **V** のあとの「こうした自己意識」にもつながる部分です。では「僕」の「自己（に対する）意識」を「歯車」の内容から見ていきましょう。まず〈**a** 「僕」には覚えがないのに、もう一人の自分（＝ドッペルゲンガー）が目撃されている〉。また〈**b** もう一人の「僕」を「僕」自身は見たことがない〉、〈**c** 「僕」自身は見たことがないから「僕」が死ぬことはないと思うが、もう一人の「僕」（＝ドッペルゲンガー）が死ぬかもしれないと思う〉、というようにまとめられるでしょう。

「**考察**」では、これらの内容と、17に示された「『私』という近代に特有の思想」とが関連させられているので、17を見ると、17の冒頭には「こうした認識」という指示語で、16の内容を受けているのがわかります。なので、二つの段落に「僕」の「自己意識」と結びつく内容を探すと、「人間は……不安定な存在、『内面』というコントロール不可能な部分を抱えた存在」（**d**）(L62)、「謎めいた『内面』を抱え込んでしまった……『私』は私にとって『不気味なもの』」（**e**）(L66)などに着目できます。

a～**c**と**d**・**e**を合わせた内容として最も適切な選択肢は②です。「ひとまずは安心しながら」が気になった人がいると思いますが、これは**c**の「僕」の心理を表現していると考えられます。「統御」は「コントロール」の**イイカエ**です。また **V** のあとのつながりもOK。

〈選択肢チェック〉

①…「自分が周囲から承認されている」という部分が「歯車」に書かれていないし、「『私』が他人の認識の中で生かされている」という部分が問題文や**【ノート3】**に書かれていません。

③…「会いたいと思っていた人の前に別の僕が姿を現していた」、「別の僕が自分に代わって思いをかなえてくれた」という部分が「歯車」に書かれていないことです。①や③なら精神的に安定するよね。

④…「自分が分身に乗っ取られるかもしれないという不安を感じた」という部分が「歯車」に書かれていないし、「『私』が『私』という分身にコントロールされてしまう」という部分が、問題文や**【ノート3】**に書かれていません。

⑤…「他人にうわさされることに困惑していた」という部分が「歯車」に書かれていないことです。

解答 (i)④　ムズ (ii)Ⅲ③　Ⅳ④　ムズ (iii)②

3

3 論理
「食べる」こと

2022年度本試験

別冊（問題） p. 26

解答

問1			問2	問3	問4	問5	問6	
(i) (ア) ②	(i) (イ) ③	(i) (エ) ④	①	②	②	④	(i) ②	(ii) ③
(ii) (ウ) ②	(ii) (オ) ③							
2点×5			7点	7点	7点	7点	6点×2	

ムズ 問2、問3、問6(i)、(ii)

目標点 34／50点

学習ポイント

【文章Ⅰ】と**【文章Ⅱ】**とがある**複数テキスト型**です。その共通点と相違点を**【メモ】**でまとめます。

問題文ナビ

語句ごくごっくん

【文章Ⅰ】

L2 **神話**…①神を中心として伝えられた伝説や物語 ②根拠なく信じられている事柄やものの見方。ここでは、①に近く、空想や物語のような、という意味

L3 **位相**…位置

L6 **擬人化**…人間でないものを、人間のように見なすこと

L22 **自明**…証明の必要のない明らかなこと

L34 **昇華**…①物事がより純粋な次元に高められること ②性的な欲望などが、芸術などに転じたり、置き換えられたりすること。ここでは①の意味

L38 **咀嚼**《そしゃく》…①食べものをよくかむこと ②物事などの意味をよく考えたり、文章などを十分に味わい、理解したりすること。ここでは①の意味

L42 **判然**…はっきりと

読解のポイント

【文章Ⅰ】

1 食べることと生きること①

「食べる」ことと「生」の関係を論じる議論は、他の生き物を食べることでしか生きていけない「動物」＝人間について語ることになる

2 「よだか」の苦しみ

宮沢賢治の「よだかの星」の主人公の「よだか」は、生きることに疑問を感じながら、それでも他の生き物を食べて生き続けることに「ぞっと」して、死を選ぶ

3 食べることと生きること②

「よだか」が抱いた「ぞっと」した感覚は、他の生き物を食べて生き続けるしかない人間も共有する思いだ

【文章Ⅱ】

1 食べられた「あなた（＝豚肉）」の旅

「あなた」は食べられて最終的には下水道を旅することになる

2 食べることをめぐる、二つの極端な見方

・一つ目の見方…人間は「食べて」いるのではなく、食べものは人間の体を通過し、地球全体の生命活動がうまく回るように食べさせられているだけだ

・二つ目の見方…食べることは、食べものが生きものからつぎの生きものに渡されるリレーだ

ひとこと要約

人間を含む動物は、他の動物を食べることで生きていかざるをえない存在だ。

テーマ　宮沢賢治

宮沢賢治は、若いときから仏教に関心をもっていました。「よだかの星」も、「食べる」ことを〈穢《けが》れ〉とする仏教に見られる考えかたをベースにしているとも読めます。賢治は詩人であり童話作家であると同時に岩手県盛岡の農業学校を卒業し、農業研究を行いました。彼の詩の中には、実験器具の名前や科学的な用語が多く用いられています。その農業の知識を農民に広める農村指導者としても献身的な働きをしました。ただ彼の人生は哀しみに満ちたものであり、有名な『風の又三郎』や『銀河鉄道の夜』も別れや孤独に彩《いろど》られていますが、最愛の妹トシの死を詠《うた》った「永《えい》訣《けつ》の朝」は賢治の生を象徴するものともいえ、死にゆく妹に雪を食べさせるという、今回の**【文章】**のテーマと重なる場面が描かれています。そして賢治自身も37歳の若さで星になりました。

【文章Ⅰ】

【文章Ⅰ】は、宮沢賢治の「よだかの星」に即して語る部分を真ん中にして、その両サイドに「食べる」こと一般についての話が書かれているので、三つに分けて見ていきましょう。

1 「食べる」ことと「生」にまつわる議論（L1〜L5）

「食べる」ことは生きようとすることです。だから「食べる」ことは、ときとして「生」と関連して語られます。そうした「『食べる』ことと『生』にまつわる議論」は、何かを食べることで生きていく「動物」がテーマになることが多いと筆者は述べます。そうした中では、人間と「動物」が互いの言葉を理解する「神話的」（L2）な世界が展開され、「動物」と人間は対等な「位相（＝位置）」（L3）に立つのですが、それが重要なことだと筆者は述べます。それは当然のことですね。人間はもとから「動物」だからです。そのことは宮沢賢治も書いている、と筆者は述べ、つぎの「よだかの星」の話へと移っていきます。

2 「よだか」が感じていること（L6〜L35）

宮沢賢治の「よだかの星」は「よだか」が「擬人化」（L6）され、人間のような感情を抱く者として描かれています。「よだか」は鷹《たか》にいじめられ、「鷹」でもないのに「よだか」などと名乗るな、名前を変えろといわれます。そのときは、自分の存在を否定されたように感じました。

「よだか」はいつもひとりぼっちで醜くて、そんな自分はなぜ生きているのだろうと思います。この疑問は人間の多くが一度は抱いたことがあるものでしょう。そういう意味でも「よだか」は「擬人化」されています。

でも「よだか」は動物であるかぎり、他の生き物を食べてしか生きていけません。そして醜い自分のような存在が、どうして「羽虫」を食べて生きていくのか、それが「よいことかどうかがわからない」と思います。そして「よだか」が空を飛んでいるとき、「よだか」ののどに「甲虫《かぶとむし》」が引っかかります。「よだか」はもがく甲虫を飲み込むのですが、そのとき「何だかせなかがぞっとした」（L19）ように思いました。

このあと「よだか」はつぎのように考えをめぐらします。

・僕は毎晩たくさんの羽虫を殺している

↓

・その僕は鷹に殺される

↓

・それ（＝そのような殺し合いの中にいること）がつらい

←
・僕は遠くの空の向こうに行ってしまおう

筆者はこのように「よだか」が考えをめぐらすのは、「他の生き物を殺して食べているという事実」（*L*30）に疑問をもってしまった以上、「自明」のことだと述べています。もちろん「よだか」が「羽虫」を食べるのは、いわゆる「食物連鎖」だから仕方がないことです。ですがこの話は、私たちの姿を映す「鏡」（*L*30）のように、生きがたさを感じていた「よだか」が、その生きがたさから、なぜ他の生き物を殺して生きているのだ、という問いを抱き、自分は何も食べず「絶食」（*L*31）して死のうという思いへと変化していく。そのプロセスは、人間にとっても自然なことだと筆者はいっているのです。

そして「よだか」は空を飛び続け、燃え尽き、星となり、自らの行為を純粋なものに「昇華」（*L*34）していくのです。

3「食べる」ことと「食べない」こと（*L*36～ラスト）

「よだかの星」では「食べる」ことがテーマとして押し出されているわけではありません。むしろ「どうして自分のような惨めな存在が生きつづけなければならないのか」ということが、「よだか」にとっては問題だったのです。そしてその先の、ほかの生き物を食べていることが気になり、なにも考えずほかの生き物を「咀嚼」（*L*38）している自分にぞっとするという展開については2でも確認しました。これはよくいわれるように「食物連鎖」の話のようです。でも筆者は、「よだか」は自分が羽虫を食べるのがつらいのか、鷹に食べられるのがつらいのか、惨めな存在である自分が生き物を殺して食べるのがつらいのか、はっきりと自覚しているわけではないと述べます。そして筆者は「よだかの星」の主題（＝テーマ）は「食べないこと」を選択する、つまり「断食」（*L*43）だというのです。それゆえ「よだかの星」という話は、ラストシーンにも見られる「星」になる、つまり「死」へと展開していくのだと筆者は考えています。

それは「仏教」の、生き物を食べることを控えるという形で「食物連鎖」から解き放たれるということだけではなく、心に傷を負った「よだか」がそれでもなお「羽虫」を食べるという行為を無意識にしていることに気づき、「せなかがぞっとした」という点が重要なのだと筆者は述べています。それは、この「ぞっとした」「思ひ」こそ、ほかの生き物を食べて生きていかざるをえない「人間」が「共有」（**傍線部B**）するもの、あるいはすべきものではないか、と筆者が考えているからです。しかし本当にこの「思い」を純粋に成し遂げるには、「よだか」

のように星になる、つまり死ぬしかありません。なぜなら最初にいったように、「食べる」ことは生きることであり、「食べないこと」を選ぶことは、死を選ぶことだからです。

【文章Ⅱ】

この文章はちょっと変わった文章です。ここでいわれている「あなた」が、人間に食べられた「豚肉」だからです、最初の二つの段落ではその「あなた」が人間の口に入り、食道から胃へ、そして小腸から大腸へ、そしてウンチとなって下水道の旅を始めるまでが説明されています。

*L*13～では、豚肉がこうした「旅」を続けて徐々に変わっていくものだとすると、どこまでが食べものなのかははっきり区切ることができないと筆者はいいます。それは各自考えるとして、「食べる」ことに関する「二つの極端な見方」を筆者は示します。その二つとは以下のようなものです。

① 人間は「食べて」いない。なぜなら食べもののほとんどは生きものかその死骸で、それらが人間の体を通り過ぎていくだけだからだ＝人間は生命の循環の通過点であり、地球の生命活動がうまく回転するように食べさせられている

② 「食べる」ことは、食べものが最後には海や土にもどり、他の生きものがそれをまた食べるという、食べものがめぐりめぐるプロセスだ＝食べものは生きものとしては死んで他のものに命を与えるバトンリレーをしているだけで、食べものは人間の中を通り過ぎていくだけだ

結局「二つの見方」は、「食べる」ことを、ある生きものから他の生きものへの命の循環と考える点で似ています。そして死ぬことがわかっていて生命体が生き続けるのは、「食べる（＝生きる）」ことによって他の生きものに命のバトンを渡すということと関係しているのかもしれない、と筆者は述べています。

設問ナビ

問1 漢字に関する問題

(i) 傍線部と同じ漢字を選ぶ問題

選択肢の漢字は以下の通り。

(ア)過剰　①冗長（＝文章や話が長くムダが多いこと）　②**剰**余　③浄化　④常軌（＝普通のやりかた。〈常軌を逸する〉で行動などが常識はずれであること）

(イ)傷ついた　①勧奨（＝あることを勧めてはげますこと）　②鑑賞　③**感傷**（＝物事に心を動かされやすく悲しくなったりしやすいこと）　④緩衝（＝対立や衝突

をやわらげること）＊(イ)は訓読みの漢字ですから、**第2講の問1(エ)と同じく、選択肢の漢字はすべて問題となっている語と同じ音**（この場合は〈ショウ〉）**の漢字**です。つぎの(エ)も同じです。

(エ)遂げる　①類推　②生粋（＝純粋で混じりけがないこと）　③麻酔　④**完遂**（＝完全にやり遂げること）

解答　(ア)②　(イ)③　(エ)④

(ii)　**傍線部と異なる意味で用いられている漢字を選ぶ問題**

(ウ)「襲」には、〈**a**＝攻める、危害を加える　**b**＝重ねる　**c**＝あとを継ぐ〉という意味があります。①「夜襲」、③「奇襲」、④「来襲」はみんな**a**の意味、②「世襲」だけが**c**の意味なので、**②が正解**。

(オ)「与」には、〈**a**＝与えると読んで、もっているものを渡す　**b**＝与《くみ》すると読んで、仲間や味方になる　**c**＝与《あず》かると読んで、関わる〉という意味があります。①「供与」、②「贈与」、④「授与」はみんな**a**の意味、③「関与」だけが**c**の意味なので、**③が正解**。

解答　(ウ)②　(オ)③

問2　傍線部の内容説明問題

「よだか」の「思考の展開」については、**「問題文ナビ」**の**2**でも説明しましたが、傍線部に「ここから」と「つぎのように」という表現があるので、それに対応させて見ていきましょう。

まず**「よだか」はいつもひとりぼっちで、醜い自分はなぜ生きているのだろうと思っていました**（**a**）。そしてある日**毎晩たくさんの羽虫を殺して食べている自分にぞっとします**（**b**）。これら**a**・**b**が、傍線部直前までの「よだか」の「思考」なので、傍線部の「ここから」に対応します。とくに**b**は、筆者が**「問題文ナビ」**の**3**の部分で再び触れているように大切です。そしてこのあと、「よだか」は、「つぎのように」「思考を展開して」いきます。

c　そんな僕は鷹に殺される

↓

d　それ（＝そのような殺し合いの中にいること）がつらい

↓

e　僕は遠くの空の向こうに行ってしまおう

するとこの**a**〜**e**のプロセスを説明している選択肢が正解となるのですが、選択肢は随分あっさりしていて、すべての要素を含んでいるものはありません。**選択肢はいつも、よりマシなものを選ぶ**のでしたね。そのルールからいうと、①がa・b・**e**という三つの要素を含み、最初と最後の要素が入っていて、「展開」を説明しているといえるので、これが一番マシです。

〈選択肢チェック〉

②チョイマヨ…大切な**b**がないので、①より劣ります。

③チョイマヨ…「弱肉強食の関係を嫌悪し」、「不条理な（＝理屈や道理に合わないこと）世界を拒絶しよう」という説明が問題文に書かれていません。強い者が栄えるという「弱肉強食」と「食物連鎖」は意味が違いますが、それを同じと考えたとしても、「よだか」はそうした循環の中にいることにぞっとして悩み苦しんでいるのです。それは「嫌悪し」ているのとは違います。また「よだか」は生きることが「つらい」（L25）といっているだけで、世界が「不条理」だとはいっていません。

④…「新しい世界を目指そう」、⑤の「遠くの世界で再生しよう」という部分が、「自らが燃え尽き」（L34）＝「死んだ」ことと食い違います。また④は「他者を犠牲にして生きるなかで自分の存在自体が疑わしいものとなり」というつなげかたが、先の項目でいえば、**b→a**となっており、**a→b**という問題文の順序と異なります。

ムズ　解答　①

問3　傍線部の内容説明問題

傍線部の主語は、傍線部直前の「それ」＝〈傷ついたよだかが、無意識に羽虫を食べていることにぞっとした「思ひ」をもったこと〉です。そしてそれは、「人間である」「われわれすべてが共有するもの」である、と筆者は述べているのです。そして傍線部の「ひょっとしたら同時によだかでもある」というのは、人間が「動物」であることをいっているのだと考えられます。

梅POINT　「〜ではないか」「〜ではないだろうか」は筆者が強調している部分だと心得よ。

ということなので、傍線部は筆者が強調したいことだといえます。それゆえもう少し詳しく説明するならば、まず「傷ついたよだか」というのは、体が傷ついたのではなく、**「よだか」が「なぜ自分は生きているのか」（L8）という思いを心に抱き、苦しんでいたこと**（**a**）を意味しています。また**ぞっとした「思ひ」とは、他の生き物を食べて生きていることに気づいたときの、そうした自分自身への恐怖・衝撃**（**b**）と説明することができるでしょう。そうしたありかたは、人間であり動物でもある私たちにもある、と筆者はいっているのです。**「問題文ナビ」**の**2**でも説明しましたが、**a**が人間にもあることは、「よだかが自分の生のどこかに困難を抱えていて（それはわれわれすべての鏡だ」」（L29）と書かれていたことと一致します。

するとこのaとbを含む**②が正解**となります。「よだか」が、自分がこんなことをしていたなんて、と自分に恐れを抱き衝撃を受けたことは、〈こんなの「僕」じゃない！〉と強く感じたことと同じですから、それを「自己に対する強烈な違和感」と説明しているのです。**正解の選択肢のイイカエ表現は要注意でした。本当に書いていないのか、問題文の表現をイイカエたものなのかを見きわめる語い力、表現力を身につけてください。**

〈選択肢チェック〉

①…「動物の弱肉強食の世界でいつか犠牲になるかもしれないと気づき」という部分が「それ」の内容と一致しません。また「自己の無力さに落胆する」という部分がbと食い違います。

③…「自己を変えようと覚悟する」という部分がbと食い違い、傍線部と関係のないことです。

④ チョイマヨ …「理不尽な扱いに打ちのめされていた」という部分がaとズレています。「理不尽な扱い」がいじめられたりしたことだとしても、「よだか」の「傷」は自分が生きていることそのものへの疑いです。④の冒頭部分と①の冒頭部分を比べてどちらが、「それ」が受けている「傷」のありかたに近いかを考えましょう。ただ④の「自己の罪深さに動揺する」というのは、bの**イイカエ**として許容できると考えられるので、この部分を、②の「違和感」と比べて優劣をつけるのはむずかしいと思います。だから迷います。

⑤…「惨めさから逃れたいともがいていた」という部分がaと食い違います。また**問2**の③でも説明したように、「食物連鎖」と「弱肉強食」は異なりますが、「自分は支配者のような役割を演じてしまいもする」（L14）とあるので、仮に二つが同じだとしても、傍線部のある段落冒頭に、「食物連鎖からの解放という……事態だけをとりだすのではない。むしろここでみいだされるのは」と書かれています。つまり筆者が傍線部で示そうとしているものは、「食物連鎖」に関する事柄ではないのです。その点で⑤は（①も）傍線部の内容と一致するとはいえません。さらに生きることに疑問をもちながら、知らないうちに他の生き物を食べて生きている自分に気づいた衝撃＝bの内容を、「自己の身勝手さに絶望する」というように限定してもよいといえる根拠がありません。具体的に説明しすぎると内容がかぎられてしまい、説明として正しいといえない場合があります。

ムズ　**解答**　②

問4　傍線部の内容説明問題

「問題文ナビ」の**【文章Ⅱ】**の最後で、傍線部で問題になっている「二つ」の見方が、〈「食べる」ことを、**ある生きものから他の生きものへの命の循環と考える点**（**a**）で似ている〉といいました。それは「一つ目」の見方が、

a 1　食べものは、生きものとその死骸であり、人間は**「生命（＝食べもの）の循環の通過点」**（L19）にすぎない

「二つ目」の見方が、

a 2　食べものは人間の体内を通過しているだけで、**生きものの死はつぎの生きものの生を支えていく「循環のプロセス」**（L23）だ

と述べているから、**a 1**や**a 2**の太字の部分を**a**のようにまとめたのです。よって**a**の内容を「別の生きものへの命の受け渡し」と説明している②**が正解**。

〈選択肢チェック〉

①・③・⑤の後半は「一つ目」の見方では述べられていません。④の後半はどちらの見方でも述べられていません。

今意識的に選択肢の後半だけを見たのは、前半は抽象的な内容で、どれが正しいかの判断には時間がかかるからです。

梅POINT　選択肢はわかりやすいところから比較していくべし。

そのうえで必要があれば、他の部分も確認したらいい。今の場合は後半だけで決まってしまいますが、一応②の前半から見ていきましょう。**【文章Ⅱ】**では**【文章Ⅰ】**のように、人間が「食べる」ことを人間や動物の個としての「生」と結びつけていません。「一つ目」で、「人間は『食べて』などいない」（L17 **傍線部オ**7行前）といい、「二つ目」でも「食べもの」は「人間を通過しているにすぎない」（L25）と述べていて、「食べる」ことは人間が生きることにつながる、ということはいわれていません。なので「食べる」ことを「人間の生命維持を中心とする見方ではな」い観点から述べている、という説明は正しいです。ただし大事な類似点とはいえないので迷います。

①の前半は、二つとも「消化過程を中心」にはしていないともいえるので○だとしても、すでに後半で×。③の前半は、二つの見方とも「食べる行為」に対する「見方」であることと食い違います。④の前半は、「二つ目の」見方が「生きもの」の生と死に触れており、「人間」も「生きもの」ですから、適切な説明とはいえません。⑤の前半は、「栄養」という言葉は「二つ目」に出てきますが、「栄養摂取」ということは述べられていません。前半の説明は判断しづらいですが、⑤は後半がダメなので、正解にはなりません。

解答　②

問5　【文章】の表現に関する問題

【文章Ⅱ】の「表現」に関する問題です。**【文章Ⅱ】**はかなり

特徴のある文章ですから、わかりやすいかもしれません。ですが、一般的に「表現」に関する問題は、根拠が不明確なことが多いので、

> **梅 POINT** **【文章】の表現に関する設問では、一つひとつの選択肢を【文章】と照らし合わせ、消去法で解くべし。**

ということで、選択肢を一つひとつ見ていきましょう。

〈選択肢チェック〉

①…「食べられる生きものの側の心情を印象的に表現する」が間違いです。「食べられる」「豚肉」の「心情」は書かれていません。

②…「消化酵素と微生物とが協同して食べものを分解する」がまず問題文と食い違います。*L*8には「大腸には消化酵素はありません。そのかわりに無数の微生物が棲《す》んでいるのです」と書かれています。それに「比喩的に表現する」と、ふつうはイメージが豊かになります。逆にいうとあいまいになるのです。それなのに「比喩的に表現することで」「厳密に描いている」という説明はおかしいです。

③…「くねくね」などの「擬態語（＝ものの様子を音で表現）を用いて表現」しても「筋道立てて説明」することにはつながらないので、おかしな説明です。

④…「生きものが他の生物の栄養になるまでの流れ」を「下水の旅」、また「微生物の集合住宅」など、「比喩を多用して消化過程を表現」しているといえます。また「軽妙に説明」という部分も、おなかを通っていく「豚肉」を「あなた」と呼んだり、筆者自身「大腸は面白いところです」（*L*8）と語っていることなどと合致します。よって**④が正解**。

⑤…「生きものが消化器官でかたちを変えて物質になるさまを誇張して表現する」という説明が、問題文の内容と一致しません。食べものは食べものでないものに「急に変身を遂げる」（*L*13）のではなく、「どこまでが食べものであり、どこからが食べものでないのか」を決めるのは「難しい」と書かれています。また「誇張」していると断定することもできません。表現の問題では、とくに問題作成者の感覚的な説明（今回の場合でいえば④の「軽妙に」など）がいいのか悪いのか判断がむずかしいときがあります。でも**「こうもいえなくはない」と思えるものは、基本的には「適当なもの」と考えていい**です。もちろん他の選択肢との比較のうえで、ですよ。

解答 ④

問6 【メモ】の空欄に語句を補充する問題

梅POINT 【文章】などが複数あるときは、はじめに問6を見て、共通点や相違点を問うているかチェックすべし。

(i) **共通点や相違点を探るのが複数テキスト型の典型問題。**共通点については【メモ】に書かれているように、「食べる」ことと「生命」との関係ですね。

では、X に入れる内容、つまり「『食べる』ことについての捉え方の違い」はどういうことでしょう。【文章Ⅱ】については【メモ】に、「『食べる』ことは、生物を地球全体の生命活動に組み込むものである」と書かれています。たしかに【文章Ⅱ】は、「食べる」ことを生命の循環、命の「バトンリレー」と説明していました。それに対して【文章Ⅰ】で説明されていた「よだか」は、自分が生きようとしてほかの生き物を「食べる」ことに気づき、ショックを受けており、そうした思いは人間にもありえることが述べられていました。つまり【文章Ⅰ】では、「食べること」と「生命」という共通点の中で、〈a **生きようとして食べることが他の生命を奪うことだと悩むこと**〉が書かれていたのです。そしてこうした「食べる」ことに関わる苦悩という側面が、冷静に食べることを命のリレーと見る【文章Ⅱ】との大きな違いだといえます。こうした内容に最も近いのは、「『食べる』ことを「自己の生命を否応なく存続させる行為」だと説明している②です。生きるために人間も動物も、ほかの生き物を「食べ」なければならない。このことを**イイカエ**れば、「自己の生命」を「存続させる」ために、人間も動物も他の生き物を「食べ」ざるをえない、ということになります。それは、自分に「ぞっと」したとしても食べ続けるしかないと、【文章Ⅰ】の最後に書かれていることと一致します。そしてこの「ざるをえない」「しかない」という内容を、②は「否応なく」と表現しているのです。この**イイカエ**はむずかしいですが、**正解の選択肢が問題文の表現をイイカエて作られるのは、やはり共通テストの特徴**です。

〈選択肢チェック〉

①…「弱者の生命の尊さを意識させる」ということが【文章Ⅰ】には書かれていないことです。

③…「意図的に他者の生命を奪う」というのが、たとえば「よだか」が「無意識にそれ(=虫)を咀嚼して」(L38)と食い違う。

④…「食物連鎖から生命を解放する契機となる」ということが、**問3**の⑤の選択肢でも説明したように【文章Ⅰ】で重要視されていないし、食べる=生命を奪う、という内容と×。

(ii) **Y**には【文章Ⅰ】と【文章Ⅱ】の「まとめ」が入ります。二つの文章にはまず〈a **「食べる」ことと生命の関係が述べ**

られているという共通点〉がありました。そして(i)で確認したように、【文章Ⅰ】では、〈b　**食べざるをえないことがもたらす、自分やほかの生命とのつらい関係**〉が論じられていました。また【文章Ⅱ】では、〈c　**「食べる」ことは、地球全体の生命活動に組み込まれており、そこに「生命の循環」がある**〉と書かれていました。この三点をふまえて選択肢を見ると、③が右の内容に最も近いとわかります。③の一文目は、「地球全体の生命活動がうまく回転するように食べさせられている」(【文章Ⅱ】L19)という内容と合致するし、cに該当します。また【文章Ⅰ】には、「無意識にそれ(＝虫)を咀嚼して」(L38)しまうと書かれていました。「食べる」こと＝「生きること」ですから、この「咀嚼」を「生命がもっている生きることへの衝動」ということができるし、bに該当します。そしてそれが結局はcの「生命の循環」につながるのです。一文目にも二文目にも「食べる」ことと「生命」との関係が示されているのでaもあります。なのでやはり③が正解です。そして③は、「よだか」の生も死も、世界の生命の循環を支えるものとして理解するというような「まとめ」だともいえます。

〈選択肢チェック〉

①…「自他の生を昇華させる行為」がおかしい。「よだか」は「自己の行為を昇華」(L34)させたが、自分だけでなく「他の生を昇華させる」という内容はどこにも書かれていません。それに「食べる」ということが明確に書かれていないのでaがナシ。

②…「よだかが飢えて死のうとすること」は、【文章Ⅰ】では「断食」(L43)であり、【文章Ⅱ】の「生命が本質的には食べてなどいない」とは、食べものが体の中を通っていくことを指しており、「断食」と結びつくことではないです。

④…「食物連鎖の関係」が「命のバトンリレーのなかで解消される」という説明がおかしい。「命のバトンリレー」も「食べる」ことによって可能になるのだから、「食物連鎖」と関連するものであり、「リレー」によって「食物連鎖の関係」が「解消される」とはいえません。また「食べることによって生じる序列が不可欠」がおかしいです。「食物連鎖」は存在しますが、そこに「序列」があるとしてもそれが「不可欠」だということは、どこにも書かれてはいません。

どの選択肢も二文で構成されているからといって、単純に一文目が【文章Ⅰ】と対応し、二文目が【文章Ⅱ】に対応するという先入観をもたず、また「しかし」という接続語にも惑わされず、選択肢の内容を二つの【文章】と照らし合わせましょう。

解答　ムズ (i)②　ムズ (ii)③

【文章】はそんなに読みにくくないですが、選択肢の読解がむずかしい問題です。

4 論理

ル・コルビュジエの家

2023年度本試験

別冊（問題） p. 36

解答

問1		問2	問3	問4	問5	問6	
(i)(ア) ①	(ii)(イ) ④	③	②	⑤	③	(i)	④
(エ) ③	(ウ) ③	7点	7点	7点	7点	(ii)	②
(オ) ②	2点×5					(iii)	③
							4点×3

ムズ 問1(オ)、問2、問4、問6(i)、(iii)

大ムズ 問5

目標点 30／50点

学習ポイント

今回も同じ話題を扱った**複数テキスト型の問題**ですが、**【文章Ⅰ】**に出てくる正岡子規《まさおかしき》の例を**【文章Ⅱ】**の内容と結びつけて考える**話し合い型問題**がむずかしいです。

問題文ナビ

語句ごくごくん

【文章Ⅰ】

L7 **本邦**…自分の属す国。ここでは日本

L30 **表象**→P.28 **語句「表象」参照**

L37 **歴史的**…①歴史に関連するさま　②歴史に残るような。偉大な　③ある時代に作られた

L47 **蔓延**《まんえん》…①広がること　②悪いものの勢いが盛んになること。ここでは①の意味

【文章Ⅱ】

L2 **反転**…ひっくり返ること

L6 **沈思黙考**…深く考え込むこと

L7 **瞑想**《めいそう》…雑念を離れ、深く静かに考えること

L20 **観照**…個人的な見方を交えずに、対象の深い意味や真の姿を静かに見きわめること

4

L20 **構造化**…いろいろな要素を結びつけたり、それによってしくみを作ったりすること

L24 **主題化**…大事なテーマとして取り組むこと

読解のポイント

【文章Ⅰ】

1　建築における窓の意味

・子規の部屋のガラス窓（例）

＝

・〈窓は外の世界を切り取り、視界を制限する「視覚装置」〉

2　建築家ル・コルビュジエにとっての窓と壁

・コルビュジエにとっても、風景を切り取る「視覚装置」としての窓と壁をいかに構成するかが課題だった。

【文章Ⅱ】

窓と壁と瞑想の場

・コルビュジエの建築作品には、外から見ると窓であるものが、内側から見ると壁に見えるものがある

←

・それは、住宅（部屋）は静かにものを考える空間だというコルビュジエの考えかたと関係がある

ひとこと要約

コルビュジエにとっての窓と壁は、視覚装置であると同時に、人間の思考という営みにとっても重要だ。

テーマ　モダニズム

【文章Ⅱ】の題名にもなっているモダニズムは、直訳すると〈近代主義〉で、一般には伝統などを否定し、近代文明を強く支持する立場をいいます。ですが、もともとは近代建築の特徴を表す言葉でした。その特徴とは、飾りなどをできるだけ排除し、合理性（ムダのなさ）と機能性（＝働き）を重視するというものでした。鉄筋とコンクリートが多く用いられ、味気ないようにも見える建築といえます。コルビュジエはそうしたモダニズムの代表として鉄筋コンクリートを用いた「ドミノシステム」という建築方法を発表したりしましたが、**【文章Ⅱ】**にも書かれているように、そうした単純なモダニズム建築を超えるような思考の場としての空間や「美」も追究しました。

【文章Ⅰ】

1 建築における窓の意味 アートマネジメントの誕生 （L1～L25）

明治の短歌俳句革新運動のリーダーであった正岡子規は、結核性の脊椎カリエスにかかり、二〇代後半から寝たきりの状態になりました。彼は表現の方法として「写生」ということを示しました。それは〈ありのままを描く〉という写実主義（＝リアリズム）の表現の仕方ですが、そのためにはさまざまなものを〈見ること〉が必要でした。ですが、「寝返りさえ」思うようにできなかった子規には、見ることのできる世界は寝床から見える範囲に限られていました。そうした自分に絶望もしていました。だからこそ、紙ではなく、「ガラス」をはめ込んだ「ガラス障子」（L11）は、高いお金を払っても、「庭の植物」や「季節の移ろいを見る」ために大切なものだったのです。そのガラス障子によって、子規の書斎には今でいえば〈窓〉ができ、「見るための装置（室内）」（L14）に変わったのです。

映画の研究をしているアン・フリードバーグは、「窓」は「フレーム」（＝枠組み・額縁）で、映画の「スクリーン」と同じであり、「プロセニアム」によって舞台と客席が区切られるように、「窓」は風景を切り取り、それを平面へと変えるといいました。そうだとすれば、ガラス障子によって、子規の部屋は映画館のようになったのであり、子規は庭を平面的な画像や絵のように見ることになったのです。そういう意味で、「ガラス障子」は見るための装置＝「視覚装置」だといえるのです。

2 建築家ル・コルビュジエにとっての窓と壁 （L26～ラスト）

子規の室内だけではなく、「窓」は建築・住宅にとって最も重要な要素だとも考えられます。建築家のコルビュジエもそう考えた一人でした。コルビュジエは「視覚装置」としての窓を多様なデザインつまり具体的な「表象（＝イメージ）」（L30）として作り出していきました。そしてコルビュジエは建築家ですから、子規よりも「窓」自体を意識的に考えました。建築の歴史を振り返って、「建築の性格」は「窓によって」「決定されてきた」とまで述べています。住宅を「機械」だと考えるのは、テーマでもいったように、機能性を重視するモダニズム建築（＝近代建築）の発想ですが、コルビュジエにとって住宅は、「見るための機械」だといえるほど、視覚装置としての窓が重視されたのです。窓は「外界を切り取るフレーム」だとコルビュジエはとらえていました。

そして窓とともに「壁」も重視しました。それは、たんに窓が広々としているだけでは、どこの景色を見たらいいのかわからなくなり、いつしか「退屈」（L48）なものに変わる。風景や景色は壁によって「限定」したほうがいいと考えていたからです。窓と壁は建築にとってとても重要な「課題」だったのです。

【文章Ⅱ】

【文章Ⅱ】は少し専門的な文章ですが、「サヴォア邸」というコルビュジエの建てた家の話から始まります。その家には写真にもあるように「横長の窓」があります。でもその窓を建物の中から見ると、「壁をくりぬいた窓」（L2）であり、「横長の壁」に見えるというのです。つまり壁のほうが強い印象を与える、ということでしょう。コルビュジエには「全面ガラスの壁面」という建築もあるのだけれど、その屋上は「強固な壁で囲われている」と筆者は書いています。これはコルビュジエにとっては壁が重要だったのだということを、筆者が強調したいのだと考えられます。

そしてコルビュジエは「住宅は沈思黙考の場である」といっていました。筆者はここには「近代建築の理論においては説明しがたい一つの空間論が現わされている」と述べています。これは「近代建築（モダニズム建築）」には、建築をどのように建てるかという理論はあったが、そこに住む人がどのように過ごすべきなのか、ということはなかった、ということだと思います。そうした点でもコルビュジエは、独特の考えをもっていたのだといえるでしょう。そしてコルビュジエは、人間には「瞑想の時間」と「仕事の時間」があるともいっています。

「瞑想の時間」は目をつむって光を避け、自分の「内面的な世界」（L10）に関わる時間であり、「仕事の時間」は「光」を必要とする「外的な世界」と関連します。そしてコルビュジエが「壁」を重視したのは、光をさえぎり、「瞑想の時間」を作り出すためだったのです。コルビュジエ自身が「囲い壁の存在理由」は「視界を閉ざすためである」（L12）といっています。

これは「視界を閉ざす」のですから、固定された視点＝「動かぬ視点」と通じる内容です。そしてこの発想は「即興的（＝突然思いついた）」なものではなく、コルビュジエが後年作った「礼拝堂」などの宗教的な施設でも再びテーマ（＝主題）として登場します。それは宗教的な場が「瞑想の場」であることを考えれば、自然なことです。「動く視線」を作り出すことが強調されることがありますが、壁によって「動かぬ視点」と「瞑想の場」を作り出すコルビュジエの建築の「意義」を、筆者は評価しているのだと思います。

【文章Ⅰ】も**【文章Ⅱ】**もコルビュジエの建築について述べており、**【文章Ⅱ】**は少し読みづらかったと思いますが、**【文章**

Ⅰ】が「壁」よりは「窓」を中心に論じていたのに対し、【文章Ⅱ】は、ほとんど「窓」には触れず、「壁」を中心に論じているという違いに気づくことができたら、ナイスです。

設問ナビ

問1 漢字に関する問題

(i) 傍線部と同じ漢字を選ぶ問題

選択肢の漢字は以下の通り。

(ア)冒頭 ①**感冒**(＝病気の風邪《かぜ》のこと) ②寝坊 ③忘却 ④膨張

(エ)琴線(＝心の奥底の感じやすい心情) ①卑近(＝①身近でわかりやすいこと ②俗っぽいこと) ②布巾 ③**木琴** ④緊縮(＝①引き締めること ②財政などを切りつめること)

(オ)疎んじられる(＝嫌われて、よそよそしくされること) ①提訴 ②**過疎** ③粗品(＝粗末なもの) ④素養(＝身につけている知識や学問)

前回もありましたが、(オ)は訓読みの漢字ですから、**選択肢の漢字はすべて問題となっている語と同じ音**(この場合は〈ソ〉)**の漢字**です。

解答 (ア)① (エ)③ ムズ (オ)②

(ii) 傍線部と同じ意味で用いられている漢字を選ぶ問題

(イ)「**行った**」の「行う」には、〈**a**＝物事をする **b**＝処理する〉という意味があります。この場合は**a**の意味で使われています。選択肢では、④の「履行」が〈決めたことを実際にする〉という**a**の意味なので、**④が正解**。①「行進」の「行」は〈歩く・進む〉という意味。②「行列」の「行」も①と同じです。③「旅行」の「行」も〈あるところに向かって進む〉という意味なので、①・②と同じです。

(ウ)「**望む**」は、〈眺める〉という意味で用いられています。③の「展望」の「望」は〈見渡す〉という意味で使われており、最も傍線部と近い意味といえます。なので**③が正解**。

①「本望」は〈もとからの望み〉という意味で「望」は〈望み〉という意味で使われています。これは②「嘱望(＝将来に望みをかけること)」の「望」と同じです。④「人望」は〈人々から尊敬や信頼を寄せられること〉で、④の「望」は〈信用・信頼〉という意味です。

解答 (イ)④ (ウ)③

問2 傍線部の内容説明問題

子規が、傍線部のように「楽しむことができた」のは、傍線部の直前にあるように、「障子の紙をガラスに入れ替えること」によってです。なので、これによってどのようなことを子規が「楽しし」めたかを問題文に見ていきましょう。

すると、**「視覚こそが子規の自身の存在を確認する感覚だった」**（a）（L2）、**「ガラス障子にすることで、子規は、庭の植物に季節の移ろいを見ることができ、青空や雨をながめることができるようになった」**（b）（L12）、**「ほとんど寝たきりで身体を動かすことができなくなり……自殺することも頭によぎっていた子規。彼の書斎（病室）は、ガラス障子によって『見ることのできる装置（室内）』あるいは『見るための装置（室内）』へと変容した」**（c）と書かれています。**これらの内容と最も対応するのは**③です。「多様な景色」は「庭の植物」や「青空や雨」などをまとめた表現と考えればいいですね。**c**のように、死を考えていた子規が**a**をふまえて「楽しむことができ」るようになったのですから、それを「生を実感する契機（＝きっかけ）」となったと**イイカエ**てもいいでしょう。こうした**イイカエを見抜くことが、共通テストでは大事**でした。

〈選択肢チェック〉

①…「現状を忘れる」という説明が問題文にない内容です。

②…たしかに チョイマヨ です。「自己の救済」は〈ガラス障子によって救われた〉と考えれば、間違いとはいえないと考えた人も多いでしょう。でも**c**にも**「『見ることのできる装置（室内）』あるいは『見るための装置（室内）』」**とあったし、問題文全体で考えれば、**子規のことは〈窓を通して見ること〉の例としてあげられている**ことです。

梅POINT　例の意味は、問題文全体の中で考えよ。

②は「外界の出来事」を「確認できる」と説明しているだけで、「見る」ことに触れていません。「確認」を「見る」の**イイカエ**と考えても、「見る」ことはこの**【文章】**の重要なテーマを表す言葉ですから、「視覚」など「見る」という言葉とのストレートなつながりがないと、**イイカエ**とはいえません。「確認」にも目を使うでしょうが、「確認」は「見る」ことよりも〈確かめる〉ことが意味の中心です。それに子規は、「出来事」ではなく「庭」などを見ていたのです。そのズレを考えると、正解の選択肢としては、「見る」ことをきちんと説明している③のほうがいい選択肢だと判断できると思います。

梅POINT　イイカエの適切さは、問題文の内容と適切に対応しているか、という基準で判断せよ。

④…ガラス障子を通してですが、子規は実際の風景を見ているのですから、「外の世界への想像」は、②と同じく「見る」の**イイカエ**にならないことはわかりますね。すると説明として不適切だということになります。

⑤…「作風に転機をもたらした」が問題文にナシ。なので

やはり③が正解。

ムズ　解答　③

問3　傍線部の理由説明問題

理由って何？　って聞かれるとなかなかむずかしいですが、たとえば「3は奇数だ」、なぜ？　と聞かれたら、「3は2で割りきれないから」と答えて正解。このとき、理由となっている「2で割りきれない」は「3」の性質です。そして「3」は主語でもあります。ここから、

梅POINT　理由とは主語のもつ性質や性格の中に探るべし。

という原則が導かれます。ただしここでいう〈主語〉は、形の上で主語になっているものだけでなく、傍線部の内容を変えずに、主語になれるものも含みます。たとえば「AはBに負けた」の主語はAですが、「BはAに勝った」とすればBが主語になりますから、Bの性質なども考えなければなりません。そして「2で割りきれない」という**理由**は「奇数」の定義でもあります。「奇数」は文の中の述語です。それは**理由**の正しい説明は傍線部との間にスムーズな論理的なつながりがある、ということを意味しています。すると、

梅POINT　理由とは、傍線部の述部（や問いかけ）につながるものであると心得よ。

ということになります。

これをもっと具体的に問題の解きかたに即していえば、理由説明問題での選択肢選びの基準は、

梅POINT　選択肢末尾「～から」が、傍線部（の述語）とスムーズにつながるものを選ぶべし。

ということになります。

ではこの問題について、右の手順に即して考えていきましょう。まず**理由**とは主語のもつ性質や性格の中にあるのでした。この文の主語は「ガラス障子」です。傍線部の前に「子規の書斎は、ガラス障子によるプロセニアムがつくられた」と書かれています。「プロセニアム」は、フリードバーグが「窓は……プロセニアム（舞台と客席を区切る額縁状の部分）でもある」（L19）と述べていることを、筆者が引用しているのです。すると「プロセニアム」＝「窓」です。なので「ガラス障子」は「窓」の役割をしていたことがわかります。そしてフリードバーグは「窓の縁（エッジ）」が、風景を切り取る。窓は外界を二次元の平面へと変える。つまり、窓はスクリーンとなる。窓と同様に、ス

クリーンは……映像〔イメージ〕が投影され……視界を制限する」（L19）といっています。これについては筆者も傍線部の直前で、「それ（＝ガラス障子）は外界を二次元に変えるスクリーン」だと述べているので、フリードバーグの考えかたを支持していると考えられます。すると、**〈a　ガラス障子＝窓は、風景を切り取り、外界を平面に変えて視界を制限する〉**ものであり、だから「視覚装置」だと、**傍線部の述語につながっていきます。**するとこの**a**が**理由**になりますから、**正解はaと対応する②**です。「イメージ」という言葉も右に引用した部分で使われていましたから問題ありません。

〈選択肢チェック〉

① チョイマヨ…まず「季節の移ろいをガラスに映す」という説明がおかしい。「ガラス障子」は「スクリーン」と同じだといわれていますが、スクリーンと同じく、映像を「映す」点まで同じだとは問題文に書かれていません。また「外界を室内に投影」するという説明もスクリーンに「映像〔イメージ〕が投影される」（L21）と問題文に書かれているので「ガラス（障子）」にならわかりますが、「室内に投影」するという説明は、「ガラス障子」の範囲や役割を超えているし、aとも一致しません。

③…「切り離し」が問題文には書かれていないことです。**【文章Ⅱ】**のL19に「視点と風景は、一つの壁によって隔てられ、そしてつながれる」とありますが、これは子規の「ガラス障子」とは無関係な「壁」の役割です。

④は「新たな風景の解釈を可能にする」が、そして⑤も「絵画に見立て」が問題文にナシだし、すべてaと合致しません。

解答 ②

問4　傍線部に関する説明問題

「ル・コルビュジエの窓」の「特徴と効果」については、

a　窓には換気ではなく「視界と採光」を優先した（L40）

b　窓は「外界を切り取るフレームだと捉え」た（L41）

があげられていますが、**b**に関しては、窓だけではなく、壁も関わっています。そのことは最後の引用文の中で語られています。それは、

c　四方に広がる景色は焦点を合わせづらく、風景を壁によって限定する（L47〜）

d　要所要所の壁を取り払い＝窓を作り、水平線の広がりを作り出す（L51）

という、壁と窓とのバランスによって景色を作る複雑な方法であり、これこそが、「コルビュジエの窓」の「特徴と効果」だということになります。**こうしたa〜dの内容と最も合致するのは⑤**です。「換気よりも視覚を優先した」という部分がa

と、「視点が定まりにくい風景に限定を施す」という部分が**b**・**c**と、「広がりが認識される」という部分が**d**と対応しています。

設問文では「窓」だけを問うているのに、「壁」との関係も入ってくるところがイヤですね。

〈選択肢チェック〉

①…「焦点を合わせる」役割はどちらかといえば「壁」の役割です（L47〜）。また「風景がより美しく見える」ということは問題文に書かれていません。

②…「居住性を向上させる」という説明が問題文にナシ。

③…たしかにコルビュジエは、「窓」を重視したため「アスペクト比」が変化した、といっていますが、このいいかたからも、この変化は結果としてそうなったということで、「窓」を作ることが、「アスペクト比の変更を目的とした」ものだというと、問題文のつながりと食い違います。選択肢の中の**つなげかた**は注意、でしたね。ワースト3ランクの選択肢です。

④…「囲い壁を効率よく配置する」「風景への没入」という部分が問題文に書かれていません。

ムズ　解答　⑤

問5　傍線部に関する内容を説明する問題

傍線部の「観照」は、〈個人的な見方を交えずに、対象の深い意味や真の姿を静かに見きわめること〉です。そして傍線部直後の「動かぬ視点《テオリア》」は注に「見ること」と書いてあるので、「この」という指示語で傍線部の「観照」を受けていると考えられます。また「動かぬ視点」とは、視点が動かないのですから、視界が限定されます。このことは傍線部の「壁」がもつ意味として「視界を閉ざす」（ⅡのL12）と書かれています。その「壁」が行う「構造化」は〈いろいろな要素を結びつけたり、それによってしくみを作ったりすること〉でした。すると傍線部は、**〈a　壁（と窓）によってじっと視点が動かないように視界を閉ざし、風景の意味や真の姿を静かに見つめる空間がしくみとして作られる〉**という意味だといえます。そのしくみは、具体的には**「四周を遮る壁体」の中に「壁をくりぬいた窓」**（L2）**を作ること**（**b**）であり、「壁」と「窓」を組み合わせるという意味でも「構造化」といえるものです。そして**「観照」や「動かぬ視点」というありかたが、「修道院」などの場で行われる「沈思黙考」や「瞑想」へとつながること**（**c**）は、「こうした宗教建築を問うことにおいて……動かぬ視点の意義が明瞭になる」と、**【文章Ⅱ】**の最後に書いてあることから明らかです。

これらをもとに選択肢を見ていくと、**a**〜**c**に最も対応するのは③です。「四周の大部分を……開口部（＝窓）を設ける」という部分が**b**と対応しています。「固定された視点」は「動かぬ視点」のことだし、「視界を制限する」という説明は「〈動かぬ視点によって〉視界を閉ざす」というaと一致します。「静かに思索をめぐらす」という部分は傍線部の「観照」やcと対応します。なので**正解は③**です。

〈選択肢チェック〉

①チョイマヨ…「仕事」は「消耗する」（L6）とは書かれていますが、「住宅」で「心の琴線に耳を傾ける」「瞑想」（L7）が、「仕事を終えた人間の心を癒やす」とは断定できません。

②チョイマヨ…かなり迷いますが、たんに「人間が風景と向き合う」というだけでは、傍線部の「観照」の意味が説明されていないです。「観照」は内面的な営みです。「これによって住宅はどのような空間になるのか」という設問の問いかけに答えるためには、「観照」や「瞑想」の場になると答えるべきです。その内容が②には示されていません。③の「静かに思索をめぐらす」と比較してみるとわかると思いますが、「観照」の意味を知っていないと、②はダメだと判断するのがむずかしい選択肢です。ただつぎのことは意識しておいてください。

梅POINT 傍線部の内容・意味を問う内容説明問題では、傍線部の内容・表現や問いかけとのつながりが大事だと心得よ。

④チョイマヨ…②と同じですが、「住宅は風景を観賞するための空間になる」というだけでは、傍線部の「観照」の〈静かに考える〉という意味が示せません。

⑤チョイマヨ…子規の場合は「自身の存在を確認」（L2）していましたが、他の人の考える対象も「自己」かはわからないので、「観照」の対象を「自己」といい切る根拠がありません。選択肢がとても見分けづらい問題でした。

大ムズ　解答 ③

問6 「話し合い」の中の空欄に文を補充する問題

（i）　空欄Xには、一行前にあるように、**【文章Ⅰ】**と**【文章Ⅱ】**に引用された文章の「違い」についての説明として適切なものが入ります。二つの**【文章】**には、同じ『小さな家』というコルビュジエの文章が引用されています。**【文章Ⅰ】**のほうの引用にはあるのに、**【文章Ⅱ】**にはない内容は、〈a 周囲の壁で視界を遮《さえぎ》り、つぎに壁の要所要所を取り払い＝〈窓を作り〉、水平線の広がりを求める〉（ⅠのL50〜）という内容です。

逆に**【文章Ⅱ】**には引用されているのに、**【文章Ⅰ】**にはないのは、〈b 三方に視界を遮る壁を作ることで「囲われた庭」を形成すること〉（ⅡのL16）です。つまり**【問題文ナビ】**の最後でいったように、**【文章Ⅰ】**は、「壁」にあまり触れず「窓」を中心に論じており、**【文章Ⅱ】**は、「壁」を中心に論じている、ということです。右の内容に最も合致する選択肢は、少し表現が抽象化されていてわかりづらいですが、④です。前半の「窓の効果」が**a**の「水平線の広がり」が現れることを、後半の「壁で囲う効果」が**b**の「囲われた庭」が作られることを指しています。でもやはり問題文の表現を使わない**イイカエ**が、なかなかわかりづらい正解なので、むずかしいと思います。

〈選択肢チェック〉

①…「壁の圧迫感」についての引用はもともと**【文章Ⅰ】**にもないので、「省略」されてはいません。

②…「壁によってどの方角を遮るかが重要視されている」とはいえないので、正解ではありません。

③ チョイマヨ …これは少しまぎらわしいですが、**【文章Ⅱ】**で述べられている「壁」の働きは、「外部を遮る」ことではありません。「外部を遮」ってしまうと、外が見えなくなります。壁が遮る（＝「閉ざす」 Ⅰの L47）のは「視界（の一部）」です。そのことは「景色を望む（＝見る）には、むしろそれを限定しなければならない」（L49）という部分からも理解できます。

(ii) 空欄**Y**は、子規の「ガラス障子」の話が取り上げられた理由に関する発言です。**〈a　子規の「ガラス障子」の話は、「ガラス障子」が外を見る「視覚装置」であった（傍線部B）ことが述べられ、コルビュジエが「視覚装置」としての「窓」を重視していたことにつながる例としてあげられています〉**。このことは、**「読解のポイント」**にも書きました。なので右の内容に対応している**②が正解**です。「居住者と風景の関係を考慮した」と述べているのは、彼が「両親（＝「居住者」）のために、窓から見える「風景」を重んじたという**【文章Ⅰ】**の最後に引用された文章にもとづいています。

〈選択肢チェック〉

子規の例は**a**のために示されているのであり、コルビュジエが、①「現代の窓の設計に大きな影響を与えたことを理解しやすくするため」、③「美しい空間を演出したことを理解しやすくするため」、④「住み心地の追求であったことを理解しやすくするため」でもありません。

(iii) 空欄**Z**は、［Z］前後の文脈を見ると、**【文章Ⅱ】**の論点と、**【文章Ⅰ】**の内容を関連づけると、どのような「解釈」が成り立つか、ということについての発言が入る、とわかります。でも論点や内容はいろいろありますから困りますね。こういうつかみどころのない問題のときは、選択肢を味方につけましょう。

梅POINT 手がかりが少ない問題では、選択肢もヒントにすべし。

①…選択肢を見ると、**【文章Ⅰ】**のほうは病気だった子規や

書斎のことだとわかります。そこで、このことと関連づけられる【文章Ⅱ】の内容を考えてみましょう。ここでも選択肢を手がかりにしましょう。【文章Ⅱ】についてのコメントは、選択肢のつぎのような部分です。①「宗教建築」、②「光の溢れる世界」「仕事の空間」、③「動かぬ視点」「沈思黙考の場」、④「見るための機械」「視覚装置」。どれが子規のありかたと結びつくか？　実はここで④がアウト！　になります。④は、内容的には【文章Ⅰ】に書かれていることなので チョイマヨ ですが、最初にいったように、 Z は「【文章Ⅱ】と関連づけて【文章Ⅰ】を読む」場合に、どういう「解釈」ができるか、を考える部分です。④には【文章Ⅱ】の内容がない！「見るための機械」(L39)も「視覚装置」(傍線部B)も【文章Ⅰ】の話題。これでは、 Z の文脈には入れられない。これが致命的、だからアウト、です。逆にそこに気づけた人はエライ！

梅 POINT　空欄前後とのつながりを重視する、空欄補充の基本を忘れてはならぬと心得よ。

すると【文章Ⅰ】の子規と【文章Ⅱ】の内容とのつながりとして、つぎのような結びつきが考えられます。

a　寝たきりで身体を動かすことができなかった(L13)⇒「動かぬ視点」

b　ガラス障子から、庭の移ろいを眺めていた(L12)⇒「動かぬ視点」

c　死を思う絶望の中にいながらも、書斎から庭を見ることが自分の存在を確認することだった(L13、L2)⇒「瞑想」「沈思黙考」

よって「病で自由に動くことができずにいた」という部分がaと、「ガラス障子を取り入れることで動かぬ視点を獲得したと言える」という部分がbと、「沈思黙考の場」という部分がcと対応する③**が正解**。手がかりが少ないから、消去法でもいいですよ。たとえ「内面的な世界を獲得した」からといって、子規の書斎が、①のように「宗教建築」になったわけではありませんね。②のように、子規の書斎が「仕事の空間」だったということも問題文には書いてないです。

全体にまぎらわしい選択肢が多く、解きづらい問題です。

解答　ムズ (i) ④　(ii) ②　ムズ (iii) ③

5 論理 ヘルメスというありかた

オリジナル

別冊（問題） p. 48

解答

問	解答	配点
問1	(i) (ア) ①　(エ) ④　(オ) ④ (ii) (イ) ②　(ウ) ③	1点×5
問2	⑤	7点
問3	②	7点
問4	①	8点
問5	④	6点
問6	(i) ① (ii) ③	6点×2

ムズ 問1(i)(オ)、問2、問4、問6(ii)

目標点 29／45点

学習ポイント

今までよりも抽象度の高い文章です。つまりきちんとした読解が必要だということです。その上で**複数のテキストを結びつけ、話し合い、まとめる**問題です。

問題文ナビ

語句ごくごっくん

【文章Ⅰ】

L3 **象徴**…抽象的なものを具体的なものに置き換える、あるいは具体的なもので暗示すること。またその具体的なもの

L9 **求心的**…物事の内部へ向かう性質をもつさま

L15 **二次的**…本来のものや主要なもののつぎに位置するさま ⇔ 副次的。二義的

【文章Ⅱ】

L4 **固執**…こだわること

L4 **一所不住**…住む場所を一定のところに定めないこと

L6 **歌枕**…古い歌に詠まれた有名な場所

読解のポイント

【文章Ⅰ】 ヘスティア的なものとヘルメス的なものとの対比

●ヘスティア的なもの

・定住的・滞在的な住みかたと関連する

・同じ場所で積み重ねられた経験と知識を、どこでも通用するものだと考える

⇔

○ヘルメス的なもの

・移動し、変化する住みかたが特徴である

・経験と知識はその場その場と結びついている

ヘスティアとヘルメスとの関係

・両者は相反するものではなく、互いに補い合う性格をもっている

↓

・だが、人間が動物であるかぎり、ヘルメスのように移動することが基本であり、ヘスティア的なありかたは、ヘルメス的なありかたの特殊な場合にすぎない

【文章Ⅱ】 旅におけるヘルメス型とゼウス型の対比

○ヘルメス型

・旅において、非日常や別世界に没入する

⇔

●ゼウス型

・旅先でも日常のまま＝現代の日本人旅行者

ひとこと要約

ヘルメス的なもののほうが、ヘスティア的なものよりも人間の基本的なありかただ。

テーマ 定住と放浪

今では、どこか一定のところに住むことが当たり前のようになっていますが、人間の歴史をたどれば、一箇所に住むということのほうがレアであり、人間は獲物を追ってさまよっていました。そのうち、墓を作り、集団を作り、血縁と土地につながるようになるにつれて、定住が当たり前になっていきます。定住はいつも同じ仲間と一緒にいることです。そうしたことは息が詰まるし退屈だ、そういう考えもあるでしょう。安定を捨てて旅に出る、そんな「放浪」に現代人もどこかで憧れています。ものの見方にしても、一定の見方ではなく、立場を変えて多様な見方を想定することが大切な時代です。

Ⅰ ヘスティア的なもの（L1〜L16・L32〜L36）

ヘスティアはギリシャ神話に登場する「かまどの女神」です。なんか「どすこい」かあちゃん、を想像してしまいますが、家族を養うという大事な役割を担っています。家族というまとまりは、社会の基盤とも考えられるので、古代ギリシャでも、多くの家にはヘスティアを祀《まつ》る祭壇が備えられていたと書かれています。それは家だけではなく、町の市庁舎の正面にもあったそうです。これはやはり家族が社会の基盤だという考えがあるからだと思います。

そしてかまどは家などの真ん中にあり、「ヘスティアは家庭と国家の統一の象徴」（L5）でした。大日本帝国の時代の日本でも、国民は〈天皇の赤子〉である、というふうに、国家が一つの家庭であるかのようにいわれました。これはやはり家族が中央集権的な国家のイメージと結びつき、家庭の安定が、国家の安定につながると考えられていたことを示しています。

それゆえヘスティアは「佇《たたず》む（＝動かない）」、「留《とど》まる」、「宿る」、「滞在する」、「共に居つづける」という安定と、「内側へと閉じていく」、「求心的」「自己閉鎖的」な、中央（＝中心・内部）へ向かう性質をもちます。「円的」（L9）といわれているのは、家族が一つにまとまって暮らすイメージの建物です。「中心から周辺へと向かう運動であり、内部の秩序を外部へと拡張する運動」（L10）というのは、外部へ向かうようで、混乱したかもしれません。でもこれは、中央集権的な国家が安定すると、外部へと領土を広げようとする、というイメージを考えればよいでしょう。同様にヘスティア的な居住は、そこに安住するだけではなく、やがて自分たちのありかた（＝「内部の秩序」）を、外にも広げて、〈人類皆兄弟〉みたいな形で、外部をも自分たちのようにしようとするのです。だからケイシーがいうように、ヘスティア的な「居住するという住み方」は「二次的（＝主としたものではない）とは言えない」のです。つまり人間の安定した暮らしかたでもありうる、ということです。そしてそれは「運動を停止するのではなく、世界の中に比較的安定した場所を見つける」（L15）という形で、どこかからやってきて住んだり、あるいは違うよりよい場所へ行ったりする可能性をもっているのです。

でもやはり、ヘスティアの基本は定住です。原則としては横へと移動しない。だからかまどの火が空へと昇っていくように、ヘスティア的な住みかたは、「上方へと向か」（L12）う方向性をもちます。しっかりと地に足をつけながらも、「垂直的」な方向性をもちます。「階層性」（L13）というのも、一つの場所で、どんどん上へ積み重なっていくイメージです。積み重なっていくものは世代や家の歴史や、「経験」など「精神的」なものもあるでしょう。

天空を、天国などのある観念的な精神世界としてイメージするなら、ヘスティアは地面に「身体」をしっかりと結びつけながら、上方の精神世界を目指すともいえます。それゆえ筆者は、ヘスティアには「精神性と身体性の二極化が示される」(L12)というのです。

でも同じ所に住むことを基本とするヘスティアにとって、「同じ場所での経験の積み重ね」(L33)は、他の場所を知らないわけですから、自分がいた空間が特殊でローカルな場所であることを忘れ、いつしかその経験や知識はどこの空間でも通用すると考えてしまうかもしれません。筆者が「経験や知識から(自分のいた)空間性を切り離」すといっているのは、こういうことです。他のところに住んだことのない人が、たまたま遠い場所に旅に行っても、自分の習慣が通用すると思ってしまうのと似ています。

そして空間を離れた「経験と知識は時間と歴史に結びつ」(L34)くのです。つまり自分の「経験や知識」は「時間」が作り上げた「歴史」的なものだと考えるのです。そうした「歴史」的な「経験や知識」は、その人間の「精神」を形作っていきます。「時間と歴史が精神と同一視される」(L34)とはそういうことです。そしてそこには、いつも同じありかた＝「同一性」(L30)が形成されます。

ハイデガーに『存在と時間』という著書がありますが、この「存在」をヘスティア的な人間と考えれば、人と「時間」を結びつけることには根拠があるともいえる、といいたくて、筆者は『存在と時間』という題名を紹介しているのだと思います。

そしてアーレントが行った人間の営みの三分類、「労働」・「仕事」・「活動」という分けかたに従えば、ヘスティア的住みかたは「仕事(＝建築物や都市、文化などの人工物を作り出すこと)」に結びつくと筆者はいいます。これはヘスティア的住みかたが、かまどを中心とした家に〈定住〉することだと考えれば理解できます。また「文化と呼ばれるものは、ヘスティア的な場所に蓄積され」(L54)とあることとも一致します。ヘスティアは同じ場所に住み、習慣や記憶を継承していくという点で、「文化」を積み重ねていく、ということです。

Ⅱ ヘルメス的なもの (L17〜L31・L37〜L43)

こうしたヘスティア的なありかたに対し、ヘルメスは正反対といえるでしょう。足の速い「韋駄天《いだてん》」であるヘルメスは、ギリシャの神々の言葉などを伝えに行く「メッセンジャー」です。移動する者であるがゆえに、「道路、旅行者、横断の神」(L18)であり、「旅行者」の「庇護《ひご》者」です。「盗賊」も守ります。かって旅は商いと結びついていました。ですからヘルメスは「交換と商業の神」(L20)でもあります。

「境界の外へと移動する」ヘルメスは「放浪」します。ケイシーの言葉でいえば、ヘルメスは「遠く離れた＝斬新な（far-out）ものの見方」(L23)を表す存在です。これは、移動することによって多様なものの見方が得られることをいっているのです。それは、ヘスティアのような「家庭を作り世話をする」ものを置いてけぼりにする、「せっかちな素早さ」(L25)をもっています。同じところをぐるぐる回る「同心円的」で、一緒に手を結び合おうとする「共－中心的な」、つまりヘスティア的なものではなく、「離心的（＝中心から離れようとする）」「常軌を外れたもの」(L25)です。

一箇所に留まらないヘルメスのありかたは、「変身」(L29)する神であることをも示します。ヘスティアの「内向的な一貫性」や「安定と同一性（＝確かで、いつも同じさま）」とは正反対に、ヘルメスは「移動」し変化します。それゆえ「ヘルメス的住み方」において身についた「経験や知識」は、彼がいたその場と密接に結びつき、その時々の彼のありかたに密着しています。つまり「特定の場所に結びつい」た「経験や知識」であり、それは他の場所で役に立つかはわからない「局所的（＝限定された）」(L38)なものです。

「アイデンティティ」といわれる確かな自分が、同じ場所に住み続け、その場所で得られるものだとしたら、「アイデンティティ」はヘルメスには縁がありません。ヘスティアが身につけたとされる、成長や「変遷」を積み重ねて得られる歴史や文化も重んじる必要はありません。そうしたものは、場所が変われば役に立たないことが多いし、もち運べないからです。ヘルメスにとって大事なものは、「転調（＝変化）可能」で「交換可能」(L41)なものです。「精神」もヘスティアのように時間や歴史に関わるものではなく、「移動できる」つまり変化しうる軽やかなものでなければならない。それはものの見方を変えていくことにもつながります。ヘスティアが大事にする重厚なものは、「物質」や「死物」(L43)の特徴だと、ヘルメスには思えます。

こうしたヘルメスに、先のアーレントの三つの営みの分類を当てはめれば、ヘルメスは「活動」の人です。「活動」は「物の媒介なしに人と人の間で行われる」「コミュニケーション」などのことです。ヘルメスがいろいろな土地へ行き、「コミュニケーション」する神であることとつながります。

Ⅲ ヘスティアとヘルメスの関係（L44～ラスト）

このように正反対に見える両者ですが、ケイシーによればけっして他を排除しあう「排他的」な関係にあるのではない、ということになります。

逆に互いを補い合う「相補的」な関係にあるというのです。確かにヘルメスのような「遊牧民」は、商売の相手として、ヘスティア的な「定住農民」を必要とします。

それにヘスティアとヘルメスの住みかたは、人間の「二つの身体行動のあり方」(L52)に対応していると筆者は述べています。それらは、つぎのようにまとめられます。

●ヘスティア…不変的行動・家庭生活に必要な習慣的行動・身体と環境との結びつきから生まれる文化的記憶

⇔

○ヘルメス…変化する即興的偶発的行動・外部へと移動する行動

これらは人間誰しもが行う行動パターンです。だからヘスティアとヘルメスの住みかたは「相補的(＝補い合う)」(L59)です。

私たちは動物です。自分で運動できるものだけが、休むことも移動もできる。私たちはある場所に定着して「習慣」を「学習」します。でも習慣は固定的ではなく、柔軟に環境に適応する「調整的な能力」が含まれています。そうでなければ、私たちは「機械」と変わらなくなります。こうして私たちは「習慣」と「変化」の間を行き来します。

でも「動く者のみが居住できる」(L63)のだとすれば、ヘスティア的な「居住」よりも、「動く」ヘルメス的な「居住」のほうが人間にとって「基本的な住み方」なのではないか、と筆者は述べます。たしかに私たちは自分たちが「動物」であることを忘れがちですが、人間が動物であるとすれば、ヘルメス的な住みかたが基本であり、ヘスティア的な定住は、動きまわるヘルメス的な住みかたの中にいっとき訪れる「特殊な形態」だともいえます。地球のような「安定した土地」が、惑星の中の「特殊な一面」にすぎないように。こうして筆者は、当たり前のように考えられている人間の定住を見直すきっかけとして、ヘルメスのありかたを提示しているのだともいえるでしょう。

設問ナビ

問1 漢字に関する問題

(i) **傍線部と同じ漢字を選ぶ問題**

(ア)「ヨウタイ」は〈容態・様体〉といろいろな字が浮かびそうですが、〈容態・様体〉はふつう〈ヨウダイ〉と読みます。〈ヨウタイ〉と読む場合もありますが、〈外から見た様子。身なり。ありさま。病気や怪我《けが》の様子〉という意味です。(ア)は「人間の住み方」に「二つのヨウタイがある」という文脈なので、〈物の存在や行動のさま。状態。様相〉という意味の「様態」がよいです。それに選択肢に「容」はありません。

(オ)は正解の選択肢の字がむずかしいので、ムズにしました。選択肢の漢字は以下の通りです。

(ア) 様態 ①**唐様**(=中国の様式) ②洋行(=西洋に行くこと) ③効用 ④長幼(=年齢の上下)

(エ) 交易 ①液剤 ②現役 ③疫病 ④**易者**

(オ) 専業 ①浅薄(=あさはか) ②歴戦 ③千金 ④**専横**(=わがままで横暴なこと)

(ii) **傍線部と異なる意味で用いられている漢字を選ぶ問題**

(イ)「宿」という漢字には、**a**〈泊まる・宿泊所〉などの他に、**b**〈もとから・あらかじめ〉という意味もあります。(イ)の「宿る」は直前の「留まる」と並列されていることから〈泊まる〉という**a**の意味だとわかります。ですが②「宿願」は〈前からもっている願い〉という意味で**b**にあたります。ほかの選択肢は**a**の意味なので、**正解は②**になります。

(ウ)「当」という漢字には、**a**〈あたる・あてはまる〉などの意味のほかに、**b**〈あの・この〉という意味があります。(ウ)の「当たる」は**a**の意味ですが、③「当世」は〈この時代〉という意味で**b**の意味として使われています。ほかの選択肢は**a**の意味(④「当直」は〈日直や宿直にあたる〉という意味)なので、**正解は③**です。

解答 (i)(ア)① (エ)④ ムズ(オ)④ (ii)(イ)② (ウ)③

問2 **【文章】の内容を問う問題**

「ヘスティア」がどのような性格をもつのかを、**【文章Ⅰ】**に探ると、

a **家庭と国家の統一の象徴**(L6)

b **定住的・滞在型の住みかた**(L8)

c **建築物は求心的・自己閉鎖的**(L9)

d **住みかたは上へと向かい、垂直的**(L12)

e **精神性と身体性の二極化を示す**(L12)

f **歴史的に積み重ねられた、自らの経験と知識をどこでも通用すると考える**(L33)

g **「仕事(=生命維持を超えた建築物や都市などの人工物を作り出す)」を重視する**(傍線部B)

という内容があげられます。この問題は主旨判定問題と同じですから、a～gをもとに選択肢を消去法で見ていきましょう。

〈選択肢チェック〉

① チョイマヨ …「ヘスティア」は「精神性と身体性の二極化」(L12) という性質をもちます。これは「精神」と「身体」の両方の性質を両極にもつ、ということです。それに対して「健康な身体こそが健全な精神の基盤であるという思想」というと、「身体」のほうが重んじられているかのような説明になり、「二極化」と食い違います。またそうした「思想を内包している」とは、問題文から断定できません。

② チョイマヨ …「家族の同居が原則」だというのは、「共に居つづける」(L8) とあるのでよいですが、「家を出て違う家族を作るという自由は制限される」という部分は、「ヘスティア」が「内部の秩序を外部へと拡張する運動である」(L10) と書かれていることと食い違います。**「問題文ナビ」**にも書きましたが、「ヘスティア」的な住みかたは、自分たちの「秩序（＝暮らしかたなど）」を外部へと広げていく運動をします。それは自分たちのありかたや文化を他の空間にも広げることです。ですから、家族として同じ文化の中で暮らし、その人が結婚し実家を出てその家のありかたが広がっていくことは否定しないはずです。ですから「家を出て違う家族を作るという自由」が「制限される」とは断定できない、といえます。

③…「ヘスティア」の「経験はその空間にのみ対応するものであり……できるものではないと考える」が先の f と食い違います。

④ チョイマヨ …「自らの領域を固定化しようとする」という説明がダメです。「ヘスティア」的なものは、「中心から周辺へと向かう運動」、「内部の秩序を外部へと拡張する運動」(L10) であり、ケイシーの言葉によれば、「運動を停止するのではない」ですから、「領域を固定化しようとする」とのみ説明するのは、広がっていくという側面をもっていることと食い違います。

⑤…先の**「問題文ナビ」**にも書きましたが、「ヘスティア」が「求心的」であることは、家族に即していえば「共に居つづける」(L8) ことです。そして国家レベルでいえば、中央集権的な、密接な絆《きずな》を作ることとつながります。それは古代でいえば、人々が、血縁や住んでいる土地によってつながっていく「共同体」を形成することでもあります。もちろん「共同体」は国家のはじめの形であり、古代国家において「求心的」であることは、人間関係の密なつながり＝〈共同性〉を意味します。よって「ヘスティア」の「求心的」な性格は当時の「国家」の「共同体的な性格」と「関連がある」といえます。事実「ヘスティア」が「国家の統一の象徴」(a) であり得たのも、「共に居つづける」という「共同体」的なつながりを、国家が重視したからだと考えられます。よって**⑤が正解**です。

少し問題文の表現から離れている説明の仕方なので、むずかしかったかもしれません。こうした**イイカエは、共通テストの特徴の一つでもありました**。しっかり問題文を読み込んで、語い力・選択肢を本文と照らし合わせて解釈する力を駆使して、正解にたどり着いてください。

ムズ　**解答** ⑤

問3　傍線部の理由説明問題

「ヘスティア＝仕事」、「ヘルメス＝活動」といえる**理由**が問われています。この「仕事」と「活動」とは、アーレントによる、人間の営みについての分類でした。

- **「仕事」…たんなる生命維持を超えた人工物（＝建築物・都市・文化など）の作成**
- **「活動」…物を仲立ちしないで人間同士で行われること（＝政治・コミュニケーションなど）**

こうしたありかたのうち、「仕事」が「ヘスティア」と結びつきやすいのは、「ヘスティア」に「仕事」と関連する性格があるからです。よって「仕事」とヘスティアとの類似性を説明できれば、まず傍線部**B**の前半の**理由**を答えることができます。

ヘスティアは、定住型のタイプでしたから、「建築物」が必要です。また「文化と呼ばれるものは、ヘスティア的な場所に蓄積され、継承された集団的な記憶と慣習に他ならない」（L54）とも書かれており、**ヘスティアは「文化」ともつながっています**。よって傍線部前半の解答としては、〈**a　建築物を必要とし、その場で文化と関わるから**〉というふうにまとめておけばよいでしょう。**理由は主語の性質の中にある**のでしたね。

これに対して「活動」がヘルメスに縁があることを示すことができれば、傍線部の後半のようにいえる**理由**が説明できます。ヘルメスは「境界の外へと移動する」（L21）存在でした。そして「**コミュニケーション**」（L20）**の神**でした。**ですから、ヘルメスと「活動」は結びつくのです（b）**。

こうした**a・b**のポイントを押さえて、選択肢を見ていきましょう。すると「持続的な居住のために建築物を造らねばならず、またその場所で経験を蓄積し、文化として後世に伝える」という前半が**a**に一致し、「さまざまな場所へ赴き、多様な人々と関係をもつ」という後半部が**b**と合致する**②が正解**です。

〈選択肢チェック〉

①…「健康の維持」は、仕事より「労働」に近いです。また「文化の異なる土地を旅する」というだけでは、「活動」の中身である「人間同士」の関係が説明されていません。

③…「集団」（L55）を「家族」と考えることもできるので、

③の前半はよいとしても、ヘルメスの人間関係を「同じ仕事をする人間との付き合い」と説明している点が×。「遊牧民が交易相手として定住農民を必要としており」(L49)とあるように、「遊牧民」的なヘルメスが相手にするのは、けっして「同じ仕事をする人間」だけではありません。

④…ヘルメスの体験や知識は「特定の場所に結びついており」(L37)と書かれていることと、「普遍的(＝どこでも誰にでも通用するさま)知識」が食い違います。また「政治」は「活動」の一つですが、「政治」とヘルメスの関わりは問題文では述べられていません。

⑤…「身体性よりも、神のいる世界を志向する垂直的な精神性を重んじる」という部分が×。**問2**の①のところでも触れましたが、ヘスティアは「精神性と身体性の二極」をもつのです。「よりも」と説明すると、「身体性」が軽く、「精神性」が重たいことになり、「二極」ではなくなります。「二極化」とは二つが同じ重さをもっていることを意味します。

解答 ②

問4 **傍線部の理由説明問題**

(p.68)

両者が「行動」として「相補的」であることは**「問題文ナビ」**(p.68)上段の図のところでも触れましたが、まず傍線部の前後を見ていきます。

傍線部の「この二つの住み方」という指示語は、直前の「ヘスティア」がアーレントのいう「仕事」を重視することを指しています。そして「仕事」は物を作ることを中心にしています。一方ヘルメスが「活動」を重視することも指しています。「活動」は人同士のあいだで行われるものです。この二つのありかたが「排他的」ではない、つまり互いに排除しあうものではなく相補的なものだといえる**理由**が問われています。**理由は主語の性質にある**。この文の主語は「二つの住み方」。**理由は述語(＝「相補的」)につながるもの**。だから二つが相補う性質をもつことを示せばいいのです。

ところでこの傍線部は、ケイシーの言葉を引用する形で書かれています。そして傍線部の内容について、筆者も傍線部のあとで「ケイシーは正しい」と述べています。その具体的な理由が「この点」(L51)の指す、遊牧民と定住農民との関係です。「定住農民」は「ヘスティア」に、「遊牧民」は「ヘルメス」に該当することは、**「問題文ナビ」**の内容からもわかりますね。たとえば「ヘルメス」が人と人とのあいだで行われる活動に従事しているとしても、その相手は「ヘルメス」と同様の「遊牧民」とはかぎらず、「ヘスティア」のような「定住農民」である可能性もあります。そのときに農業について語り合う「活動」をするかもしれませんし、「ヘスティア」は知識がありますから、

「ヘルメス」のコミュニケーションに役立つ存在でもありえます。また、両者のあいだで交易が行われることも必要です。

一方「ヘスティア」的な「定住農民」にしても、自分たちの家を作るという「仕事」をするときに、建築に詳しい人の話を聞くという「活動」が必要でしょう。とすれば「ヘスティア」のように定住し物を作る「仕事」と「ヘルメス」のような、人と人との関係を大事にする「活動」とは、一方を排除するような関係ではなく、お互いが足りないところを補っている関係だといえるでしょう。ですから筆者も「ケーシーは正しい」と述べているのです。すると解答としては、今述べた内容に最も近い**①が正解**です。①は「仕事」と「活動」が結びつく様子を示しているので、「相補的」だという傍線部ともうまくつながります。**理由説明問題では、傍線部（の述語）とのつながりも、正解を絞る大事な基準**でしたよ。

〈選択肢チェック〉

②…「遊牧民」と「定住農民」の話は一つの例としてもち出されていると考えられます。こうした例だけで説明すると、たとえば「ヘルメス」が本当にたんなる「遊牧民」ということになってしまい、二つの全体像とその関係を含みきれない、狭い説明になってしまいます。**【文章Ⅰ】**で「ヘルメス」が本当に「遊牧民」であるとは書かれていませんから、その点からも、**【文章Ⅰ】**の内容と食い違う説明です。

③…「動物は運動と休息が共に必要なものである」といえるとしても、「学習された習慣がそれら（＝「運動と休息」）を相互に反復させる」とは**【文章Ⅰ】**に書かれていません。

④…④の説明だと「ヘルメス」が生の側ということになりますが、そのように断定できる根拠が**【文章Ⅰ】**にはありません。

⑤…L52に「ヘスティアとヘルメスの二つの住み方は、二つの身体行動のあり方と対応している」とありますが、⑤の説明だと人間の身体行動を二人が代表しているというだけで、補い合っているという「相補的」である**理由**にはなりません。

梅 POINT 理由説明問題で、問題文に書いてあることでも、傍線部と対応し、〈理由〉になるかを確認すべし。

ということを忘れないでください。

ムズ　解答 ①

問5 傍線部と対応する語句を選ぶ問題

傍線部の「日常性への固執を排し一所不住の志を示した」というのは、〈毎日同じ場所で安らかに暮らしていくということへの固執（＝こだわり）を捨て、同じところに住み続けないという意志を示した〉という意味です。つまりこの言葉は、ヘルメスと同じように〈漂泊〉つまりさすらい、芭蕉《ばしょう》に即していえば、〈旅に生きる〉ということになります。すると旅の記録である『おくのほそ道』の言葉の中から、そうした芭蕉の意志を最も的確に表現しているものを選べばよい問題だとわかります。それをふまえて、選択肢を一つずつ見ていきましょう。

〈選択肢チェック〉

①…「巷《ちまた》」は世間。町中という意味であり、そうした世界と別れることがつらくて涙を流しているということです。これは旅に行くぞという決意を示したものとはいえませんね。

②…〈昔の人も旅で死んだ人が多い〉という意味ですがこれも、この部分だけでは、たんに事実を示しただけで芭蕉の旅への意志が表明されているとはいえません。

③…「漂泊」をしたいなという気持ちが止められないといっているわけですが、だから〈旅に出るぞ〉という決意が示されているわけではありません。これは、〈よし旅に行くぞ〉という段階の一つ前の時点であり、自分の心情を語った言葉だといえるでしょう。ほかにいいものがなければ、これを解答にすることもありえますが、ほかのものを見てみましょう。

④…〈毎日が旅であり、その旅を私の住処《すみか》とする〉という意味です。これならば、芭蕉が〈旅に生きる〉という意志を示した宣言だということができます。よって③よりも④のほうが適切だといえます。なので**正解は④**。

⑤…「道祖神」は**【文章Ⅱ】**の中でも説明されていますが、一般的には、峠などで外からくる悪霊をさえぎる神のことで、のちに旅の神とも考えられるようになりました。この場合は、芭蕉が〈自分を旅の神様が呼んでいる〉といっているのです。ですが、これはまだ自分が〈旅に生きる〉と決意しているわけではないので、正解にはなりません。

解答 ④

問6 話し合いの中の空欄に語句を補充する問題

(i) 話し合いの流れはつぎの通りです。

まず生徒Cが**【文章Ⅱ】**の最後にある「旅の奥義」の意味が「よくわからない」と発言します。「奥義」は〈学問・芸術などの、容易には到達できない重要な事柄〉という意味だから、「旅の奥義」は「旅での重要な事柄」ということだという、言葉の一般的な意味についての共通理解が得られます。

すると、はじめわからないといっていた生徒Cが**【文章Ⅰ】**の筆者が、『旅』の大事さをどんなふうに考えているかってことに関係してくる」んだと理解を一歩進めます。

つぎに生徒Aが、「旅の奥義」という言葉の前の「この神」は「ゼウス」のことであることを確認し、「ゼウス」のように「到《いた》る所を自分の支配下におく神」のもとでは「旅」の大事さはわからないということだと、また理解を一歩進めます。「ゼウス型」と対比されているのは「ヘルメス型」ですから、「ヘルメス型のようなありかた」にこそ、「旅」の重要さが示されているということだという結論にいたり、最初に疑問を示した生徒Cが、［X］と話を締めくくります。

「そうなんだ」とつながる文脈を考えれば、［X］に入るのはヘルメス的なありかたですから、ヘルメスについて書かれた事柄を【文章Ⅱ】から取り出してみましょう。すると「日常の自己から離れ、別世界に没入しようとする」(L1)という箇所に着目できます。同様の表現は「日常性への固執を排し」(傍線部D)、「別世界に赴いた」(L7)などがあります。

こうした内容に最も合致する選択肢は①です。「普段とは違う世界」は「別世界」のことです。「自分のすべてが非日常的な状態になる」というのは、「日常の自己から離れ」るということであり、「すべてが」というのは「没入」した状態を表しています。この程度の**イイカエ**はもう大丈夫ですよね。

〈選択肢チェック〉

②…たしかにヘルメスは「生から死の世界へ導く神」(L10)ですが、それは神話の世界の話です。旅が「あだやおろそかなことであるはずはない(＝いい加減なことではない)」ということをいおうとして紹介されている話です。またその厳しそうな旅と、「ちょっと面白い体験をする」という説明も食い違います。

③…「いっとき抜け出」るという部分が、「別世界に没入しようとする」という表現と一致しません。

④…「日常の自己から離れ」るということは「日常の自分に嫌気《いやけ》がさし」たということと同じだとはいえないので、このように**イイカエ**るのは不適切です。また「新しい世界に行く」理由が「違う自分を探」すことにあるとも断定できません。

(ii) 二つの【文章】の「まとめ」を【話し合い】の空欄に入れる問題

内容合致問題と同じですから一つずつ選択肢を見ていきましょう。ただし「二つの【文章】」が〈共通点〉として、**〈ヘルメスのありかたのほうをよいといっているということ〉**は外さないようにしましょう。

〈選択肢チェック〉

①…「ヘスティアとヘルメスのあり方」は「まったく相反するわけではない」といえますが、「常に日常生活の原則を守」る「ゼウス」と「日常の自己から離れ」ようとする「ヘルメスのあり方」は、「まったく相反する」ものです。

② チョイマヨ …【文章Ⅱ】の最終段落などを見ると全体として

はっきり間違っているというわけではありませんが、この問題は「二つの【文章】」のまとめとして適切なものを選べという問題です。それに対して②には【文章Ⅱ】の内容しか含まれていません。それが致命的な×の理由です。私が意地悪をしているのではなく、こうした問題が出題されることは過去問をやってみてわかりましたよね。気をつけてください。

③…「ヘルメス」と「比較する対象」は「ヘスティア」、「ゼウス」というように異なります。また「ヘルメス」は、定住や日常的な世界に埋没してしまうのではなく、「つねに外に出る」（ⅠのL21）存在です。また【文章Ⅱ】には「日常の自己から離れ、別世界に没入しようとする」（L1）と書かれていますから、「日常とは別の世界に触れ自分が変容すること」になります。そうした「ヘルメス」を「肯定すべき」だというのが二つの【文章】の共通点でしたから、**③が正解**です。

④…前半は正しいといっていいと思います。ですが、「それ（＝定型化した自己）を自ら破壊し再構築していく」という内容は、問題文に明確に書かれていませんし、それが「ヘルメス」のありかただともいえないので、④はヘルメスのほうを肯定するという最も大事な要点も欠けています。

⑤…「一度身につけた文化や日常的習慣は他の場所では役に立たないことは旅に出てみるとよくわかる」という文が不適切です。たしかに【文章Ⅰ】のほうでは、そうしたことがL38に書かれていますが、【文章Ⅱ】では、現代の日本の旅行者はゼウスを神とすると書かれています。ゼウス型は、旅先でも「日常生活の原則を守」るタイプです。するとこうしたタイプは、自分の「日常的習慣は他の場所では役に立たないこと」が「旅に出て」もわからないと考えられます。ですから⑤の前半の説明は、【文章Ⅱ】の内容と食い違います。

解答 (i) ①　ムズ (ii) ③

〈論理的文章〉の最後の問題です。文章がむずかしかったと思いますが、できましたか？　文章がむずかしくなっても**いろいろなところから類似した情報を探し出し結びつける情報収集の力、イイカエについていく表現力、そしてもちろん論理的に読む思考力が大切**なのは変わりません。何回もやってみてください。そしてこれらの力は、つぎの〈文学的文章〉でも必要となる力です。しっかり意識して身につけていってください。

〈文学的文章〉へのアプローチ

解法の注意点・具体的な取り組みかた

1 〈文学的文章〉というジャンルとして出題されるのは、小説・エッセイ・短歌・俳句。それらについての評論（批評文）などです。それらが複数組み合わされて出題されます。

2 設問文にどの作品と結びつけて答えるか、設問文に指示があることが多いので、それをきちんと意識しましょう。

3 問題の中で注意すべきなのは、〈論理的文章〉と同じく、作品同士の関係を問う問題です。一方の作品の内容ともう一方の作品の関連する部分とを結びつける力は、複数の文章の共通点、相違点をつかむ力です。そのために、どの文章も一度最後まで読み、テーマを短い言葉でメモしたり頭の中でまとめましょう。そうしたまとめの問題は最後の問題で出題されることが多いので〈論理的文章〉同様、最後の問題（問6など）を先にチラ見しておいて、すべての【文章】などを読んだらすぐに最後の問題を解くのもいいでしょう。

4 小説では、文中の事物が、文章の中でどのような意味や役割をもつかを問う問題が出題されることもあります。文章全体をふまえて考えていってください。

5 話し合い型の問題での空欄補充は、話しの流れを考えて、空欄補充問題のルールを忘れずに解きましょう。

6 問題文の中で使われている表現をそのまま使って正解が作れるのではなく問題の作成者が作品の中で使われている表現を少しイイカエたり、自分で解釈したりして正解の表現が作られることがあります➡〈○○と書かれているが、これは△△をイイカエているのだな〉という解釈力や自分でイイカエていく力が問われます。

7 語句を含め、文章の表現の特徴が問われることが多いです。表現の方法（修辞法）や、「象徴的」など文章の特徴を表す語句に関する知識を身につけましょう。

8 表現の問題など根拠が明確でない問題は消去法＝〈問題に書いてある書いてないということだけでなく、傍線部と対応しているものを選ぶ方法〉で解きましょう。

そしてP.7に書いてある「二段階のチャレンジ」と「復習しよう」に取り組みましょう。がんばってください。

小説と俳句

2022年度本試験

別冊（問題）p. 60

解答

問題	解答	配点
問1	②・⑥（順不同）	4点×2
問2	①	8点
問3	③	8点
問4	(i) ②　(ii) ①	6点×2
問5	(i) ①　(ii) ⑤	(i)6点、(ii)8点

ムズ 問1、問2、問4(ii)

目標点
38／50点

学習ポイント

退職した「私」が気になっている看板と、そのもち主の若者に対する心理の移り変わりを追いかけましょう。そして**問5**の俳句問題は、**ノート型**です。

問題文ナビ

語句ごくごっくん

L1 **示唆**…それとなく示すこと

L5 **毒突《づ》く**…人を傷つけるようないいかたをする

L30 **肩を聳《そび》やかす**…いばって肩を高くあげる。他を威圧するような大きな態度をとる

L40 **理不尽**…すじみちが通らないこと。また、理屈に合わないことを無理に押し通そうとすること

L41 **謂《いわ》れもない**…根拠がない。身におぼえがない

L42 **面を上げて**…顔を上げて

L44 **罵言《ばげん》**…ののしる言葉

L68 **したたかな**…手ごわくて、思うようにあつかえない

読解のポイント

・「私」は退職し、家にいることが多くなった
↓
・隣の家の息子の小屋に立てかけられた看板の男が気になりはじめた
↓
・妻に相談すると、「隣の息子に看板をどけてくれるよう、

頼んでみたら」といわれたが、どういったらいいのかわからず、いろいろ考えていた
←
・ある日の夕暮れ、散歩の途中で、隣の息子に会い、看板をどうにかしてくれと頼んだが、けなされた
←
・あと味が悪く、その夜中に看板を取ってしまおうと隣の家に侵入したが、看板は予想以上に頑丈で、動かないようにしてあった
←
・あきらめようとしたときに、なぜかあの息子を認めてやりたい気分になった

Ⅰ 窓から見える隣家の看板に描かれた男が気にかかる「私」（リード文＆L1〜L15）

リード文（＝冒頭の設問文中にある、場面や状況についての説明）にあるように、「私」は会社勤めをやめ、家にいることが多くなりました。隣の家の庭にはプレハブ小屋が建ち、帽子をかぶった男が描かれた看板が立てかけられていました。それが徐々に気になりだした「私」は、家の中にいても、その男が自分を見ているように感じます。

妻に相談すると、隣の家に行って「息子に頼んでみたら」（L1）というのですが、看板をどけてほしい理由をどう説明すればいいかわかりません。そして「私」はその男のことが、雀《すずめ》が作物を食べないように見張っている「案山子《かかし》」のように思え、自分はその「案山子」をこわがっている「雀」のように思えてきます。つまり「私」はその男に心理的に押されているわけで、その男がまるで動くものであるかのように、「いつもと同じ場所に立っているのを確かめるまで落着《おちつ》けな」（L11）いのです。電話をかけるとか、あれこれ考えるのですが、変なやつだと思われるのも「恐ろし」く、なにもできずにいました。

Ⅱ 隣家の息子との偶然の出会い（L16〜L44）

ある夕暮れ、散歩に出た「私」は、隣の息子と出会います。彼は「まだ育ち切らぬ柔らかな骨格」（L18）の上に、だらしなく見える服装をしている少年でした。「隣の少年だ」と思った「私」はほとんど無意識に道の反対側にいた少年の前に立っていました。そして看板の男をどけてくれるように頼みます。でも少年は「私」を上から目線で無視するような態度で歩き出そうとするので、もう一度「私」は頼もうとします。すると歩き去ろうとする少年の口から「ジジイ――」（L35）という言葉が聞こえて

きたのです。

一応礼儀を重んじて頼んだつもりの「私」は、それゆえ「中学生の餓鬼」（L39）にののしられて心の「痛み」（傍線部B）を感じます。その痛みを和らげるために、自分が「理不尽」（L40）な申し入れをしたとか、少年の気持ちもわかるとか考えてみるのです。でもそれならきっちり少年は拒絶すればよかったのだ、自分は「雀の論理（＝あの看板の男がこわいからどけてくれという考え）」しかないのだから、黙って引き下がっただろうとも思うのです。そんなことを思うほど、自分の息子より若い少年とのやりとりは、結構「耐え難」いものだったのです。

Ⅲ 隣家に侵入し、看板を撤去しようとする「私」（L45〜ラスト）

その夜、妻が寝たあと、看板がもとのままであるのを確かめた「私」は、隣の家へと向かいます。まるで泥棒のように身をひそめ、「私」は目指す小屋に向かいます。そこで見た看板の男は「平た」い、「ただの板」（L61）であり、「私」が自分の家からこちらを見ていると動揺したものと「同一人物」とは信じられないものでした。「私」がこの看板をどけてくれと頼んでも、少年は〈なんでこんなものを気にするんだ？〉と不思議に思うだけで、話が通じなかったのも「無理はない」と思います。これは看板の男＝「案山子」を、今度は「私」が上から目線で見下ろすような、優位に立った気持ちを表していると考えられます。こんなものにビビっていた自分を〈バカみたいだ〉と「苦笑（＝苦笑い）」し、「案山子」を恐れず、「案山子にとまった雀」は「こんな気分」かもしれないと思うのです（「動悸」はちょっと泥棒みたいなことをしてドキドキしていただけで、「苦笑」しているのですから、看板の男にドキッとしたわけではありません）。

でもその看板に触れてみると、それは「硬質のプラスチック」みたいなもので作られていて、針金とボルトでガッチリ止めてあったのです。それは少年がこの看板を大事にしていることを意味するともいえるでしょう。「私」は「理由はわから」ないけれど、「あ奴《やつ》（＝少年）はあ奴でかなりの覚悟で」看板を立てているのだなと、少年を「認めてやりたいような気分」も「よぎった」のです。〈敵ながら、おぬしやるな〉っていう感じでしょう。

なんでもない日常の中のできごとですが、そこで生じる人間関係や「私」の心の変化がていねいに描かれている小説です。

設問ナビ

問1 「私」の行動の「要因」を問う問題

傍線部には「隣の少年だ、と思うと同時に……ほとんど無意識のように……彼の前に立っていた」と書かれているので、傍線部の行動に、明確な「要因」＝**理由**があったとは考えられません。このときまで「私」が抱き続けてきた気持ちが、こうした行動を「無意識」にとらせたのだと考えられます。

ということは「要因」はそれまでの「私」の「看板の男」に対する気持ちにあるといえます。その気持ちを整理すると、

a　妻に「看板をどかしてくれるように息子に頼んでみたら」といわれたが、どう説明したらいいかわからなかった

b　男が見ているという感じが肌に伝わり、男が同じ場所にいるか、確かめないと落ち着けなかった

c　隣の家に電話をかけ親に頼むということも考えたが、フェアじゃないとも思ったし、親を説得する自信もなかった。

d　親が看板をどかしてくれても相手にどう思われるかわからないし、おかしい人間だと噂《うわさ》を立てられるのは恐ろしかった

というようなことになります。こうした「私」の気持ちをふまえて考えていきますが、問われている「要因」は**理由**と同じですから、〈論理的文章〉の**p.57第4講問3**でもいったように、**理由は傍線部（の述語）とスムーズに結びつくものでなければいけません。だから選択肢を選ぶ基準は、「〜だから。」という選択肢の末尾が傍線部（の述語）と論理的につながるということでした。**このことも意識して選択肢を見ていきましょう。

〈選択肢チェック〉

①…**d**と同じように見えますが、「疑惑」を抱くと考えた「相手」(L14)は「親」と考えるのが自然な文脈です。「少年」だとはいえません。それに「恐ろし」(L15)かったのは「疑惑」ではなく「噂」です。

②…**c**と一致します。それに〈親にいうのは少年に対してフェアじゃないと考えていた〉から、傍線部のように「直接話した」というように、②は傍線部ともスムーズにつながります。なのでこれが**一つ目の正解**。

③…問題文の*L*4に書かれていることですが、これは「私」の看板の男に対する心理です。問題は「私」が少年に直接話をしようとした「要因」ですが、③には少年に関係することが書かれていません。だから問いかけに対応した説明ではない。と同時に、傍線部ともつながらないことに着目してください。

④…③と同じで、少年のことが説明されていないので、解答になりませんし、傍線部ともつながりません。

⑤…傍線部**A**の前に書かれていることですが、「いぶかしく」というのは、〈不思議に。怪しく〉という意味で、「おかしかった」と傍線部の前に書かれていることと食い違います。また、

こうした少年のようすが突発的な「私」の行動を生んだのか、断定する根拠が問題文にはありません。

⑥…前半は**a**と一致します。後半もずっと「私」が願っていたことです。そして〈少年を説得する方法は思いつけないけど、看板はどうにかしてほしいと思っていた〉から、少年を見た途端、とにかくチャンスを逃すまいと、少年の「前に立っ」(＝傍線部)た、という傍線部とのつながりも成り立ちます。なので**⑥が二つ目の正解**。この問題の二つの正解にはそれほど差はありません(⑥のほうがちょっとだけ選びづらい)。でも、

梅POINT **「二つ選べ」という問題では、100点二つ(あるいは0点二つ)ではなくて、ランキングして並べて、上から二つ(あるいは、下から二つ)、というふうに考えよ。**

だからキズがあっても正解になることもあります。柔軟に考えましょう。これは〈論理的文章〉でも同じです。

そして〈論理的文章〉の**p.35 第2講問4**でいった選択肢のランキング…ワースト1～ワースト3のランキングは〈文学的文章〉の問題にも当てはまるので、しっかりランキングして選択肢を選んでください。

ムズ **解答** ②・⑥

問2 傍線部の内容説明問題(表現の読み取り)

傍線部**B**の「身体の底を殴られたような厭《いや》な痛み」という表現は、本当に殴られたわけではないので、「身体」の痛みではありません。精神的な、心の痛みです。ただそれは「底を殴られたような」「厭な痛み」ですから、**〈a 自分の深いところでずっと鈍痛のように続いている痛み〉**だと考えられます。そうした傍線部の意味をふまえて、この「痛み」が生じたプロセスを確認しましょう。傍線部直前には、

b 自分は礼を尽《つ》くして頼んだ

↓

c だがそれを無視された

d 「ジジイ」とののしられて身に応えた

と書かれています。つけ加えれば「無視と捨台詞《すてぜりふ》にも似た罵言(＝「ジジイ」というののしりの言葉)は、彼が息子よりも遥《はる》かに歳《とし》若い少年だけに、やはり耐え難かった」(L44)し、「ひどく後味の悪い夕刻」だった(L38)とも書かれています。

するとこの「苦痛」は**〈e 年若い人間から、自分の存在を無視され、けなされた屈辱感・いやな感じ〉**だといえます。

こうした点から選択肢を見ると、**①が最も今述べた内容に**

近いといえます。「耳を傾けてもらえない」は**c**の「無視」と、「話しかけた際の気遣いも顧みられず」は**b**・**c**と、「暴言を浴びせられ」は**d**と、「存在が根底から否定されたように感じた」「不快感」は**e**と、「解消し難い」は**a**と対応しています。

〈選択肢チェック〉

②…「妻にも言えない」のは「知られたくなかった」（L38）とあるだけで、そこから「孤独」や寂しさが生じたという心理は問題文からは読み取れません。

③…「説得できると見込んでいた」という説明は、「少年にどう説明すればよいのか見当もつかない」と食い違います。「常識」は関係ないし、「いら立ち」という激しさと、傍線部の「底を殴られたような」「厭な」という表現は合致しません。

④…「へりくだった態度で接したために」、少年が「増長」したかはわからないので、この**因果関係は問題あり**ですし、この傍線部の時点で「交渉が絶望的になったと感じ」ていたといえる根拠がありません。

⑤…まず「妻の言葉を真に受け」て、「私」が少年に直接話をしたわけではないことは**問1**でも確認できます。また⑤のようにいうと、「私」が悪いことをして後悔しているかのようですが、これは**a**～**e**の内容と食い違います。それに「一方的な干渉をしてしまった自分」という自己分析は、「厭な痛み」を感じたあとで、それを和らげようと考えたことの一つであり、傍線部自体とは直接関係がありません。

〈文学的文章〉の「どのようなことか」という問題は、傍線部の表現の解釈を求めることが多いので、表現の問題だともいえます。そうなると、この問題のように、問題文にはない表現で正解が作られることが多くなるので、選択肢の表現をしっかり見きわめてください。

ムズ　解答　①

問3　傍線部の「私」の心情についての説明問題

心理を問う問題について、少し説明しておきます。**小説には事実（できごと）→心理（気持ち）→言動（しぐさ、表情、発言、行動）という三つの要素が基本的にあります。**そしてこの三つの要素が、**原因と結果の関係＝因果関係によって結びついていると考えられるところに問題は設定されます。**たとえば〈誰かが死んだ＝**事実**〉→（だから）〈悲しい＝**心理**〉→（だから）〈泣いた＝言動〉、という**因果関係**が成立するところで、〈悲しい〉という**心理**に傍線を引き、その心理が生じた理由である事実や心理の分析を求めたり、〈泣いた〉という**言動**に傍線部を引いて、その言動に至る**心理**や**事実**を問うたりするのです。傍線部が引かれるのは基本的に**心理**か**言動**の部分です。こうした因果関係を読み解くこと、そして**風景描写**、**象徴（登場人物の心情を反**

映した具体物（モノ）を解釈し、はっきり示されていない心理を読み取る、ということができるようになれば、たいていの心理に関する問題はクリアできます。

そして**因果関係**は〈論理〉の基本です。よく小説はセンスだ感覚だ、なんていうけどとんでもない！　小説の問題は〈論理的文章〉以上に〈論理〉的に読まなければなりません。

また問題文に書かれていない心理を問われたら、**事実→（心理）→言動**、というふうに、**事実と言動**で〈はさみ撃ち〉して考えましょう。３＋□＝５となっていたら、□には２しか入りませんね。こんなに簡単ではないですが、三つのあいだの**因果関係**ですから、きちんと推論すれば、妥当な心理が浮上するはずです。〈推論〉ですから、〈論理〉的に考えてください。

もちろんそうした読解をもとに、選択肢を見分けていく力が必要になります。**とくに小説では問題文の表現がそのまま用いられる度合いが評論よりも低くなるので、同義語の知識やイイカエを見抜く解釈力が求められます。**

では今書いたことに基づいて、この設問を解いてみましょう。傍線部のある段落直前までは、〈なんでこんな看板を気にしていたのだろう〉などと、ビビっていた自分を「苦笑」する心の余裕が生まれていました＝**心理**。この**心理**を生み出したのは、看板の男が「ただの板」（L61）だったという**事実**です。

ところが、傍線部のある最終段落では、急に「看板」に対する見方が変わります。それは、「看板の男」に対する見方が変わったからではなく、看板自体のせいです。「ただの板」と思っていた看板は「硬質のプラスチックに似た物体」でできており、しかも小屋の樋《とい》に太い針金とボルトでしっかり固定されていた（＝**事実**）のです。これは昼間、「私」が〈看板をどけてほしい〉といったことに対する少年の〈対策〉なのかもしれません。これを見て、〈これは自分にとって大事な物なんだ、ちょっとやそっとじゃ外せないぞ〉というような少年の気持ち＝**〈a　大事な看板を絶対外させないという「覚悟」〉を感じとりました（＝心理）**。そして「私」は「（少年を）認めてやりたいような気分」（＝傍線部）になったのです。**事実→心理**です。

梅 POINT　心理を問われたら、その心理を生じさせた事実を確認すべし。

「看板」を間近で見たときの、こうした「私」の心情を最も**的確に説明しているのは**③です。「劣化しにくい素材……を目の当たりにした」（＝**事実**）「ことで」（＝**因果関係**）、「少年が何らかの決意をもってそれを設置したことを認め、その心構えについては受け止めたいような思い」（＝**心理**）という部分が、

aの内容と対応しています。また「その心構え」＝「覚悟」、「受け止めたい」＝「認めてやりたい」というように、傍線部とも対応した表現です。こうした心情説明の問題では、

梅POINT 傍線部の心理や心情のイイカエがされている選択肢を評価すべし。

〈選択肢チェック〉

①…「忍び込むには決意を必要とした」のかは、問題文で明確ではありません。だから自分の「決意」を少年の「決意」と結びつけ「共感し」たという解釈も根拠がありません。少年の「覚悟」を感じたのは、硬そうな看板と、それを針金とボルトで取り付けていたからで、そのことと自分の「決意」は、問題文では結びつけられていません。

②…**「問題文ナビ」**でもいいましたが、「私」の気持ちは〈敵ながらやるな〉というような気持ちであり、少年の「覚悟」を認めただけです。「陰ながら応援したい」という、少年の味方になるような気持ちになったかは、問題文からはわかりません。

④…「撤去の難しさを確認した」のではなく、〈撤去させないぞという少年の覚悟を確認した〉のです。それに「状況を受け入れてしまったほうが気が楽になるのではないかという思い」は、「私」の自分に対する「思い」であり、傍線部が「少年」に対する気持ちであることに反するので、傍線部と大ハズレ。上の梅POINTのルールからいって、これは絶対選べません。

⑤…「彼の気持ちを無視して一方的に苦情を申し立てようとしたことを悔やみ、多少なら歩み寄ってもよい」という心情は、問題文からは読み取れません。

解答 ③

問4 人物の呼びかたに表れた「私」の心情を説明する問題

(i) 「少年」の呼びかたに表れている「私」の心情を説明する問題

初めの設問文に「同一の人物や事物が様々に呼び表されている」ことに「着目した」問題だと書かれています。つまり**心理**と呼びかた（＝**言動**）との関係を問う設問だということを確認して、(i)の問題に入ります。

「私」は隣の家の息子を、最初は「少年」と呼んでいましたが、「少年」と初めて会った直後では「礼を尽し」（L39）たのか、「君」（L24）と呼んでいます。ですが、「相手」（L30）である少年が「ジジイ」といった（＝**事実**）あとは怒って（＝**心理**）、「中学生の餓鬼」（L39）と呼んでいます（＝**言動**）。これは「私」がキレたオジさんになったということですから、「感情的」になった、ということです。〈無礼な言葉と態度を向けられた〉（＝**事実**）ために（＝**因果関係**）、「怒り」（＝**心理**）がわき、「君」→

「餓鬼」と呼びかたを変えたこと（＝**言動**）を説明している

②が正解です。

〈選択肢チェック〉

①…「実際に遭遇した」あとでは、「餓鬼」と呼んでいるので、「我が子に向けるような親しみを抱いている」とは考えられません。

③ チョイマヨ …説明の仕方として〈つねに『君』と呼んでいる一方で、内心では『餓鬼』と侮っている〉と説明すると、交渉しているときはいつも「君」と呼びつつ、同時に心の中では「餓鬼」と侮辱していたということになります。でも実際は「君」と呼んだのは一回だけで、そのときと、「餓鬼」という呼びかたをしたときとは別の時点です。なので問題文の内容と食い違います。それに少年の「ジジイ」という発言や無視という行動、つまり「言動」に対しては「餓鬼」といういいかたがなされていると考えていいでしょうが、少年の「外見」には、「おかしかった」（L19）と思っただけで「餓鬼」という呼びかたとは無関係です。

④…「交渉をうまく進めるために」という説明が「礼を尽くし」といっていることと食い違います。また「我が身の老いを強く意識させられたことで」、「彼の若さをうらやんでいる」という心理や因果関係も、問題文に根拠のない説明です。

⑤…「息子よりも遥かに歳若い少年」という呼びかたは「彼の年頃」に関係がありますが、「中学生の餓鬼」というのは「外見から判断」したものではありません。少年が失礼なことをいったことに対する私の反感や怒りを表していることと食い違います。また「親」を意識して「息子」と呼んだかはわからないし、実際に会ったあとは「親」より「少年を強く意識」したというように、「私」の意識を説明する根拠も問題文にはありません。

そしてここではつぎのことも確認しておきます。

梅 POINT 〈文学的文章〉の選択肢でも、因果関係には注意せよ。

(ii)「看板の絵」に対する表現に表れている「私」の心情を説明する問題

「看板」や「看板の男（の絵）」に対する呼びかたを問題文中に拾っていくと、

a 「（裏の男・あの）男」（L8）
b 「映画の看板」（L26）
c 「素敵な絵」（L28）
d 「あのオジサン」（L28）

bは少年に話しかけたとき、**c**・**d**は少年の顔に「警戒の色」が浮かんだときの呼びかたで、あとは最後まで「男」です。ほめるような**c**とけなすような**d**が、少年が反応を示したときの呼びかただということを考えると、少年のようすに過剰に反応し、冷静さを失って（＝**心理**）、呼びかたも混乱している（＝**言動**）といえます。よって**a**～**d**の呼びかたを忠実にたどり、少年との対面で、精神的な「余裕をなくして表現の一貫性を失った」と説明している**①が最も適切**だといえます。

〈選択肢チェック〉

②…看板の男が「少年が憧れている」「映画俳優」なのかは問題文からは読み取れませんが、その俳優に「全面的」な「敬意」を示すのに「あのオジサン」とはいいませんよね。またその呼びかたから「プライドを捨てて卑屈に振るまう様子」は「読み取れ」ません。

③…「妻の前では看板を『案山子』と呼び」とありますが、リード文には「妻に相談するなかで、自分が案山子をどけてくれと頼んでいる雀のようだと感じていた」と書かれているだけです。つまり実際に呼んでいたかはわかりません。それに「あのオジサン」という呼びかたが「親しみを込め」た呼びかただと断定する根拠も問題文にはありません。

④…「人間に見立てている」のはたしかですが、少年の前で「絵」だといった「ため」、「あのオジサン」と呼び直しているという説明はよくわかりません。それが「慌てふためいている様子」だということなのかもしれません。ですが、少年が「警戒の色」を見せた直後の「素敵な絵」（L28）という表現はその警戒を解こうとしてほめているのだと考えられますし、「素敵な絵だけどさ」といっている言葉自体からは「慌てふためいている」ようすは感じられません。「あのオジサン」という呼びかたが「親しみを込め」たものだといえるのか、という疑問は③と同じです。

解答 (i)② ムズ (ii)①

問5 俳句と、「私」の看板に対する認識の変化や心情について説明する問題（ノート型）

【ノート型】の問題は、問題文に関連する内容を、より深く考えていこうとする学習の形を示しています。そしてこの問題では、問題文中に登場する「案山子」と「雀」について調べたという設定です。そのきっかけは「案山子にとまった雀はこんな気分がするだろうか」という二重傍線部です。そこから国語辞典で「案山子」などを調べたというのはある程度普通ですが、そこから「案山子」が季語（俳句で使う季節を表す言葉）になっているから、季語を分類した本「歳時記」まで見て、案山子と雀がセットで出てくる「俳句を探」すという生徒はなかなかレアですね。そうした辞書や歳時記に書かれたことと、問題文中の「案山子」＝〈看板の男〉と「雀」＝「私」に結びつけて、「私」の「看板に対する認識の変化や心情」について考えさせようという問題です。やはり**共通テストの特徴である、〈他のものと結びつけて答える〉問題**ですね。

(i) まず最初は、[X]「看板を家の窓から見ていた時の『私』」と、[Y]「看板に近づいた時の『私』」とに分けて、それぞれを俳句と結びつける問題です。ではいきましょう。

【ノート】には、国語辞典にある案山子の意味が二つ書かれています。㋐は「鳥獣が（田畑に）寄るのをおどし防ぐもの」という意味です。これは「案山子」はこわいと鳥たちに感じてもらえなければ成り立たないことですから、「案山子」＝〈こわいもの〉です。そして**【ノート】**の下のほうにある「●解釈のメモ」を参考に考えれば、「案山子に脅かされて雀が群れ騒ぐ」というⓐの句が国語辞典の㋐と対応しています。

看板を家の中から見ていたときの「私」にとっての「案山子」＝「看板の男」は、とても気になって「こちらを凝視して止《や》まなかった」(8)、「あの男が見ている」(9)というような感じが「肌に伝わっ」てくるような気がしていました。それは案山子をとても気にしている、もっといえば案山子におびえているといってもいいような気持ちが私の中にあったということです。すると[X]には右の国語辞典の㋐、俳句のⓐが対応します。

また国語辞典には、案山子のもう一つの意味として、案山子を「見かけばかりもっともらしくて、役に立たない人」という㋑の意味があると書かれています。それは俳句でいえば、「●解釈のメモ」のⓑに書いてあるように、「雀を追い払えない」ということになるので、ⓑの俳句とつながります。二重傍線部の直前にあるように、「私」が看板に近づいたときには、窓から見たときの男とは「同一人物」とは思えない、「ただの板」だと感じられました。「そんなただの板」におびやかされていたのかと自分でも苦笑いしたと二重傍線部に書かれています。二重傍線部の「案山子にとまった雀」とは、案山子なんかヘッチャラで、平気で案山子にとまった雀、つまり〈心に余裕のできた「私」自身〉です。これは国語辞典の意味でいえば㋑と、俳句でいえばⓑの俳句とつながります。なにせ男は「ただの板」だと「私」は思ったのですから。

すると[X]に入れるのに適当な俳句と国語辞典の説明は**㋐**であり、[Y]に入れるのに適当なのは**㋒**だということになります。**㋐**の「案山子の存在に雀がざわめいている」というのは、「●解釈のメモ」のⓐにあるように、「案山子に脅かされて雀が群れ騒ぐ」というのと同じことです。ですから**X**＝**㋐**、

Y＝(ウ)となっている①が正解です。

(ii) **【ノート】をふまえて「私」の看板に対する認識の変化や心情を問う問題**

右の(i)でも確認しましたが、**〈a 「私」は最初のうちは窓から見える看板の男におびやかされて、とても気にしていたが、実際に看板を見てみる（＝事実）と、その看板の男は「ただの板」でしかないと気づき、こんな看板におびやかされていた自分を振り返り、思わず「苦笑」した〉**という、**事実**に関連して「**認識**」や「**心情**」が「変化」したことが読み取れます。

こうした内容に最も近い⑤**が正解**です。そして(i)の X に選んだ(ア)で取り上げられているⓐの俳句をもとに最初の「私」の様子が説明され、同様に Y に選んだ(ウ)の国語辞典の説明(イ)に基づいて後半の「私」のようすが説明されていることにも着目してください。**(i)の正解と連動している**という点でも、⑤が正しいとわかります。「自分に滑稽さを感じている」というのは二重傍線部の「苦笑」した心情を説明したものです。

〈選択肢チェック〉

①…**a**の内容と合致しません。それに選択肢の前半がⓒの俳句をもとに説明されており、先の(i)の問題と食い違います。

②…①と同様、**a**の内容と合致しませんし、選択肢の前半がⓑの俳句をもとに説明されており、(i)の問題と食い違います。

③…「私」は決意して看板に近づいていったのですから「おそるおそる近づいてみた」といえる根拠が明確とはいえません。また「おそるおそる近づい」たことで「看板の正体を明確に認識し」えたという**因果関係もおかしい**。さらにⓒの俳句をもとに、後半部の「私」を説明していて、先の(i)の問題と食い違います。「自信」も「苦笑」と合致するとはいえません。

そのうえ「自分に自信をもつことができた」という説明が、二重傍線部の「苦笑」したという表現と合致しません。

④…これも「暗闇に紛れて近づいたことにより……発見し」という**因果関係が適切ではありません**。「哀れみを感じている」という説明も、二重傍線部の「苦笑」と食い違います。この問題はそもそも二重傍線部が出発点です。そこにある「苦笑」という**心情を表す言葉のイイカエ・説明が適切がどうかは、選択肢を選ぶときの一つの基準になりますよ**。

この問題では、(i)の正解と(ii)が連動しています。だから(i)で、X と Y に何を入れたかということを忘れずに、**自分の答えに一貫性をもたせてください**。そして①や②に即ダメ出しができるように、**問題同士のつながりを意識**してください。

解答 (i) ① (ii) ⑤

短歌

2017年度モデル問題例

別冊（問題） p. 72

解答

問1	問2	問3	問4	問5
(ア) ③　(イ) ④　(ウ) ①	②・⑤（順不同）	⑤	②	(i) ④　(ii) ③
3点×3	5点×2	8点	8点	5点×2

ムズ 問2、問3、問4、問5(ii)

＊配点は推定

目標点 24／45点

学習ポイント

短歌について論じた**複数のテキスト**が並べられていますが、その二つの【文章】のそれぞれの論点をきちんと理解し、その**二つの論点から短歌**について**話し合い**、短歌がどのように見えてくるか、を考えることが求められています。

問題文ナビ

語句ごくごっくん

【文章Ⅰ】

L1 **五感**…視覚・聴覚・嗅覚・味覚・触覚という五つの感覚。感覚全体をまとめていう際にも用いられる

L5 **象徴的**… p.63 語句「象徴」参照

L5 **観念的**…頭の中だけで考えていて、現実離れしているさま

L12 **肉感的**…生々しい肉体を感じさせるさま

【文章Ⅱ】

L8 **飛礫**《つぶて》…投げられた小石

L8 **受苦**…苦しみを受けること。宗教では、信仰のために〈苦しみをあえて受け取ること〉をも意味する

読解のポイント

【文章Ⅰ】触覚を歌った歌

とは、世界の中で生きている自分を確認することだ

・他者を含め、多様なものに触れながら生きている自分を確かめ直す歌が面白い

ひとことテーマ

触覚により自分のありかたを再確認するような歌に興味を覚える。

I-1「触れる」ことで自己を確認する（L1～L20）

高村光太郎は、「触覚」が「五感」の中で最も「根源的」であるといいましたが、あまりにも日常でいろんなものに「触れる」せいか、私たちの生が、「触覚」という「根源的」な感覚にもとづいていることを私たちは忘れがちです。

短歌でも、「触覚が本当に生きている歌」はそんなに多くない、と筆者はいいます。が、「触れる」という言葉自体は「やさしさに触れる」など、〈感じる〉という代わりに使います。それは〈感じる〉を「触れる」と置き換えているので「象徴的」です。またそのときの「触れる」は実際に触れたわけではないので、現実とは違うという意味で「観念的」だともいえます。

そんな中で、河野裕子の短歌を、筆者は「触覚の生きた歌」として引用します。その短歌に用いられた「ぞくりぞくり」という言葉や、「ひやひやと」「足《あな》うらに唇《くち》あるごとく落椿《おちつばき》踏む」という表現は、「なまなまし」く、「肉感的」で「リアル」です。人間の「皮膚」は、私たちの周りの「世界」との「境目」です。自分の肉体を通して「世界」に触れることを「全力で味わうかのような」（L14）歌だと筆者はいいます。

これ以外にも触覚を詠《よ》んだ短歌が引用され、「何かに触れることは、生きている自分自身を確かめ直すことなのだなと思う」（L19）と筆者は述べています。

I-2 他者に「触れる」ことで自己を確認する（L21～ラスト）

ものや自分に触れることで、自分の「輪郭（＝ありかた）」を確かめ直すということを人間はします。そして他人に「触れる」ことでも同じことが生じます。「介護、出産、子育てなど家族との時間のなかで」（L23）は、他人の身体に触れることが多いでしょう。あるいは、恋人の髪に触れるときにも。

そうした情景を詠んだ松平盟子の短歌では、「君の髪」に十本の指を差し入れて、「君」を「引きよせる」ときの「柔《やわらか》く冷たい感触」が、「時雨《しぐれ》の音の束《たば》」と喩《たと》えられています。「触覚」と「音」とを結びつけるという「アクロバティック（＝ここでは、大胆な試み、というほどの意味）」（L29）な表現によって、「触覚」がより強調され、それとともに「『君』の儚《はかな》さが切なく立ち上

がってくる」(L28)と筆者はいいます。筆者はこの歌を、なんらかの〈別れ〉のイメージと結びつけているのかもしれませんね。

また千種創一の「いちじくの冷たさへ指めりこんで」は、「いちじく」の生命に触れた瞬間をとらえた短歌です。「指」が「めりこんで」という状態は、「いちじく」の生命を奪う瞬間でもあります。筆者も「めりこんで」という「動詞」が効果的だと述べていますが、たしかにそこには生命を奪う「怖れや気味の悪さ」が表現されているといえるでしょう。それゆえそこには「日常の破れ目が見えるような怖さ」(L37)、つまり平穏な日常が壊れて不気味なものに出会う怖さが漂います。いちじくに対して、「ごめん」と謝っている言葉は、同時にいちじくの「命」を、気味の悪さゆえに「拒絶」する言葉でもあるのです。

このように、日常の何気ない場面が「触覚」を経ることで、「ひりひりと」(L39)焼けつくようにリアルに「印象づけられ」ます。触覚は、写真や録音などで保存できる「視覚」や「聴覚」の体験と違い、「一回」きりの「『記録』できない」体験です。そんな「触覚」を再現しようという歌、また多様なものに触れながら生きている自分のありかたを「新鮮に確かめ直すような歌が面白い」(L42)と筆者は最後に述べています。

つけ加えておきますが、この最後の一文の文末は「ではないだろうか」となっています。

〈論理的文章〉第3講p.45の梅POINTでもいいましたが、**打ち消しを伴う「〜ではない(だろう)か」などは強調表現**ですから、傍線を引くなどして、しっかりチェックしましょう。

【文章Ⅱ】聴覚にうったえる歌

読解のポイント

・斎藤茂吉の短歌は、読む人を「音」に集中させて異次元へと誘う歌だ

↓

・北原白秋や若山牧水の短歌は、歌全体が響きそのものになって拡《ひろ》がっていく

ひとことテーマ

感嘆すべき聴覚の歌がある。

Ⅱ-1 茂吉の歌 (L1〜L9)

筆者が感動せずにはいられなかった歌として、まずあげているのが斎藤茂吉の歌です。それは真っ暗な部屋の中を飛ぶ蠅《はえ》が、「障子《しやうじ》にあたる音《おと》」を描写した歌です。筆者は、「音」には「質量(=重さ)」があり、その蠅が障子に当たるという「受苦」

の「音」が感じられるといいます。

Ⅱ－2 白秋と牧水の歌（L11〜ラスト）

北原白秋は、「降誕祭（＝クリスマス）前夜」に「揺りかへり鳴る」「ニコライ堂」の鐘の音を、「大きあり小さきあり小さきあり大きあり」と詠《うた》いました。

また若山牧水は、太陽が輝くまっ青な空に、「浸《し》み」ていくように響く海鳴りの音を詠いました。牧水も白秋同様、「青々と海鳴るあはれ青き海鳴る」という繰り返しの表現を用いながら、「海から空へとひろがる青の空間」（L23）を創造しました。

そして二人の歌は、繰り返しだけが似ているのではありません。「揺れる鐘」も「空《そら》の日」も、視覚的に創造されていますし、牧水の歌には「青の空間」が生まれました。ですが、彼らの「言葉の組み立て」つまり言葉のつらなり（＝歌全体）は、空間として知覚される「三次元的」（L26）なものではないと筆者は述べています。「三次元」は平面ではなく、奥行きがある空間です。空間は広がりがあるから、目で見わたすことができる、つまり視覚が活躍する。でも筆者は、ここでは「歌全体が聴覚と化し」（L27）ているというのです。つまり歌自体が響きを聴こうとしているかのようであり、言葉によって表現された響きそのものが人間を包み、人間はもはや歌を鑑賞する主体（＝意志や意識をもった存在）ではなく、人間も空間も、響き自体に包まれて同化し、響きが中心となっている、ということでしょう。「読者」が視覚を刺激されることはあっても、それを禁じるように、歌は「響きそのものになって拡がっていく」（L27）のです。そこには聴覚だけがあり、視覚が活躍する三次元的空間はない。ここでは、「（三次元）空間」があると、視覚的なイメージを呼び起こすと筆者は考えています。そうした空間が消えることで、視覚的要素はなくなり、聴覚だけになるのです。

これに対して、先の茂吉の歌は違うと筆者はいいます。茂吉の歌も「音」を描いています。ですが、茂吉の歌では、蠅の「音」にすべてが「集中」していきます。読者をも包み込んで拡がっていく白秋たちの響きに対して、一点に「集中」していく「音」です。そして茂吉の「耳」も読者の「耳」も、その「音」の行方《ゆくえ》を追います。つまりそこには「音」を聴く主体としての人間がいます。「耳は『音』に集中して」（L29）と書かれた「耳」とは、歌の世界の音に聴き入る人間の「耳」です。白秋たちの歌では人間が消えましたが、茂吉の歌では「音」に集中する人間がいるのです。そこが違います。そして「音」に集中するために、蠅が飛んでいる三次元の「空間」が意識されてはいけない。だから、茂吉は「暗い部屋」を「真っ黒に塗りつぶし」（L29）、三次元の「空間」を消しました。そして、「音」だけの世界＝「異次元」が誕生したのです。

つまり、白秋と牧水の歌は、歌自体が「聴覚」となったような、人間が音と同化した拡がりのある世界ですが、茂吉の歌には、「音」に集中する人間が存在する。人間がいるかどうか、拡がりと集中、そこが違う。また白秋らの歌には「三次元空間」を意識して「視覚」を働かせる余地はない。同様に茂吉の歌でも「音」を描くために、蠅が飛ぶ「三次元空間」をできるだけ意識から消すために、暗黒に塗りつぶした。だから視覚的イメージを導く空間はなく、どちらも「聴覚」の歌。これは三つの歌に共通します。

☆白秋・牧水の歌と茂吉の歌の相違点

白秋・牧水の歌＝歌そのものが聴覚として拡がり、人間もそこには存在しない

⇔

茂吉の歌＝「音」に集中し、聴覚を働かせる人間がいる

★白秋・牧水の歌と茂吉の歌の共通点…聴覚のみ・三次元空間なし→視覚的要素なし

設問ナビ

問1 語句問題

語句問題があれば、問題文を読む前に解いてください。

(ア)「琴線に触れる」は、〈心の奥底に秘めた心情を刺激し、感動や共感などを生じさせること。**第4講問1参照**〉。なので**正解は③**。①「安堵《あんど》」、②「失望」・「落胆」、④「動揺」・「困惑」、⑤「怒り」は、「共感」と食い違う感情なので×。

(イ)の「時雨」は〈晩秋から初冬にかけて、降ったりやんだりする雨〉のこと。だから**正解は④**です。

(ウ)「感嘆おくあたわざる」は少し古めかしいいいかたですが、漢字で書くと「措《お》く（＝やめる）能《あた》わざる」で、〈やめることができない〉となります。つまり全体では〈感嘆（＝感動）をやめるわけにはいかない〉＝〈感嘆せざるをえない〉となります。ということで**正解は①**。②・③だと「感嘆」しなくなるので逆。④・⑤も「感嘆」したりしなかったりということになり、〈感嘆せざるをえない〉という意味と異なります。

語句の問題は、基本的には知識問題で、辞書に載っている意味が正解になります。文脈に合わせて考えると間違うことがあります。意味がわからないときは仕方ないから、文脈で考えますが、右のことは忘れないでください。

解答 (ア)③　(イ)④　(ウ)①

問2 空欄補充問題

空欄1の前は、L26の松平盟子の歌に関する説明なので、空欄とは関係がありません。1・2の歌については、千種創一の歌と合わせて、千種の歌のあとに、コメントがまとめられています。このことは「それぞれ」(L37)という表現があることからもわかります。つまり**「生きている／生きていた命に触ることは……怖さがある」**(a・L37)という二文が**まとめ**であり、歌が**例**だと考えて、この設問を解くべきです。

梅POINT 具体例や引用とまとめ(抽象)はイコールと心得よ。

また【文章Ⅰ】が「触覚」を歌った短歌を取り上げていることと(b)も忘れないように。こうした観点から選択肢の歌を一つずつ見ていきましょう。

〈選択肢チェック〉

①「触覚」に関する表現がなく、aに結びつくものもナシ。

②ちょっとブキミですが、「ぬめっとる(＝ヌメヌメしている)」や「ゆびが魚をつきやぶるまで」が「触覚」を表現(b)していますし、命に触れる怖さを感じさせ、aとも一致します。また魚をさばいて料理をしているのだとすれば、「日常」(L37)を描いているともいえます。よってこれが**一つ目の正解**。

③ チョイマヨ 「触れること」を文字通り歌っています。ただaは描かれていません。〈蛾《が》で遊ぶなんて、気持ち悪い!〉と思った人もいるかもしれませんが、作者は「遊ぶ」といっているので、aの「怖れや気味の悪さ」と合致しません。

④a・b両方に関連がありません。

⑤は「挽《ひ》き肉に指入るる」という表現が②と似ていますね。②と同じく「触れる」ことと関連しています。また「今も目つむる」という表現は、「生きていた命(＝「挽き肉」)に触る」ときの「怖れや気味の悪さ(a)」から生じる動作を表していると解釈できます。それに、これは「料理」をしているのでしょうから、「日常」です。⑤が**二つ目の正解**です。②と⑤を並べると、同じような内容なので、バランスもいいです。

⑥はやはりaの内容や「触れる」ことと関連がありません。

ムズ 解答 ②・⑤

問3 【文章Ⅰ】のテーマを問う主旨判定問題

この設問が問うている「触覚」は、【文章Ⅰ】の「主旨(＝一番大事なこと)」です。この種の問題は、内容合致(趣旨判定)問題と同じように、**消去法**で解きましょう。

梅POINT 消去法でも、問題文(傍線部)の内容や表現、設問文の問いかけや条件と対応しているものを選ぶべし。

それから、〈文学的文章〉では、問題文の表現をそのまま使わないことも多いので、**語い力や解釈力をつけないといけない**のでした。地道なことですが、がんばってください。

「問題文ナビ」で、**【文章Ⅰ】**のテーマである「触覚」についてまとめたときに書いたことはつぎの二つです。

a　何かに触れることは、世界の中で生きている自分を確認することだ

b　他者を含め、多様なものに触れながら生きている自分を確かめ直す歌が面白い

aは*L*19に、**b**は*L*42に書いてあります。これらを念頭に置いて、選択肢を見ていきましょう。

〈選択肢チェック〉

① チョイマヨ 「恐怖感や不気味さを克服」、「真の姿を知る」という部分が、**【文章Ⅰ】**にナシ。「日常の破れ目が見える」(*L*37)という記述がありましたが、それは何かを「克服」したあとに見えるものではないし、「破れ目が見える」だけであり、「真の姿」が見えるとは問題文に書かれていません。**a・b**もないです。

② チョイマヨ 「たった一度の経験」や「記憶」という表現が「一回性」「『記録』」(*L*41)と似ていますが、「『記録』できない」(*L*41)のが「触覚」なので、「記録する媒体に頼ることなく」は×。この説明だと触覚は「記録」できるかのようです。「記憶し続けること」が「触覚」だ、も本文にナシ。

③「自他が一体化した感覚を強く意識する」という内容が、**【文章Ⅰ】**にナシ。**a・b**もないです。

④「対象の本質に深くせまろうとする」という内容が、**【文章Ⅰ】**にナシ。**a・b**もないです。

⑤「直接触れる実体験を通して」が、「触覚」は「実際の体験と切り離せない」(*L*41)と合致します。また「何気ない生活場面」を「捉え直す」は、「日常の破れ目が見える」(*L*37)の内容を**イイカエ**たものだといえます。さらに「自らの存在を鮮明に捉え直す」は、**b**が書かれている*L*42の「(さまざまなものに触れながら)生きている自分の輪郭を新鮮に確かめ直す」と合致するし、**a**の内容と重なります。よって**⑤が正解**。少し**イイカエ**がキツイのでむずかしかったと思います。 ムズ

解答 ⑤

問4 傍線部の内容説明問題

「問題文ナビ」Ⅱ－2でも触れましたが、白秋と牧水の歌の共通点は

a　繰り返しの手法を用いていること

b　三次元的ではなく、歌全体が聴覚と化し、響きそのものになって拡がっていくこと

でした。このことは傍線部(エ)の前とあとの部分から確認できることです。するとこうした内容と最も対応している②**が正解**です。「知覚した音の響きそのものが言語化され」、「音の拡りが表現されている」というのは、白秋と牧水の知覚した音の「響きそのもの」が歌の言葉となり（＝「言語化」）、「歌全体」が「響きそのものになって拡がっていく」という、bの内容が書かれているL27と一致します。**問3**もそうでしたが、**〈共通テスト〉では、問題文の表現をイイカエて正解の選択肢が作られることが多い**のでしたね。すると、

梅POINT　問題文の表現と選択肢の表現のズレについて、問題文の表現をイイカエたもの（＝○）か、本当に問題文にない（＝ナシ）か、を判断することが重要と心得よ。

なので、しつこいけれど○かナシかを見分けるための語い力と解釈力を身につけ、多くの言葉を覚えるためにも、たくさん問題をこなしましょう。

話をもどすと、白秋について書かれた「言葉そのものが鐘の響きとなっている」（L15）はbへとまとめられる箇所ですから、この部分を補助的な根拠としてもよいでしょう。また「リフレイン」とは〈繰り返し〉のことで、「効果的に使う」は、牧水の歌について述べた「繰り返しが絶妙だ」（L23）などと対応します。

〈選択肢チェック〉

①「視覚に変換され」が×。**「問題文ナビ」Ⅱ－2**でも書いたように、彼らの歌は「聴覚」そのものであり、「視覚」は排除されています。

③「比喩表現を効果的に用い」という部分がナシ。また、「異次元」は茂吉の歌の説明に使われている語句です。それに「空間」は「視覚」に結びつくから、**対比が混乱**しています。それに、聴覚的な白秋たちの歌には無関係です。

梅POINT　対比のある文章で、対比をごちゃまぜにしている選択肢はワースト1と心得よ。

④白秋と牧水の歌が「対句を効果的に用い」ている、という内容は**【文章Ⅱ】**に書かれていません。「立体感ある情景」も「視覚」的な空間の説明となり、①同様×。

⑤は「視覚に変換され」という説明が①と同じ理由で×。「対句を効果的に用い」が④と同じく×です。「対句」は、構造が似ている二つの語句を対比させることであり、たんなる「繰り返し」とは違います。

ムズ　**解答**　②

問5 短歌の鑑賞問題

まず**【生徒たちの会話】**を簡単にまとめておきましょう。

茂吉の「死に近き……」という歌について話し合い、**生徒A**が、茂吉の歌と、**【文章Ⅰ】**で述べられた「触覚」や**【文章Ⅱ】**で述べられた「聴覚」との関わりについて話します。これに関して**生徒B**が「触覚」と関わる語として、歌の中の「添寝」という語をあげます。

生徒Cは「かはづ（＝蛙）」の声を取り上げ、**【文章Ⅱ】**の「聴覚」と茂吉の歌との関わりについて述べます。

そのあと、**生徒A**が「母と『かはづ』が同時に詠まれている意味」について疑問を発します。**生徒B**がそれを受けて、「しんしんと」という言葉の、二つの意味を示します。そして**生徒C**は茂吉の短歌が静けさに満ちた情景を詠っていると述べ、**生徒B**は「しんしんと」というのは、「作者の痛切な思いが身にしみ入っていく様子を表現」するものだといいます。

そして最後に**生徒A**が茂吉の歌を「生と死を象徴的に表した歌」だとまとめる、という流れ。あとでもいいますが、**同じ発言者のいったことは、つないで見ていく**ようにしましょう。では問題に入りましょう。

(i) **空欄ア**には**【文章Ⅰ】**の言葉が入ります。なぜでしょう?

この ア を含む部分は**生徒B**の発言です。彼の最初の発言を見てください。「『触覚』を連想させる言葉は『添寝』ですね」です。そして**【文章Ⅰ】**のテーマは「触覚」でした。つまりここに**【文章Ⅰ】**の「一文」を入れなさい、というのは、**〈α「添寝」に関連する「触覚」に最も関係のある「一文」を入れなさい〉**という意味なのです。

そして、

梅 POINT 設問文は重要なヒントと心得よ。

梅 POINT 対話型の問題では、その発言者がほかでいっていることのつながりもチェックせよ。

また ア に入るものは、**「しんしんと」の【意味2】と関連すること（β）**、つまり**「母の死を覚悟した作者の痛切な思いが身にしみ入っていく様子を表現している」こと（γ）**と関連した内容です。

このようなことを考えて選択肢を見てみると、**④が正解**だとわかります。④は**【文章Ⅰ】**の*L*21に書かれていますが、「命の輪郭をなぞり直す」の「命」や「他者の命」を「母」の命と考えれば、母に「添寝」という形で触れ（＝「触覚」）、その死を自分の身に感じながら、母の生死を見極めようとする茂吉の姿と重なると考えられ、**α～γ**に最も合致するからです。

〈選択肢チェック〉

①「触覚」の歌の量を論じており、**α・β**と合致しません。

②**α・β**に対応する内容がありません。

③これは河野裕子の歌に用いられた「ぞくりぞくり」という表現についてのコメントです。これが茂吉の「身にしみ入っていく」「痛切な思い」や彼が用いた「しんしんと」に当てはまる説明だと判断する根拠がありません。だから**α・β**と関連するとも断定できません。

⑤「触覚」が「記録」できないことと、**α・β**は関係ナシ。

なおかつ④以外のものを空欄に入れても、空欄の前後の内容とうまくつながりません。〈論理的文章〉の**p.62第4講問6**の梅POINTでもいいましたが、**空欄補充問題では、まず空欄の前後とのつながりを重視してください。**

(ii) 生徒たちの話の出発点は、最初の**生徒A**の発言からわかるように、茂吉の歌を、**「触覚」と「聴覚」との両方に関連する歌である、と理解すること**（**a**）でした。また**「触覚」は「添寝」という表現に、「聴覚」は「かはづ」の鳴き声に関連すること**（**b**）が**生徒B**、**生徒C**の一回目の発言からわかります。そして「しんしんと」という言葉の二つの意味を探っていくうちに、**「死に近い母」に「添寝」する作者の「身にしみ入っていく」「触覚」に結びつく思い**（**生徒B**の一回目と三回目の発言）**が、「聴覚」に訴える「『かはづ』の生にあふれた声」**（**生徒C**の最初の発言）**と対《つい》になっていることが理解できた**（**c**）、というのが、この「会話」の内容です。**生徒A**が二回目の発言で、なぜ「母と『かはづ』が同時に詠まれている」のかと問うていました。**同じ発言者の発言のつながりは大事でしたね。**そしてそれに対する答えが**生徒A**自身が最後に述べているように、「生と死を象徴的（母や「かはづ」に置き換えて暗示的に）に表した歌」という部分です。[イ]のあとの「考えることができました」といういいかたを見ても、みんなと話して何かわかったっていう感じですね。これが共通テストが望む授業。そしてこの**生徒A**の答えは、会話のまとめとしていわれていますから、**c**の内容とイコールでもあります。[イ]もこの答えにつながっていくところにあるので、**生と死（かはづと母の命）とに関連するもの**（**d**）だと考えられます。そしてこれらはつぎのようにまとめることができます。

【文章Ⅰ】の**「触覚」**＝「しんしんと」の**【意味2】「身にしみ通る」**＝添寝する**母の死**を覚悟する茂吉の身にしみ入っていく思い

7

＋
【文章Ⅱ】の**「聴覚」**＝「しんしんと」の**【意味1】「静まりかえる」**＝その中で聞こえる**「かはづ」の生**にあふれた声

↓

〈生と死を象徴的に表した歌〉

このように、母とかはづが同時に詠まれているのは、生と死がともに存在する世界を描こうとしたからです。そして右のまとめのように、二つの**【文章】**の内容と生徒の話し合い、そして茂吉の歌がすべてつながっていることも確認してください。よってこれらと最も合致する選択肢が正解ということになります。それは③です。「添寝」と「かはづの声」について説明している点が**a・b・d**と、「母の命」と「かはづの声とを対比させる」という部分が**c**と合致します。

〈選択肢チェック〉

①「添寝」＝「空間的」という説明は、正しくは「触覚的」となるべきで、**a**と**b**に合致しません。**c**もないです。

② チョイマヨ **c**だけを説明していて、**b**についての説明がありません。また「重ね合わせる」という表現は、「母の命」と「かはづ」を同じもののように解釈しているとも読めます。「母」はあくまで「死」の側に、「かはづ」は「生」の側にいるのです。そうでなければ、「生と死を象徴」する歌になりません。③の**「対比」**という表現のほうが適切です。

④「自己の視点を」「遠田に転換させる」という内容が、二つの**【文章】**や「会話」からは読み取れません。**a・c**もナシ。

⑤ ア の2行前に「部屋の中や屋外が静まりかえって」とあるように、「静けさ」は「部屋」だけにかぎりません。また「静けさ」を「強調させる」と説明すると、「聴覚」が中心となり、「触覚」の話が薄まり、**a・b**と食い違うことになります。「母」は「添寝」＝「触覚」のほうなのに、「静けさ」＝聴覚と結びついています。**c**もありません。

選択肢が似通っていて、判断しにくかったと思うので、ムズ にしました。

解答 (i) ⑤ ムズ (ii) ③

8 文学 小説とポスター

2023年度本試験

別冊（問題） p. 83

解答

問1	問2	問3	問4	問5	問6	問7
①	⑤	⑤	①	①	④	(i) ③ (ii) ②
5点	6点	6点	6点	7点	7点	(i)6点、(ii)7点

ムズ 問4、問5

＊参考：実施時発表の平均点は23.2点

目標点 36/50点

学習ポイント

【資料】も含め、「私」の**心理**を、**事実**と**言動**との関連から論理的に考えていく**【メモ型】問題**。とくに「焼けビル」が何を象徴しているか、という**問7**(ii)の設問は大事です。

問題文ナビ

語句ごくごっくん

L3 **加味**…別の要素を取り入れること

L9 **臨席**…ある人物が会合や式に出ることをかしこまっていう表現

L26 **胸におちる**…納得する

L32 **憂国**…国の現状や将来を心配すること

L32 **至情**…この上ない誠実な気持ち

L33 **掌《てのひら》をかえす**…急に言葉や態度などが変わること

L33 **啓蒙《けいもう》**…P.28 **語句「啓蒙」参照**

L55 **邪険**…意地悪くむごい扱いをするさま

L59 **去来する**…行ったり来たりすること

L81 **危惧**…危ぶむこと。不安

L92 **象徴**…P.63 **語句「象徴」参照**

読解のポイント

・「私」はいつも空腹を抱えていたが、広告会社に採用された

←

・「大東京の将来」というテーマの看板広告として食べ物があふれた街を会議で示したが、まったく否定された

←

⇔

・憂鬱《ゆううつ》な会社からの帰り道で、悲惨な夕食を食べながら、これからどうなるのかわからず、身震いをした

←

・月末に自分の給料が日給でたった三円であることを知り、静かな怒りとともに会社を辞めた

←

・人並みの暮らしをすることが絶望的になったとき、むしろ新しい生活を求める勇気を胸に感じた

←

・ふりかえると、会社が入っている焼けビルが「飢えの季節」の象徴のように、悲しくそそり立っていた

ひとこと要約

飢えの中で生きる「私」の絶望と希望。

I 「私」の看板広告の構想と会社の状況（L1〜L36）

リード文にあるように、時代は第二次世界大戦の終結直後、つまり一九四五年の秋か冬あたり。東京の人々は食糧難の中にあり「私」もその一人でした。でも「私」は広告会社に採用されて仕事を得ました。問題文のあとのほうに書かれているように、「私」はこの会社からもらう給料によって、人並みの生活ができると考えていたのです。そして「大東京の将来」をテーマにした看板広告の構想を練るようにと命じられます。

「私」が考えた構想は、町中に食べ物があふれ、「散歩する都民たち」(L3)が食べ物を頬張《ほおば》りながら歩いてくという構想でした。それは、いつも空腹の状態にあった「私」の「夢」(L5)が込められているものであり、「大東京の将来」として、人々の共感を得るものだと思いました。

でもそれを提出した編輯《へんしゅう》会議の席上で、「私」の構想の評価はメチャクチャ悪いものでした。中でも戦争中「情報局と手を組んで」仕事をしていたという会長は、「こんなものを街頭展に出して、一体何のためになる」(L13)んだと「私」を非難しま

した。結局彼がいう「大東京の将来」という看板広告は、今みんなが必要としているものをアピールし、それに関わる会社の名前を出して、宣伝費をもらい金儲《もう》けをするという、とても現実的なものでした。これが戦争中からの会長の仕事のやりかたなんだと「私」は思いました。そして「私」は「腹が立ってきた」（**傍線部B**）のです。それは会長にではなく「大東京の将来」などというテーマで街頭展示会をやるというのが、たんなる儲け仕事にすぎないことを見抜けず、素直に自分自身の夢をもとにした構想を作ってしまった、「自分の間抜けさ加減」（L36）に対する怒りでした。

Ⅱ 会社からの帰り道で思ったこと（L37～L66）

会議のあと、会社を出た「私」は、「憂鬱《ゆううつ》な顔」をしていました。でもそれは、会議で自分の構想をけなされたり、自分に腹を立てたことが理由ではありませんでした。たんに「腹がへっている」（L39）ことが理由でした。フードロスという言葉が聞かれる現代では考えられないような食糧不足だったのでしょう。

そのとき「私」は、「私」と同じように飢えている老人に呼び止められます。彼は「旦那」、「たった一食」でいいから、「めぐんでやってください」というのです。老人は「外套《がいとう》も着て」（L44）おらず、上着の袖から出た手は驚くほどに細かったし、震えていて「立っていることも精いっぱい」というありさまでした。そして老人の骨ばった指が「私」の外套の袖《そで》にからみました。「私」は「私」よりも飢えているかもしれない老人に対し何もできない「苦痛」（L46）を耐え忍びながら、老人の指を振りはらいました。そして「ないんだよ。僕も一食ずつしか食べていないんだ……とても分けてあげられないんだよ」と老人に話します。それでも老人は食い下がり、「私」に「お願いです」と頭を下げるのです。「私」は自分のほうが頭を下げてお願いしたいような気持ちだと感じました。もうこれ以上自分を苦しめないでくれ、と願いたかった。それは〈私も食事を人にあげられる状態ではないから、私に食べものをめぐんでくれなどといわないでくれ（あるいは、私にこそめぐんでくれ）〉と願いたかったのでしょう。でも最後には「無いといったら無いよ」と、「自分でもおどろくほど邪険な（＝意地悪くむごい）口調で」（**傍線部C**）老人を突き放すようにいったのです。

その後、「私」はある食堂のかたい椅子に腰かけ、「変な臭いのする魚の煮付と芋まじりの少量の飯をぼそぼそと噛《か》んでい」（L57）ました。そして何度も胸を熱くするものがこみ上げてきて、「食物の味もわからない」ほどでした。その「私」の心に「去来」していたのは、「私」を取り巻く人々のようすでした。裕福な下宿のあるじ、会長、庶務課長、「腐った芋の弁当」を食べている同僚、電車の中で「私」を押してくる勤め人たち、さっきの老人、それら多くの「構図（ここでは、イメージ・姿という程度の意味）」、そして朝起きてから食べ物のことばかり妄想して芋や柿を盗んでいる「私」自身——そうした姿が「私」の胸を熱くするのです。こんな「日常」が続いていくことがたまらなかった。そしてその先に、どんな「結末」（L64）が待ち受けているかと思うと、身ぶるいする程だったのです。

ふと「私」は外套の背中に寒さがもたれかかってくるような感じがしました。そしてもう月末が近づいており、あの会社に勤め出してから二十日以上がたっていることに気づくのです。

Ⅲ　会社を辞めた絶望と、胸に芽ばえた勇気（L68〜ラスト）

Ⅱのラストに「月末が近づいている」と書いてあったことと、Ⅲは時間的に連動しており、Ⅲは月末の給料日の場面から始まります。そしてこの日、「私」は自分の給料が、月給制ではなく、一日ごと三円という日給だということを知ったのです。それを庶務課長からいわれたときの「私」の「衝動（＝衝撃・ショック）」（L76）はとても大きいものでした。しかも、これからもしばらくのあいだは見習い社員で、実力次第でどんどん昇給させるから頑張れ、というのが庶務課長の話でした。その上庶務課長は、「私」に対して「期待」（L73）しているといったのです。「私」は庶務課長の声を聞きながら。「私」の一日の給料三円が、一食分のお金でしかないことをぼんやりと考えていました。日給三円と聞かされたときのショックはすぐ消えてしまいましたが、その代わりに「私」の体中にゆっくり広がっていったのは、「静かな怒り」（L76）でした。そして「私」は、すでにこの会社を辞める決心を固めていました。それを口にしたとき、なぜと課長が問うので、「私」は「一日三円では食えないのです」と率直に答えました。そのとき「ここを辞めたらどうなるか」という危惧（＝不安）が「私」をふとよぎるのがわかりました。でも「私」は、そんな不安があるとしても、もうどうにもならない、ここにいても食えないのだから、自分の道を切り開いていくほかはない、と考えます。今思いつく「新しい生き方」（L83）は、鞄《かばん》の中のいろいろな物を非合法で売ったり買ったりすることでしたが、「私」に食事をくれといった老人のように、自分も外套を「抵当（＝食事代の代わり）」にして食事を乞《こ》うという方法だってある」と「私」は思います。そのとき「君にはほんとに期待していたのだがなあ」（L87）という庶務課長の声が聞こえます。その言葉を聞いたとき、「期待」していたのは、庶務課長よりもむしろ「私」なのだ、「私」はどんなに「人並みな暮《くら》し」ができる給料を期待していただろう、と思います。ただただ静かな生活を望んでいたのに、それが今、絶望的に不可能であることをはっきり「私」は悟ったのです。でもその瞬間、「私」は「ある勇気」(**傍線部F**)が胸に湧いてくるのを感じました。この「勇気」とは、非合法の商売や物乞いだってする、とにかく「新しい生き方」を自分で求めていくのだという思いでしょう。期待していたものが何も得られなかったという絶望の中でこそ、つぎに向かう勇気が湧いてきたのです。絶望が勇気をくれたのです。そして「私」はこの「焼けビル」から去ることになりました。ふりかえるとその「焼けビル」は「私の飢えの季節」を具体的に示すように、「かなしくそそり立って」いました。

設問ナビ

問1 傍線部の「私」の様子を説明する問題

「問題文ナビ」でもいったように、「私」は採用された広告会社で、「大東京の将来」というテーマの看板広告として、いつも飢えている「私」の夢を込め食べ物にあふれる東京を構想しました。そしてそれは飢えた東京の人々の共感を得るはずだと「私」は思い、**「すこしは晴れがましい気持」**(7)(**a**)でした。

ですが、**「私」の構想は全く評価されません**(**b**)でした。会長は「こんなもの……一体何のためになると思うんだね」とまでいって**批判しました**(**c**)。

問題は、この会長の言葉を聞いたあとの「私」の「あわて」ぶりを説明することを求めています。すると**a→b→c**という、ここまでのプロセスを最も正確にたどっている①**が正解**だといえます。「理解を得ようとしている」というのは、傍線部とそのあとに書かれているように、自分の行動を「(あわてて)説明し」ていることと合致します。

〈選択肢チェック〉

②…会議に出る前から「会長も出席する」とわかっていたのかは、問題文からは判断できません。それに「会議の場で成果をあげて認められよう」という気持ちがあったとも問題文には書かれていません。ワースト2ランクの選択肢ですね。

③…「街頭展に出す目的を明確にイメージできていなかったことを悟り」という部分が不適切。「私」は東京の人たちが飢えることがないような看板を提案したのですから、「明確なイメージ」はあったといえるでしょうし、この傍線部時点でそんなことを「悟」ったり、「自分の未熟さにあきれ……その場を取り繕おうとしている」と判断する根拠が問題文にはありません。これもワースト2。

④…「都民の現実を見誤っていたことに……気づき、気まずさを解消しようとしている」という説明も、問題文に根拠がありません。前半と後半が、「ことで」という因果関係でつながっ

ているのもおかしい。ワースト2＋ワースト3。

⑤…「会長からテーマとの関連不足を指摘されて」が不適切。この時点で会長が、「私」の提案の何を問題にしてるのかはわかりません。「私」が「テーマとの関連不足を指摘され」たと思ったとも判断できません。これもワースト2ランク。 解答 ①

問2 「私」が「腹が立ってきた」理由を説明する問題

「私」が「だんだん腹が立ってきた」**理由**は、傍線部のあとに書かれています。「侮辱され」てくやしかったのでもなく、お金を得ようとする会社の「営利精神」を憎んだのでもなく、そして周囲の人間の「冷笑」でもなく、「ただただ私は自分の間抜けさ加減に腹を立てていた」(a)と書かれています。そして、

梅POINT 理由はさかのぼれるところまでさかのぼるべし。

です。では、今なぜ「私」は自分を「間抜け」と感じたのですか？ そのことは傍線部の前に書いてあります。会長が「戦争中情報局と手を組んでこんな仕事（＝表向きは人々のためにいいことをしているように見せながら、本当はお金儲けしか考えていない仕事）をやっていた」(L31)ことを前から聞いており、この仕事もたんなる儲け仕事にすぎないことは、少し考えればわかるはずだったのに、それを考えず見抜けなかった自分が「間抜け」だと思ったのです。「間抜け」とは〈頭の働かない人〉のことですから、**「少し考えれば判る」ことが考えられなかった自分を「間抜け」と思い、自分に腹を立てている**(a)のです。

そうした内容に対応している**正解は⑤**です。「私」の構想には「私のさまざまな夢」(L5)が込められていましたし、「晴れがましい気持でもあった」(L7)のだからと「誇りをもって」いたという説明は問題文と対応するといえます。「だけ」という限定が気にはなりますが、他の選択肢と比較してみれば、⑤が妥当だといえます。

〈選択肢チェック〉

①…たしかに会社の掲げた「理想」の「真意」はお金儲けだったわけですから、それを「理解」できなかったと考えれば、前半は正しいともいえます。ですが、「私」は自分の夢をもとに都民のためを思って提案したのですから「自らの欲望を優先させた」わけではありません。それに「自分の浅ましさ」というのも問題文から読み取れないし、aと合致しません。

②…この会社は戦時中もお金儲けを目的にしていたのですから、「戦時中には国家的慈善事業を行っていた会社」という説明が不適切です。また「暴利をむさぼるような経営」に「自分が加担させられていること」を「自覚して反発」し、腹を立

てたのではありません。理由は**a**です。

③…この会長の会社は、戦時中も戦後もずっと営利を追求しているわけですから、「戦後に営利を追求するようになった」という説明は不適切です。また「会長があきれるような提案しかできなかった自分の無能さがつくづく恥ずかしくなって」腹を立てたというのは、**a**と一致しません。

④…「自分の安直な（＝手間をかけず、簡単に行った）姿勢に自嘲（＝自分をバカにして笑うこと）の念が少しずつ湧いてき」て自分に腹を立てたという説明も、**a**と一致しません。

解答 ⑤

問3 傍線部に至る「私」の心の動きを説明する問題

傍線部に至る「『私』の心の動き＝**心理**」を整理すると以下のようになります。

a 会議のことよりも、腹がへって「憂鬱」だった

b 食べ物をほしがる老人と出会い、食べ物をあげたいけれどあげられない自分を、これ以上苦しめないでほしいと願った

そして傍線部とその直後にあるように、「邪険な口調で」「誰か他の人にでも頼みな」といったのです。これは、**自分にはどうしようもない事態に耐えられず、思わず冷静さを失い、この状態を終わらせたいと思い、冷たい態度を取った**（言動 **c**）、と考えられます。こうした推測は、何度もこいねがう老人に対して「これ以上自分を苦しめて呉れるな」とまで思ったこととの関係で考えれば、論理的に妥当な推測だといえます。すると**正解は⑤**になります。「苦痛を感じながら」が**b**と、「すがりつく老爺《ろうや》の必死の態度に接し、彼に向き合うことから逃れたい衝動に駆られた」という説明は、〈思わず冷静さを失い、この状態を終わらせたいと思い〉（**c**）と対応します。

〈選択肢チェック〉

①…「自分より、老爺の飢えのほうが深刻だと痛感した」という説明が不適切です。傍線部直前には「老爺よりもどんなに私の方が頭を下げて（食事を人にあげられる状態ではないから、私に食べものをめぐんでくれなどといわないでくれ（あるいは私にこそめぐんでくれ）と）願いたかったことだろう」と書かれています。そのことと食い違います。問題文にナシと考えてもOK。

②…「周りの視線を気にしてそれもできない自分へのいらだち」という部分が問題文からは断定できない説明です。たしかに「あたりに人眼がなければ私はひざまずいて」（L53）とありますが、「それ（＝頭を下げ、許しを乞うこと）」ができない自

分に「いらだちを募らせた」ということは問題文からは読み取れません。

③…「食物をねだり続ける老爺に自分にはない厚かましさも感じた」ということが問題文には書かれていません。

④…「私」の「後ろめたさに付け込」もうという意識が老人にあったかどうかは、問題文からは断定できないことです。

①〜④は、問題文に書いていないことが書いてあるという点で、すべてワースト2ランクです。　**解答** ⑤

問4　傍線部の「私」の「状況と心理」を説明する問題

設問文の「状況」というのは〈そのときのようす〉という意味ですから、**事実**（＝できごと）も含みます。その**事実**として、**「私」は食堂で悲惨な食事をしているところであり、「私」を取り巻く人々の姿が頭に浮かんでいます**（**a**）。

心理としては、一日中**「食物のことばかり妄想し、こそ泥のように芋や柿をかすめている私自身の姿」を思い、こんな日々が続いていった先に、どんな恐ろしい結末があるのかと思っている**（**b**）、ということです。そして「私」は「結末」を考えて、傍線部のように身ぶるいした（＝**言動**）のです。

すると、「貧富の差が如実に現れる周囲の人びとの姿」という部分が**a**と、「自らの貧しく惨めな姿も浮かび、食物への思いにとらわれていることを自覚した『私』は農作物を盗むような生活の先にある自身の将来に思い至った」という部分が**b**と対応している①**が正解**です。「貧富の差が如実に現れる周囲の人びと」というのは、「毎日白い御飯を腹いっぱいに詰め、鶏にまで白米をやる下宿のあるじ」と、腐った弁当を食べている長山さん、ただ一食の物乞いに上着を脱ごうとした老爺らの人々との格差のことです。「自覚した」というのは毎日食物のことしか考えていない「私自身の姿がそこにあるわけであった」という自分に対する認識と対応している表現です。

②…「私」は周りにいる豊かな人や貧しい人など、さまざまな人たちを頭に浮かべたのですから「ぜいたくに暮らす人びとの存在に気づいた」という説明は適切ではありません。また「農作物を生活の糧にする」と説明すると、農家でもしているかのようで、「こそ泥のように芋や柿をかすめている」と思っていることや**b**と食い違います。さらに「自分は厳しい現実を直視できていないと認識した」ということは問題文からは読み取れません。ワースト2クラスです。

③…「私」が周囲の豊かな人や貧しい人々のことを頭に思い浮かべたことと、「したたかに生きる人びとに思いを巡らせた」という説明が食い違います。また「私」自身の飢えに苦しむ生きかたを、「不器用な生き方」と表現するのも**イイカエ**と

して適切ではありません。

④チョイマヨ…問題文に書いてあることと似てはいますが、今「社会の構造にやっと思い至った」のかは問題文からは判断できません。また「二十日以上経ってもその構造から抜け出せない」と書かれていますが、傍線部の時点で、会社に入って「二十日以上」が経っているということを思ったとも断定できません。「二十日以上も経っているわけであった」と書かれている傍線部直後を読むと、傍線部のような思いがあったのち、「二十日以上も経っている」と考えたと読むほうが妥当だと考えられます。それに「抜け出せない」という「その構造」の「その」は、④の選択肢の中の「富める人もいれば貧しい人もいる」という「構造」です。「私」が抜け出したいのは〈飢える日常〉からです。こうした「構造」からではありません。

⑤…「社会の動向を広く認識できていなかった自分を見つめ直した」という内容は、問題文からは読み取れません。ワースト2クラスです。

ムズ 解答 ①

問5 傍線部の〈発言〉の内容を説明する問題

ちょっと問いかたがぼやーっとしていて、何を答えたらよいのか、わかりづらい設問なので、消去法で解いていきましょう。

〈選択肢チェック〉

①チョイマヨ…「不本意な業務も受け入れていた」という説明は妥当なのか迷うところですが、看板広告の「構想のたてなおしを命ぜられて、それを引受《ひきう》けたのであった。しかしそれならそれでよかった。給料さえ貰《もら》えれば始めから私は何でもやるつもりでいた」(L37)という部分を読むと、あれほど会長に非難されたのに、やり直しも給料さえ貰えればいい、と考えているのですから、「満足に食べていくため不本意な業務も受け入れていた」という説明は許容できると考えられます。ただしもっとよい選択肢があればそちらと比較することになるでしょう。「あまりにも薄給であること(=給料が少ないこと)に承服できず(=納得がいかず)」という部分は、「日給」であること、それも「一日三円」であることに、「静かな怒り」(L76)を感じていたことと一致します。「将来的な待遇改善や今までの評価が問題ではなく」という部分は、庶務課長がいっている「昇給」などにまったく反応していないことと一致します。また「現在の飢えを解消できないことが決め手となって退職することを淡々と伝えた」という説明は、傍線部E直前に「一日三円では

食べないのです」と書かれていることや、「満足に食べて行けないなら、私は他に新しい生き方を求めるよりなかった」（L83）と書かれていることと一致します。そして「淡々と」という部分が大事です。表現の問題だからです。「怒り」を感じていながらも「私」は「やはり良くないことだと思うんです」と、まるで相手をさとすようなていねいな言葉遣いをしています。これは「怒り」を抑え、感情を外に出さないようすを示しています。「淡々」は〈静かに落ち着いて〉という意味なので、「私」の話しかたを適切に表現しています。

②…「営利主義が想定外の薄給にまで波及していると知り」という説明が問題文には書いていないことです。また「課長の態度にも不信感を抱いた」という心理も、「ずるい視線」という表現だけで、このように説明するのは適切とはいえません。そしてダメ押しが「感情的に（＝感情をあらわにして）反論した」という説明です。①の「淡々」と「感情的」はほぼ真逆といっていいでしょうが、傍線部のいいかたは「感情的」ではありません。これはワースト1クラスです。すると②はワースト2＋ワースト1で正解にはなりません。

③…「課長に正論を述べても仕方がないと諦め」たという心理が問題文からは読み取れません。また「ぞんざい」というのは、〈荒っぽくいい加減〉という意味であり、傍線部のいいかたと一致しません。③もワースト2＋ワースト1です。

④ チョイマヨ …「月給ではなく日給であることに怒りを覚え」と説明していますが、「三円」という給料の額にも「怒り」を覚えたことは、傍線部直前で「一日三円では食えないのです」といっていることからもわかります。そのことが含まれていない点で不十分な説明といえます。また「課長に何を言っても正当な評価は得られないと感じて」いたかどうかも問題文からは断定できません。また傍線部のいいかたは「ぶっきらぼう」とはいえません。少し迷った人もいると思いますが、④もワースト2＋ワースト1です。

⑤…「有効な議論を展開するだけの余裕もない」という説明が問題文に根拠のある説明ではありません。また「私」は会社を辞める「決心をかためていた」（L76）のだから、傍線部の発言は「負け惜しみのような主張を絞り出」したものではなく、思っていたことをいっただけです。するとやはり①が最もマシな選択肢だといえます。

ムズ **解答** ①

問6 傍線部の「私」の心情を説明する問題

傍線部に関連する**事実**と**心理**を整理してみましょう。

a （事実） 人間らしい暮らしをするには、あまりに低い給料を

提示され、会社を辞めることを庶務課長に告げた

↓

b（心理）　そのときここを辞めたらどうなるかという危惧が心をかすめたが、「私」は自分の道を切りひらいてゆくしかないと思い、新しい生き方を求めようと思った

この〈新しい生き方を求める〉ということが、傍線部の「勇気」と対応していると考えられます。

すると**正解は④**です。④の「人並みの暮らしができる給料を期待していたが、その願いが断たれたことで現在の会社勤めを辞める決意をし」という説明は、傍線部直前に書かれていることや**a**と合致します。また「懸念（＝気がかり）」は**b**の「危惧」の**イイカエ**。「気力が湧き起こってきている」という部分も、傍線部の「勇気が……胸にのぼってくる」という表現を**イイカエ**たものです。

〈選択肢チェック〉

①…「その給料では食べていけないと主張できたことにより」「自由に生きようと徐々に思い始めている」という因果関係は、問題文からは読み取れません。ワースト3ランクです。

②…「課長に言われた言葉を思い出すことにより」「自信が芽生えてきている」という因果関係は、問題文からは読み取れません。また、「自信」と「勇気」は同じとはいえないので、傍線部後半の**イイカエ**として不適切です。

③…「昇給の可能性もあるとの上司の言葉はありがたかった」という説明が、課長が話しているとき、「一日の給料」のことを考えていた「私」の心理と食い違います。ワースト1クラスです。また「物乞いをしてでも生きていこうと決意を固めている」という説明が適切とはいえません。「私」は「外套を抵当にして食を乞う方法も残っているに相違なかった」（L85）と思っただけで、そうしようと「決意」したわけではありません。

⑤…「課長が自分に期待していた事実があることに自信を得て」という内容が問題文には書かれていません。ワースト2ランク。それに「気楽になっている」という表現は「勇気が……胸にのぼってくる」ことの**イイカエ**にはなりません。

解答 ④

問7 生徒の書いた【文章】の中の空欄を補充する問題

まず設問文を確認し、Wさんは**【資料】**を参考に「マツダランプの広告」と本文の「焼けビル」との共通点をふまえて「私」の「飢え」を考察することにした、と書かれていることを頭に入れておいてください。**共通テストらしい〈つなぐ〉問題**です。

(i)【文章】の中の空欄Ⅰに補充する文を選ぶ問題

［Ⅰ］は、「マツダランプの広告」と本文の「焼けビル」との共通点を入れる問題です。そのことは【文章】の［Ⅰ］の直前に「共通点がある」とあり、［Ⅰ］の直後に「この共通点は」とある前後のつながりからわかりますね。

ではその「共通点」とはどんなことでしょうか？ 設問文に「【資料】を参考に」とあったことを思い出してください。【資料】である「マツダランプの広告」の左横に「●補足」とあり、そこには「戦時中」はもちろん、「戦後」も「物が不足していた」と書かれています。そしてWさんの書いた【文章】の冒頭にも「【資料】のマツダランプの広告は、戦後も物資が不足している社会状況を表している」と書かれています。つまり「マツダランプの広告」を見てWさんが注目したのは、戦争中の広告に少し手を入れると戦後にもその広告が使えるほど、**〈a 戦争中も戦後も「物が不足」していた〉**、つまり**〈b 戦争中と戦後が似た状態にあった〉**ということです。

「焼けビル」については【構想メモ】の中に「『焼けビル』（本文末尾）」とあります。本文末尾の「焼けビル」は「私の飢えの季節の象徴のようにかなしくそそり立っていた」と書かれています。「焼けビル」は「飢えの季節の象徴」なので、**a**とも関連するし、注に「戦災で焼け残ったビル」と説明されているので、戦争中からあり戦後も残っているということになりますから、**b**にも当てはまります。

また【文章】の［Ⅰ］のあとを見ると「この共通点は、本文の会長の仕事のやり方とも重なる」と書かれています。会長は「戦争中情報局と手を組んでこんな仕事をやっていた」（L31）と書かれていますから、会長の仕事のやりかたは、戦争中も戦後も変わらない＝**b**ということになります。会長の戦後の仕事も「材木」の「不足」（L17）など「物の不足」＝**a**と関連しています。

これらの情報だけでは、**a**と**b**のどちらが「マツダランプの広告」と「焼けビル」の共通点なのかが決まらないので、**選択肢を見てみましょう。選択肢を味方につけることも共通テストでは大事**でしたね。

すると①「戦時下の軍事的圧力の影響」、②「戦時下に生じた倹約の精神」が戦後も残っているということは問題文には書かれていません。また④「戦時下の国家貢献を重視する方針」は会長の仕事ぶりには当てはまるかもしれませんが、今問われている「マツダランプの広告」は「御家庭用は尠《すく》なく」なる、つまり〈電球は戦争に関連した施設を中心に使われる〉という戦時中に関わる部分を意識的に削除しているわけですから、「国家」の陰が消されているし、「焼けビル」と国家は関連が不明なので、④は正解にはなりません。

それらに対し、③の「戦時下に存在した事物が、終戦に伴い社会が変化する中（＝戦後）においても生き延びている」という内容は**b**と一致します。よってWさんが見出した「マツダランプの広告」と「焼けビル」の共通点は**b**であり、(i)の**正解は③**となります。

共通テストはいろいろなところを見なくてはなりませんね。

梅POINT 設問文をよく読み、示された【資料】や【メモ】などもしっかりチェックすべし。

(ii) **【文章】の中の空欄Ⅱに補充する文を選ぶ問題**

Ⅱ は「私」の「飢え」と「焼けビル」との関係を示す語句が入ります。そのことについては Ⅱ の前に、「改めて【資料】を参考に、本文の最後の一文に注目して『私』の『飢え』について考察する」と書かれていることからわかります。「本文の最後の一文」には「焼けビル」が「かなしくそそり立っていた」と書かれていますし、それは「私の飢えの季節の象徴」だったのです。「象徴」は〈具体的なもので抽象的なものを置き換え、示すこと。またその具体物〉という意味でした。すると「本文の最後の一文」に書いてあることと合致する**②が正解**となります。「継続している」というのは、問題文からも読み取れますが、**【文章】**に「広告」と「焼けビル」には共通点があるとあり、「改めて**【資料】**を参考に」すると、**【資料】**の「●補足」には「戦後も物が不足していた」と書かれていますし、戦争中も戦後も同じ状況が続いていることは(i)で確認しました。だから「継続している」と書かれているのです。なおかつこれは(i)とつながる内容です。こうしたところで**解答を一貫させなければならない**ことは**p.89第6講問5**にも書きました。せっかくのヒントです。そして何の「象徴」かを読み取る問題は、小説の読解として大切です。

〈選択肢チェック〉

①…「会社」の象徴だというのは、「飢えの季節の象徴」と書かれている「本文の最後の一文に注目」という**【文章】**の条件と合致しません。

③…「飢えた生活」「との決別の象徴」というのは、「私」の「飢え」はまだ解消されていないし、「**【資料】**を参考に」「本文の最後の一文に注目して」という Ⅱ の前の部分に書かれた条件と一致しません。

④…「本文の最後の一文」で「焼けビル」は「かなしく」立っているのですから、「勇気を得たことの象徴」にはなりません。

解答 (i) ③ (ii) ②

9 文学

詩とエッセイ

試行調査問題

別冊（問題） p. 96

解答

問1	問2	問3	問4	問5	問6
(ア) ⑤ 39.8% (イ) ④ 39.4% (ウ) ③ 39.1%	② 59.5%	④ 64.7%	② 46.8%	④ 55.1%	(i) ② 22.1% (ii) ① 33.7%
2点×3	8点	6点	6点	7点	6点×2

＊解答の下の%は実施時発表の正答率

ムズ 問1(ア)～(ウ)、問4、問6(i)

＊参考：実施時発表の平均点は23.2点（50点満点）

目標点 26/45点

学習ポイント

複数のテキストや資料をつなぐことが大切だと**P.77**の「〈文学的文章〉へのアプローチ」に書きましたが、この問題では、詩とエッセイをつなぐ設問は**問2**だけです。この設問をクリアしましょう。それと、選択肢が「エッセイ」の表現を**イイカエ**た形で出てきます。その**イイカエを理解できるか**、がカギを握っています。

問題文ナビ

語句ごくごっくん

【詩】

不遜…思い上がっているさま

【エッセイ】

L2 **颯爽《さっそう》と**…態度・行動がきりっとしていて活気に満ちているさま

L7 **生理**…生物が生きていくことに伴うさまざまな現象

I 詩「紙」

読解のポイント

○「紙」…人間よりも長く世界に残るもの

⇔

●〈人間〉…「こころ」も「いのち」も、「紙」よりも早くほろびる

・それでも何かを思い、表現しようとする、有限ないのちをもつ人間の営みを讃《たた》えよう

「愛ののこした紙片」とはたとえば、ラブレターかもしれません。その「紙」は、それを書いた恋人の「肉体」を離れて送られた相手の手元に残っています。**第3連**（詩の一つずつのブロックを〈連〉と数えます）に「こころより長もちすることの不思議」と書かれているので、それを書いた恋人にも（あるいは作者自身にも）、相手に対する恋愛感情は、もはやないのでしょう。

第4連冒頭に「いのち　といふ不遜」と書かれています。「紙よりほろびやすい」（**第4連**）「いのち」なのに、人間（作者）は表現を行う（詩を書く）。まるで「いのち」の有限さを表現によって超えていこうとするかのように「紙」に書き記す。だから人間は「不遜」なのです。

ですが、生きているからこそ、「いのち」があるからこそ、人間は何かを思い、それを「紙」に書き記すのです。たとえその思いが消え、愛が失われたとしても。たとえ思いを書いた「紙」よりも早く、自分がこの世から消えたとしても。

たしかに「紙」のように「死」物として、感情ももたずに生きれば、「何も失はないですむ」（**第5連**）かもしれません。それでも、やはり人間は死ぬまで何かを思い、表現するでしょう。それゆえ作者は「いのち」が、「紙」のように「黄ば」んで死ぬ（＝「いのちでないものに近づく」）（**最終連**）まであり続けるだろう人間の「愛」や表現の証《あかし》である「紙片（詩なども含む）」を讃え、それらに対して「乾杯！」というのです。

Ⅱ　エッセイ「永遠の百合《ゆり》」

読解のポイント

1　自然を超えて枯れない花＝永遠の作品を造ることが創作ということだ

⇔

2　いのちあるものは死ぬという真理からすれば、作品の「いのち」も作家のいのちと同様、有限でよい

＊作品の永遠性（1）と有限性（2）の間で揺れ動く、筆者の思い

ひとことテーマ

有限な人間と作品の永遠性。

Ⅱ-1　友だちの造った「百合」（1～3）

何か意味のあるものを生み出す（=「生産的」）というほどのものではないですが、「優雅な手すさび（=退屈をまぎらわすためにすること）」は、「何百年も」、「涙」（L2）を流し、抑圧されてきた女性に対する見返り（=代わりの報酬）のように、女性の特権として与えられてきたともいえます。筆者はその一つとして、「アート・フラワー」をあげています。筆者は「アート・フラワー」の「百合」を「去年の夏」に友だちからもらいました。それはいわゆる「造花」で、生花ではないので、「匂わない」。「百合」は春から夏にかけて咲く花です。だから生花ならば、たしかに「秋」にはもう見なくなるでしょう。だから友だちは「秋になったら捨てて」といったのです。

でもそれは〈造花〉です。だったら捨てる必要はありません。筆者は友だちが、まるで「造花」を生花であるかのように考えている気がして、「びっくり」したのです。

そして友だちが「捨てて」といったのは、自分の造った花が自然の「百合」に似ても似つかないものであることを「恥じて」いるための「謙虚」（L5）さの表れなのか、それとも「造花」を自然の生花「そっくり」に造ったという「傲慢」さゆえなのか、ただカッコつけていった「キザ」な言葉なのか、と思いをめぐらします。

人間が「自然（=「花」）を真似《まね》る」とき、「自然を超える自信」（L6）がもてないとしたら、その「百合」は結局は「にせもの（=似せもの=偽物）」です。それでも「心こめてにせものを造る人たち」には、結局「ほんものにかなわない」という「いじらし」い気持ちと、どうせ造るなら自然の「生理（=この場合でいえば、百合は秋までもたない、ということ）」まで「似せ」ようとする「思い上がり」（L7）=「傲慢」とが一緒にあるのかもしれません。「百合」をくれた友だちにもその両方があると、筆者は思ったとも考えられます。

Ⅱ-2　「つくる」ということ（4～ラスト）

「枯れない」花はにせものです。でも「それを知りつつ」、にせものの「枯れない花」を造るのが「つくるということ」だと筆者はいいます。つまり自分の造るものは、自然そのものではないと自覚しながらも、L10にあるように、「花より美しい花（=自然を超える人工の美）」を造り出すこと、これが「つくるということ」だと筆者はいうのです。「造花」は枯れることができない。でも逆にいえば「枯れない」という点で、「自然を超える」ことができるのです。

「どこかで花を超えるもの」とは〈自然を超えるもの〉です。造花は枯れない、だからそれは有限ないのちをもつ人間が目指す「永遠」でもあります。「永遠」を「めざす時」だけ、自然を「真似る」＝にせものを造る、という「不遜な行為は許される」のです。そこには永遠を夢見る人間の切実な思いがあるからでしょう。そして筆者が「昂奮《こうふん》して」きたのは、自分の仕事である創作の本質（＝「永遠」をめざすこと）と、「造花」について考えてきたことがだんだん重なってきたからでしょう。

「絵画」も「ことば」も「一瞬を永遠のなかに定着する作業（＝一瞬の美や感動を長く存在するものにする営み）」(L14)だと筆者はいいます。もちろん「表現」の頼りなさに比べ、人間が見たり嗅いだりしたものは、たしかに現実に「在るという重み（＝存在感）」をもちます。その「重み」をもち実在するものを、どこかで「超える何かに変える」、あるいはそのものの本来の本質的な姿に「もどす」営みが、「描く」こと、表現することなのです。それを「夢」見て、筆者も表現を試みているのでしょう。「ことばによって私の一瞬を枯れない花にすることができたら」(L17)という思いは、「ことば」によって「永遠」を求める筆者の切実な願いなのです（「手」を「ノリだらけにしている」というのは、自分の表現活動を、アート・フラワーを造っている様子に喩《たと》えているのだと考えられます）。

ですが筆者はここで、ふと友だちの想《おも》いが少し理解できた気になります。自分の造った「百合」を「秋になったら捨てて」といった友だちも、永遠を目指しながらも、自分と自分の造ったものを「いのち」あるもの、有限なものと見なして、あのようにいったのではないか、たしかに「死なないものはいのちではない」。永遠に残る作品を願うのは、作品から「いのち」を奪うことになるのではないか、そんな想いが筆者を襲ったのだと思います。そして「『私の』永遠（＝私自身と私の作品の永遠性）」(L18)は、「私のような古風な感性」が「絶滅する」「三十年」ほどでよい、と思い直すのです。

ここには前半の「枯れない花を造るのが、つくるということ」(L9)だという筆者の考えとは、異なる考えが示されています。つまり、作品は筆者の「いのち」と同じく有限なものだからこそ、生きているといえるのだ、という考えです。だから不可解だった友だちの言葉が、〈造られたものの有限な「いのち」を大切にするために、「捨てて（＝死なせてあげて）」〉という意味を含んでいるように思えて理解できる気がしたのです。

でも、そう考えた筆者でしたが、結局友だちのくれた「百合」を捨てませんでした。「死なないものはいのちではない」と思い、作品の永遠性を放棄したはずだったのに、やはり作品というものは長く存在してほしいと思ったのかもしれません。そして、そう考えた自分が「うしろめたく」思えるのでしょう。エッセイの表現では「百合」が「造ったもの（＝友人、自分、広くいえばものを造る人間）の分までうしろめたく蒼ざめ」ていると書かれています。ですが、友人の造った意図や「捨てて」といった言葉に反しているから、「うしろめたく蒼ざめ」ていると考えれば、この「うしろめた」さは、捨てない自分の「うしろめた」さでもあるでしょう。そして「百合」を「造ったもの」である友だちの意に反したことをしているので、友だちのことを思うと一層「うしろめたく」なるのです。そして「百合」は「死ねない」まま、つまり「枯れない」ままあり続けます。

ここには、永遠に残る作品を造りたいという思いと、有限の存在である人間が造るものは有限でよいという思いのあいだで揺れる、筆者のありようを見て取ることができると思います。

エッセイは読解がむずかしいです。評論のように論理をたどっていけば何かが見える、という文章もありますが、今回の文章のように、相反するようなことが書かれていても、それを筆者の立場に立ち、どのように考えれば理解できるか、を探っていかなければなりません。ただエッセイは、基本的には一つのテーマについて論じているものです。

梅 POINT エッセイは全体のテーマを読み取り、それについての筆者の思いや見方の揺れを柔軟に受け止め、イメージや連想の展開をたどっていくことを意識するべし。

設問ナビ

問1 語句問題

まず、問題文を読む前に、語句問題があれば先に解くのでしたね。そしてこうした**語句問題はあくまで辞書的な意味が優先**です。意味がわからないときは文脈で考えるしかないですが、文脈に合わせすぎると間違えてしまうことがあるので要注意。

(ア)「いぶかる」（＝訝る）は、〈疑わしく思う。不審に思う〉。なので**正解は⑤**。①「うるさく」、②「誇らしく」、③「冷静に」、④「気の毒に」が、全部「いぶかる」のもともとの意味と食い違います（正答率＝**p.114**上段 解答 内参照）。

(イ)「手すさび」は〈退屈をまぎらわそうとして何かをすること〉。「手遊び」とも書くことからもわかるように、〈たいして意味のない遊び・手慰《てなぐさ》み〉のことをいいます。なので**正解は④**。「必要に迫られたものではない」という部分が〈退屈しのぎ〉や〈たいして意味のない〉ということと合致します。

①「癖」、②「創作」、③「訓練」、⑤「見返り（＝報酬）」は、すべて「手すさび」のもとの意味と食い違います。

(ウ)「いじらしさ」は〈弱い者や幼い者が、精一杯努力しているさまをけなげだ、いたわしいと感じること〉。「いたわしい」というのは「同情を誘う」とほぼイコールです。なので**正解は③**。①は「自足（＝満ち足りていること）」、②は「自ら蔑み萎縮」、④は「配慮を忘れない周到な（＝細かいところまで行き届いているさま）」が「いじらしさ」の意味と食い違います。⑤は チョイマヨ ですが「いじらしさ」を感じる対象は〈精一杯努力している者〉であり、「見るに堪えない」「悲痛」な様子をいつも示しているわけではないので、正解にはなりません。まぎらわしい選択肢はあまりないのに、非常に正答率が低いです。

解答 ムズ (ア)⑤　ムズ (イ)④　ムズ (ウ)③

問2 傍線部の理由説明問題

「エッセイの内容を踏まえ」た上で「不遜（＝思い上がっている）」である理由が問われています。「不遜」なのは人間です。**理由は、主語の性格の中にあるのでした。**そこで「人間」について書いているところを探りましょう。まず傍線部のある詩のほうを見ると、「不遜」な**理由**は傍線部**A**の前、有限の「いのち」をもった、「一枚の紙よりほろびやすいもの（＝人間）」が、「長もちする「何百枚の紙」を使って表現を行うから、です。また「紙が／こころより長もちすることの　不思議」（**第3連**）と書かれていることから、「こころ」が長もちしないことがわかり、限りあるいのちをもった人間が「紙」に書くのは、「紙」よりも長もちしない「こころ」のことなどです。こうした長もちする「紙」と、有限な人間の「いのち」や変わりやすい「こころ」などとの対比が、**〈a　すぐ消えてしまう人間が「こころ」などを表現すること自体、思い上がり（＝「不遜」）だ〉**という思いを筆者に抱かせたのだと考えられます。

ただし、設問文には傍線部の詩の表現を「エッセイの内容を踏まえて」とあるので、「エッセイ」の内容も見なければなりません。「エッセイ」で「不遜」だといわれているのは、「つくる」こと、「真似る」ことです（L13）。「つくる」（傍線部**B**）ことは、本当の「花（＝自然）」ではないと知りつつ、「枯れない花」＝人工的な長く残る表現、を造ることです。それを「不遜」だといっています。これに、「生理まで似せるつもりの思い上がり」（L7）を含めてもよいでしょう。「生きた花」（L14）＝「ひと夏の百合」（L12）は死んでいく。なのに人間は「ひと夏の百合を超える永遠の百合」（L12）を目指す。これは「不遜」だが、「永遠」を目指すこのときだけ、人間の「不遜」は許される、と筆者は考えています。これらをまとめると、人間が何かを「つくる」ことは、限りあるいのちの**「自然（＝花）」を真似ながら、それを超えた長続きするものを造ろうとすることだから**（**b**）、「不遜」なのだということになります。

こうした観点で選択肢を見ると、②の「はかなく移ろい終わりを迎えるほかないもの」が**a**の「こころ」や**b**の「自然（＝花）」などのことであり、「いつまでも残そう」とすることは、「自

9

然」を超えた「長続きするものを造ろうとすること」（b）だと考えると、②が最もa・bに近い内容であり、適切だと考えられます。「たくらむ」という表現は、傍線部の「不遜」というマイナスイメージと結びつけようとしたからでしょう。

理由説明問題では、このように**傍線部と解答末尾がつながりをもつと、理由と傍線部との間に論理的つながりができて、よい説明になります。** **理由**とは、ある現象が起きるための条件であり、なおかつそれはみんなが認めるものでなければなりません。「すべった」（α）、なんで？と聞かれて、「雨が降ってたから」（γ）、と答えると、「すべった」**理由**としてみんな納得するでしょう。だからγは**理由**になります。つまり、**理由説明問題では、選択肢末尾の「〜から。」→傍線部（の述部）、というふうに、傍線部とスムーズなつながりをもつ選択肢を選ぶべき**です。これは〈論理的文章〉でも同じでしたね。

それと繰り返しになりますが、共通テストでは、問題文の内容を、設問作成者が表現を練り直して正解を作る、ということがよくあります。これはなかなか手ごわいです。共通テストが「表現力」や「判断力」を試すといっているのは、こういうことでもあるのです。これに対応するには、「**学習する上でのこころがまえと手順**」の「**復習しよう**」に書いた「自分の言葉でかみ砕いてもう一度読もう」という練習を続けて、**○○は、問題文の△△をイイカエたのだ！** とわかる**解釈力**を身につけることです。

梅 POINT **正解を選ぶには、問題文の表現を自分で正しく解釈していく力が求められると心得よ。**

〈選択肢チェック〉

①「不可能なこと」が何を指しているのか断定できません。もしそれを〈永遠なものにすること〉と考えても、「偽る」という内容が問題文に根拠がありません。

③「心の中にわだかまることから」「解放されると思い込む」という内容が、やはり問題文にありませんし、「不遜」ということにつながっていかない内容です。

④筆者が表現したい「私の一瞬」が「空想でしかあり得ないはずのもの」だといえる根拠は問題文にはないです。「実体」は傍線部Cと対応しますが、「見せかける」という内容はエッセイに書かれていません。

⑤ チョイマヨ 「滅びるもの（＝枯れるもの）の美しさに目を向け」ているからこそ、それを「定着」（L14）させることを目指すのです。なので「目を向けず」とはいえません。

解答 ②

傍線部は詩の中にありましたが、選択肢はほとんど「エッセ

イ」の内容で作られています。あっち見てこっち見てしないといけないのが共通テストの面倒なところですが、

梅POINT　複数テキスト型問題では、設問文に書かれた条件を意識して、どこを見るかを確認せよ。

ということです。

問3　傍線部の内容説明問題

傍線部の文脈は、傍線部B直前の**「それ（＝枯れないものは花ではない）を知りつつ枯れない花を造る」**（a）＝**「つくるということ」**（傍線部）となっています。aの部分を**イイカエ**ると**〈自然ではないものを造ることを自覚しつつ、人工的で長く残るものを造る〉**ということになります。また傍線部の直後には「花そっくりの花も、花より美しい花もあってよい」と書いてあります。これは**人工的な作品が「自然」そのものを真似ていたり、「自然」を超える美をもつこと**（b）を意味します。

すると④**がa・bの内容と対応している**とわかります。この選択肢も、「対象」とか問題文にない表現を使っていますが、これはたとえば自然の「百合」のことだとわかりますね。この設問が一番正答率が高いですから、このくらいはヘッチャラにならないといけないですよ。

〈選択肢チェック〉

① 「対象をあるがままに引き写し」という部分が「花より美しい花もあってよい」（傍線部直後）と×。「対象と同一化できるものを生み出そうとする」という部分も問題文にナシ。

② 「対象を真似てはならないと意識をし」という部分が「真似るという、不遜な行為は許される」（L13）と×。またあえて「にせものを生み出そうとする」というような積極的な態度は問題文からは読み取れません。

③ 「つくる」ことは本当は「不遜」なのですから、「謙虚」とはいえません。「あえて類似するものを生み出そうとする」という部分は、「花より美しい花（＝似ている以上のもの）もあってよい」（L10）という内容を含むことができません。

⑤ 「対象の捉え方に個性を発揮し」という部分が問題文にナシ。また「新奇な特性を追求したものを生み出そうとする」と説明すると、「花そっくりの花も」「あってよい」（傍線部直後）という内容を含めなくなる可能性があります。

解答 ④

問4　傍線部の内容説明問題

「在るという重み（＝存在感）」は、主語である「それ」が指している「一瞬」「個人」が見たり、「嗅いだもの」、つまり感覚的な経験の対象である「生きた花」に備わっています。「生きた

9

花」は本当に生きていて生々しいものだからこそ、存在感をもっているのです。そうした、たしかに「在る」と感じさせる存在を、〈実在〉とか〈実体〉といいます。ではそれがもっている「重み」とは何でしょうか。それはいかにすばらしい絵でも、作りものの絵には本来ないものです。なぜなら「絵」は本当の生物としての生命をもってはいないからです。逆にいえば、「重み」は本当に生きている生命にこそある。そしてそうした生命をもつ存在が重たいのは、死ねばなくなるから、他のものとは取り替えられないからです。

また、傍線部**C**のあとの「それ」は、傍線部自体を受けています。「それを花を超える何かに変える」＝〈在ることの重みを、その重みをもつ花を超えるものに変える〉ことを筆者は自分の「夢」だといっています。この「夢」は「私の一瞬を枯れない花にすることができたら！」というふうに**イイカエ**られています。この「私の一瞬」と「それ」は、筆者が表現したいものとして一致します。「私の一瞬」は他のどの一瞬ともちがう〈かけがえのないもの〉でしょう。だとしたら「それ」も〈かけがえのないもの〉です。ですから傍線部を、**〈かけがえのなさ〉〈この世にひとつのもの〉**と**イイカエ**ることができるでしょう。

実は、〈　〉のついたこれらの言葉は、問題文に書いてある言葉ではありません。もともとこの問題は、問題文で説明されていない傍線部の表現を説明せよ、という問題です。**問2**でいったように、**「これは○○のことだ！」というみんなの解釈力が問われている**のです。そして解釈するためには、自分の中から言葉が湧いてこないといけません。つまり語い力がないとダメなのです。語い力をつけることも忘れずにいてください。評論用語集を使うのもいいですが、まず問題文に出てきた言葉を一つずつ覚えて、自分でも使えるようにしてください。

梅POINT　解釈には、語い力が必要と心得よ。

そうした語い力があれば、**正解は②**だとわかりますね。「実物」が「生きた花」のこと、つまり「実物」が〈実在〉・〈実体〉と同じ意味で使われていると考えられます。また「重み」「私の一瞬」を、②は「かけがえのなさ」と**イイカエ**ている、と〈解釈〉できたらナイスです。そしてこうした傍線部の説明を求める内容説明問題は、傍線部を直訳するような設問ですから、**傍線部内容説明問題では、傍線部と最も対応する内容や表現がある選択肢を選ぶ**、という選択の基準も覚えておいてください。これは〈論理的文章〉**p.33第2講問2**でいったことと同じですよ。

〈選択肢チェック〉

①「喪失感」が「重み」とまったく食い違います。「時間的な経過」も傍線部と関連がありません。

③傍線部の「重み」を「個性の独特さ」と説明していますが、こうした説明が正しいといえる根拠が問題文にはありません。どの「実在」も「個性」と無関係に一つだけのものです。

④まず「主観」がおかしいです。「在る」というのは、誰が見ても「在る」ということです。それが〈実在〉ということでもあります。ある人だけの見方（＝「主観」）で「形成」されるのでは、本当に「在る」とはいえません。また「重み」が「印象の強さ」だといえる根拠も問題文にはありません。

⑤傍線部の表現が「表現行為を動機づける（＝しようと思わせる）衝撃」と関わるとは、問題文には書かれていません。

傍線部の解釈がむずかしいので、正解を選びづらい問題でした。消去法でも正解にたどりつけたらOKです。 ムズ 解答 ②

問5 傍線部の理由説明問題

筆者の心情の変化を問う設問でもありますが、**理由**は主語である「私」に関係するのですから、「私」について見ていきましょう。「私」は傍線部**D**の前までは、自分の言葉で「永遠」をつかみたい、と願っていました。ですが、ここではその願いの熱が「さめ」たのです。その理由は傍線部のあとに書かれています。その部分を整理しましょう。「私」は*L*20で「死なないものはいのちではない」＝「不変の真理」と書いています。

そして「『私の』永遠」は「三十年」でよい、ともいっています。これは「私」や私の作品の「いのち」は「三十年」でよい、といっているのです。だから〈（三十年したら死ぬ）「私」や私の作品は、死ぬからこそ生きているといえる〉ということになります。生は死とともにある、のです。こうした内容を含めて傍線部のあとの部分をまとめると、**〈a 「死なないものはいのちではない」＝「不変の真理」**（*L*19）**→「私」や私の作品は生きており「いのち」をもつ→永遠でなくてよい（三十年でよい）〉**ということになります。永遠性を願っていたのに、このような考えが筆者の頭に浮かんだから、「さめ」てしまったのです。

すると**正解は④**です。④は、こうした内容を抽象的に「作品が時代を超えて残ることに違和感を抱き」と説明しています。「作品が時代を超えて残る」とは「永遠」ということです。だから④の前半は、**a**の「永遠でなくてよい」と思ったことと同じです。④の後半の「自分の感性も永遠ではないと感じた」という部分は、傍線部直後の「私のような古風な感性の絶滅するまでの短い期間」という部分と対応します。厳密にいうと、いつ④の後半のことを「感じた」のかはわからないので、少し引っかかる選択肢ですが、他よりマシならOKです。では他の選択肢を見てみましょう。みんな④よりダメだという判断ができなければいけませんよ。

〈選択肢チェック〉

①…「現実世界」で「造花も本物の花も同等の存在感をもつ」という説明がおかしいですね。傍線部**C**の「在るという重み」=「存在感」は、「生きた花」だけがもつものでした。「造花」にはありません。×です。

②…「永久に」が**a**と食い違います。また「日常の営み」とは何を指すのかも、よくわかりません。作者が残したいものを「日常の営み」に限定する根拠もありません。

③…「花そっくりの花も……あってよい」（L9）と書かれていました。でもこのことを否定し、「花をありのままに表現しようとしても、完全を期することはできないと気付いた」ということはどこにも書いてありません。だからこれは問題文に書かれていることと食い違う**ワースト1**ランクの選択肢です。

⑤…傍線部のあとに、友人の「発想を、はじめて少し理解する」とは書かれています。ですが、これと「友人からの厚意を理解もせずに、身勝手な思いを巡らせていることを自覚した」ということが内容として同じだとは、問題文から読み取れません。つまり〈少し理解した〉というのが、〈友人の厚意に対し自分は身勝手だったとわかった〉ということだと判断できる根拠がありません。「身勝手な思い」=「うしろめた」さと考えても、ラストの部分は傍線部**D**と直接結びついてはいません。それにみな先にいった**a**の内容が含まれていません。つまり傍線部の文脈を無視しているということで×。

〈論理的文章〉**p.35第2講問4**でもいいましたが、**〈よりマシなものを選ぶ〉ためには〈ランキング〉の意識が必要**です。

この設問でいえば、①・②・③**が問題文の内容や筆者の立場と矛盾する**ので**ワースト1**。②・⑤**が問題文にナシ、つまり問題文に書かれていないことが書いてあるものでワースト2**。④の「感じた」も先にいったように、問題文に書いてあるか怪しいのでワースト2に近いですが、「自分の感性も永遠ではない」は傍線部直後に書かれていることなので、他のワースト2に比べたら、まだマシ。それに**a**があるものがほかにない。そうした比較=〈ランキング〉は〈文学的文章〉の問題でもしていきましょう。だからやはり④**が正解**。

解答 ④

問6 表現の特徴についての説明問題

表現に関する設問は、消去法で解くのでした。そして、一番キズの少ないものを選んでいきます。

では(i)から見ていきますが、その前に選択肢にある、表現技法や用語について簡単に説明します。太字の語句は重要な言葉ですから覚えましょう。とくに「演繹《えんえき》」と「帰納」は反対のイメージをもつ語句なのでペアで覚えてください。

①a擬態語…事物の状態を表現した語（ex：にこにこ）。擬音語は、実際の音を真似た語（ex：ワンワン）。

①b演繹的…一つの前提や仮説から個々の事実に説明を加えるさま。

②a倒置法…強調したり、リズムを整えたりするために、語順を入れ替えること。

②b反語的…表向きの表現の裏に、それとは反対のことや心情を含ませるさま。

③a反復法…同じ表現を繰り返すこと。

③b帰納的…個々の具体的事実や経験から仮説や結論を導き出すさま。

④a擬人法…人ではないものを、人のように表現する比喩。

④b構造的…明確な構造（＝しくみ、システム）をもつさま。

では詩「紙」の表現について、まずaの選択肢を見ていきましょう。はじめにいっておきますが、設問文の空欄aの直前の「対比的な表現」というのは、長く残る「紙」と「長もち」しない「こころ」という**対比**のことを指していると考えられます。

では①。「擬態語」は使われていないので、①aは×。

②a「倒置法」は、**第1連**と**第2連**が、倒置されているともいえます。「いまはないのに」（**第2連**）「しらじらしく　ありつづけることを／いぶかる」（**第1連**）、がふつうの語順、ともいえます。また**第5連**「死のやうに生きれば／何も失はないですむだらうか／この紙のやうに　生きれば」という表現は、2行目と3行目の順番が逆になって、「死のやうに生きれば／この紙のやうに　生きれば／何も失はないですむだらうか」となるのが、ふつうの語順だと考えられます。よって②aは○。

③ チョイマヨ aの「反復法」は「乾杯」が何度も繰り返されているので○。

④a「擬人法」は「紙のやうに　生きれば」というように「紙」を生き物のように表現しているので、これを「擬人法」と考えれば○。aでは①が消えました。

次にbの空欄を考えましょう。まず「第一連に示される思い」とはどのようなものでしょう？「愛ののこした紙片が／しらじらしく　ありつづけることを／いぶかる」という心情は、「紙」に向けられた思いですが、これは**第2連**から推測すると、「紙」に言葉を記した人間の存在が消えたのに、「紙」が残っていることに対する思いだということがわかります。つまり「愛」がつづられているのに、いまは愛を記した人間がいない。それは「愛」や「いのち」が有限だからです。

だとすれば、「第一連に示される思い」は「紙」に対して「いぶかる」という思いを記していると同時に、実は〈紙に比べて、はかない人間の愛やいのちに対する疑い〉を記しているということにもなります。

ここで選択肢を見てみましょう。

①はもう×でしたが、①**b**の「演繹的」は、詩に前提や仮説などに当たるものが示されていないので、これも×。②**b**「反語的」について。先に書いた「いのち」が有限であることについては、「一枚の紙よりほろびやすいもの（＝「いのち」）が／何百枚の紙に　書きしるす　不遜」という表現などをみると、この時点で「いのち」の有限さを筆者が肯定しているとは考えられません。にもかかわらず、詩の**最終連**では、まるで人間が「紙」のような死物になり、「いのちが／蒼《あお》ざめそして黄ばむまで／（いのちでないものに近づくまで）／乾杯！」と記し、有限な「いのち」を肯定しているかのようです。

また**第1連**では「愛ののこした紙片」を「いぶかる」と記していたのに、**最終連**では「ほろびやすい愛のために／乾杯」「のこされた紙片に／乾杯」と記しています。すると筆者はここで**〈α　第1連の心情と反対のことをいっている〉**ともいえます。

またこれらの表現に込められた筆者の心情は複雑で、本当に「ほろびやすい愛」を肯定していたり、「紙片」を肯定したりしているのかわからないため、**〈β　表向きの表現の裏にそれとは反対のことや心情を含ませている〉**ともいえます。**α・β**どちらにしても正反対の心情が表現されているので「反語的」だといってもよいでしょう。さらに「乾杯」の部分は最後であり、「のこした紙片」は**第1連**に直接登場しますから、「第一連に示される思い」を（最後のほうで）「捉え直している」（[**b**]直後）という説明にも合致します。作者の心理がそれほど明確ではないので確実に○とはいえませんが、とりあえず②**b**は○（△）と考えていいでしょう。

③チョイマヨ**b**の「帰納的」ですが、何か「結論」があるわけではないので、「帰納的」といえるような内容や表現はありません。これは×。ですが、試行調査では、③を選択した人が40％を超えていました。これは③**a**の「反復法」に心が惹《ひ》かれたためだと思われます。

④**b**「構造的」を[**b**]に入れると、「構造的に捉え直している」となります。それは〈きちんとしくみを探って（システマティックに）捉え返している〉という意味です。「乾杯」という言葉を繰り返す作者は、おどけるかのように、「いのち」の有限さを歌っているのです。そこに冷静に客観的に、何かのしくみを捉え返す、という姿勢があるとは考えられません。④**b**は×です（ただ④は**a**が○なので、それに引きずられて間違えるかもしれないので、チョイマヨです）。

すると総合点で、**a**○＋**b**○（△）の②**が正解**になります。

他は×を含みますからね。ですが、これは選択肢が抽象的できびしい問題です。正答率がそれを語っています。

梅POINT 組み合わせ問題では、片方だけよいものを選ぶのではなく、総合点で決めるべし。

(ii) 今度は「エッセイ」の表現についてです。こちらのほうが、(i)よりは選択肢が選びやすいので、がんばってください。一つずつ選択肢を見ていきましょう。

〈選択肢チェック〉

① 「できないのは枯れることだ」という表現は、「できない」という「造花」の「欠点」を指摘しているといえます。一方、「たった一つできるのは枯れないことだ」といったときは、「造花」の「欠点」だったはずのことを、今度は「肯定的に捉え直」しているといえます。よって**①が正解**です。

② 「私はだんだん昂奮してくる」という表現は、自分をもう一人の自分が見て語っていると考えると、それを「第三者的な観点」から「私」を見ていると説明することはできます。ただしこの「昂奮」は〈つくる、という行為への強い意志〉にもとづくものなので、「混乱し揺れ動く意識」とはいえません。×です。

③ 「――もどす――」の前後にある「――」は「変える」を**イイカエ**、あるいは補足するために使われています。その記号によって「『私』の考えや思いに余韻が与えられ」るわけではありません。なので③も×です。

④ 「『私の』永遠」という表現は、〈私が求める「永遠」〉〈私にとっての「永遠」〉というほどの意味だと考えられます。たしかに「私」という有限的な存在と「永遠」という言葉はミスマッチともいえます。だからといって、「私の」のカギカッコが「普遍的(＝どこでも誰にでも通用するさま)な概念(＝「永遠」)を、話題に応じて恣意的(＝勝手気ままなさま)に解釈しよう」としている「意図」を「示」しているのだとは断定できません。筆者が「私の」にカギカッコをつけたのは、〈自分の「永遠」は三十年ぐらいのもので、それは本来の「永遠」とは違う〉といいたかったのでしょう。それに対して「恣意的」というマイナスの評価を行う根拠はありません。④も×です。

この設問の正答率が悪いのは、時間が足りなかったせいではないかと考えられるので、正答率は低いですが、ムズにはしませんでした。

解答 ムズ (i) ② (ii) ①

10 文学

小説とエッセイ

オリジナル

別冊（問題） p. 104

解答

問1	問2	問3	問4	問5	問6
④	①	④	②	②	(i) ② (ii) ②
6点	6点	7点	6点	7点	(i)6点、(ii)7点

ムズ 問3、問5、問6(i)

目標点 31／45点

学習ポイント

小説に描かれた「お延《のぶ》」の生きかたと絶望がどのようにして生まれてきたのか、をエッセイの内容から考えていく**複数テキスト型の問題**です。『続明暗』は、やや古い文体で書かれているのでむずかしいですが、素早く読み、エッセイの内容と結びつけていく必要があります。

問題文ナビ

語句ごくごっくん

【文章Ⅰ】（小説）

L2 **恰《あたか》も**…まるで

L2 **俄《にわか》に**…急に

L8 **昏睡《こんすい》**…意識がなくなり、目覚めないこと

L8 **忽然《こつぜん》と**…急に

L25 **逡巡《しゅんじゅん》**…ためらうこと

L43 **自然《じねん》**…〈じねん〉と読んだ場合、〈おのずから〉という意味になることがある

L44 **髣髴《ほうふつ》**…ありありと思い浮かぶ

L52 **撲殺**…殴り殺すこと

L53 **毫《ごう》も**…少しも

L58 **糊塗《こと》**…うわべを取りつくろい、あいまいにすること。

L59 **あまねく**…すべてにわたってひろく

L60 **体面**…世間に対する体裁や見かけ

L71 反故《ほご》…不用になった紙。「反故にする」で約束を破る、捨てる

L71 象徴→P.63 語句「象徴」参照

読解のポイント

・お延は夫が女性と一緒にいるという宿へ向かい、その事実を確認した

↓

・お延は自殺を決意し、明けがた近くの滝へ向かった

↓

・お延は不誠実な津田に絶望すると同時に、そうした人間を夫に選んだ後悔を包み隠して生きてきた自分に耐えがたさを感じた

ひとことテーマ

夫に裏切られたお延を襲う後悔と、自分をだましてきたという自覚。

お延が旅館まで来たことに驚きながらも、津田はお延のために隣の部屋を取りました。夜中に津田は、胃腸からの出血を感じ恐怖を覚えますが、たいした出血量ではないことに少しほっとします。隣室のお延に声をかけますが、お延の反応がありません。お延がいないのかと思いあれこれ考え、起きようかどうか、ためらっていました。その頃、お延は滝壺《たきつぼ》の前にいました。

明けがた、自殺を決意して滝壺へと向かったお延は、その滝の激しい音に圧倒されます。夜中一睡もせずにいたのは、死のきっかけを待っていたのだ、と気づいたとき、お延は「骨が凍るような恐ろしさ」を覚えましたが、そのあとは不思議と恐怖心はありませんでした。今その滝の音を聞きすさまじい様子を見ていると、自分はなぜこんなところまで来たのだろう、とも思われるのです。自分の「不幸」をたしかめるためだけではなく、夫は自分を裏切っていなかったという「万が一の奇跡」を願って来たはずだったのに、現実は想像していた以上に情けないものでした。

夫は、好きな女性への抑えがたい恋情によってお延を裏切ったのではありませんでした。ただその女性のいる場所を人に教えられてふらふらと来たにすぎなかったのです。そしてその行動によってお延の立場を崩壊させたのでした。

お延はそんな夫に絶望しました。でもその絶望は、「やはり（夫は）そんな人間だった」という苦い思いを伴う絶望でした。その苦さの裏には、そんな人間をこの人こそ理想の夫だと思って選んだ自分への過信と後悔がありました。そしてその後悔を

他人には見せないようにしてきた「欺瞞《ぎまん》」（L58）もあったのです。だから今、その嘘《うそ》が世間に知られてしまった、という屈辱がもたらされました。お前の体面を守るからという津田の「宣言」は、お延をもてあそぶために、天が津田にいわせたのだとお延は思ってしまうのです。つまり天もまたお延をあざ笑っているかのように思えた、ということです。

そんな思いを抱いているお延の前に、滝壺は相変わらず、大きな音を立てて鳴り響いています。それはまるで天からも地からも、早く滝に身を投げよ、と催促されているようでした。お延はその滝壺をしっかりと見つめました。滝の音も次第にお延の耳から遠のいていきました。夜が明けてきたらしく、自分の手には津田に買ってもらった宝石がありました。その宝石は破られた約束を暗示するように、薄寒く光を発していました。

【文章Ⅱ】（エッセイ）

読解のポイント

・日本では夏目漱石だけが英文学に描かれた「恋愛結婚」の物語を理解し、『明暗』を書いた
↓
・『明暗』の女主人公であるお延は、絶対的な愛という理念を掲げる女性である
↓
・『明暗』は筆者が小さなときに読んだヴィクトリア朝の女性作家の作品を想い起こさせ、それが漱石の『明暗』の続編である『続明暗』を筆者に書かせることになった
↓
・そこには時空を越え男女の差を越えていく文学の力が感じられた

ひとことテーマ

時空を越え、性の差を越えて、受け継がれていく文学の力の偉大さ。

1 明治時代の日本の結婚と『明暗』（L1〜L22）

日本でも明治維新のあと、「恋愛結婚という理念」は若い世代に受け入れられました。ですが、家と家とのつながりを深めるためということが中心の目的となる、「見合い結婚」という「没理念的（＝理念のない）な結婚」が浸透していたのが当時の日本だったのです。だから「恋愛結婚」を取りあげる作家はいませんでした。その中でただ漱石だけが、「恋愛結婚」を「理

解してしまった」のです。漱石は「英文学」に反発していました。でも皮肉なことにどの作家よりも英文学を読み、理解していたのです。そこにはヴィクトリア朝の作品も含まれていたでしょう。そして「ヴィクトリア朝の女の作家たちの、その息吹が感じられるような小説」、つまり『明暗』を書いたのです。『明暗』のテーマは「恋愛結婚」です。だからヴィクトリア朝の作品に描かれたのも「恋愛結婚という理念」だと考えられます。漱石はその「理念」にとらわれていったのです。

『明暗』の女主人公のお延は、「絶対的な愛という理念」を抱き、自分だけが絶対に愛されているという確信のもとに、「自分の眼で自分の夫を選」び、自分の人生を切り開いていこうとし、だがそれを果たせないでいる女性です。でもそうした女性は当時の日本では稀《まれ》ですから、周囲の人間からも夫からも毛嫌いされる。ただ『明暗』の世界に取りこまれてしまった読者だけは、お延の理念を当然のものとして受け取り、お延の運命にハラハラどきどきするのです。

2 文学というものの力（L23～ラスト）

その「読者」の一人が筆者だったのでしょう。それゆえ『明暗』は筆者に影響を与える。筆者の心を「『明暗』は知らぬまに掘り起こしていた」。掘り起こされた心の中に見いだしたものは、あの少女時代に読んだヴィクトリア朝の小説に感銘を受けたことだったのです。そのとき、〈少女時代、ヴィクトリア朝時代の女性作家の「恋愛結婚」の物語を読んだ→漱石の『明暗』〉という結びつきが、筆者を『続明暗』の執筆へと向かわせるのです。そのことに気づいたのは『続明暗』を書いたあとですが、そのとき筆者は、たんに漱石に影響を受けて『続明暗』を書いたのではなく、漱石の『明暗』が少女時代に読んだヴィクトリア朝の小説の影響を呼び起こし、それが『続明暗』の執筆につながったことに気づくのです。一九世紀から明治を経て二一世紀へとつながる文学の結びつき、そこには男女の違いなど簡単に越えていく「文学の力」があったのです。

設問ナビ

問1 傍線部の内容説明問題

傍線部の内容説明問題ですから、傍線部の内容を**イイカエ**なければいけません。まず「今までと別の種類の黒い不安」とあるのでそれまでの不安の内容を考えましょう。それは胃腸からの出血に「恐怖を覚えた」（a）（L5）ことです。でもたいした出血量ではないことを確認しその恐怖は薄れ、「安心感」（L9）が湧いてきました。少し気持ちが緩んだとき、津田はお延を呼びます。でも隣の部屋で寝ているはずのお延の返事がありません。

そのとき傍線部の「今までと別の種類の黒い不安」が津田に迫ってきたのです。とすればこの「黒い不安」は、**〈お延がいない？という不安〉**（**b1**）です。そう思った津田はお延がいない理由をあれこれ考えますが、どうも納得がいかず、起きようかとも思います。でも今までの夫婦関係を考えたのか、お延の顔を見に行くのもためらわれます。でも**〈お延に何かあったのではないかという不安〉**（**b2**）は、じわじわと彼を追い込んでいきます。傍線部の「四隅《よすみ》から」という表現は、不安が彼のまわり中に立ち込め、それが彼全体を包み込もうとするかのように迫ってきているようすを表しています。

こうした津田の状況と心理が描かれている**傍線部に最も対応している選択肢は**④です。④の前半に書かれた**事実**は今いったことと対応していますし、「お延を呼んだが返事がなく……彼女がどうかしたのではないかという心配にじわじわと襲われた」という心理も**b1**・**b2**と対応しています。また「じわじわと」という表現は、傍線部の「四隅から」という表現の**イイカエ**だと考えられます。このように**傍線部の内容をしっかり的確にイイカエて説明して、傍線部の表現とも対応している選択肢が、傍線部内容説明問題では、選ぶべき選択肢**だということを意識してください。そして、傍線部内容説明問題でも、**傍線部に心理が含まれている場合には、その心理をイイカエた説明**が必要です。もちろん**心理は事実→心理→言動の因果関係の中で考えてください**よ。

〈選択肢チェック〉

①…「夫婦の確執（＝こじれ）が……再び心に去来してきた」ことが傍線部の「黒い不安」の内容であると考える根拠が問題文にはありませんし、**b1**・**b2**の内容とも食い違います。

②…「こうした形（＝「お延との関係も破綻し」）で死んでいくことに恐怖を感じた」という内容が**a**と合致しません。また「お延ときちんと話をするべきだと思い」という心理も問題文には書かれていません。ワースト2ランクの選択肢です。

③…「前から少しの出血はあった」という事実はこの部分からは読み取れません。また「このことをお延に告げようと」と書かれていますが、津田がお延に声をかけたのが、出血のことを伝えるためだったとは断定できません。また傍線部の「黒い不安」が「お延の自分への怒りが重くのしかかってくるように思えた」ことだと判断する根拠が問題文にありませんし、**b1**・**b2**の内容とも一致しません。

⑤…出血については「安心感」をもったのですから、「出血して苦しいのでお延を呼ぼうとした」という説明は正しいとはいえません。また「お延が返事をしてくれないことに、彼女の自分への憎しみを感じ暗澹《あんたん》とした気持ちにな」ったという**心理**

も問題文には書かれていません。

解答 ④

問2 傍線部の内容説明問題

傍線部の「自嘲」は〈自分を嘲《あざけ》る・馬鹿にする〉という意味。

では、お延は自分のどういうところに自分を嘲るべき点があると思ったのでしょうか？　傍線部の「自問」とは、傍線部直前の「一体何のためにわざわざこんなところまでやってきたのだろう」という言葉を指しています。これは後悔を感じさせる言葉です。傍線部のあとに「東京を出る時にはすでに何の望みもなかった」と書かれていますが、お延は「胸の何処《どこ》かで万が一の奇跡を知らず知らずのうちに願っていた」（L48）のです。ですが、「好きな女（のため）に自分を見変えった（＝心変わりした）のですらなかった」「ふらふら」した津田は、「最後のところでは、信ずるに足る人であってください」というお延の「切実な魂の訴え」に少しもこたえてはくれなかった、とお延は感じています。こうした津田に対して、もつべきではなかった「望み」をもってこんなところまで来てしまった自分を後悔し、嘲っているのです。こうした内容を傍線部の表現に即してまとめると、**〈a　本当に好きな女性にすべてをかけるという真剣さもない夫に、心のどこかで望みを抱きここまで来て、失望しているだけの自分を嘲っている〉**ということになります。

こうした内容に最も対応するのは①です。「一縷《いちる》の望み」はか細い一筋の望みという意味で、お延が津田に抱いたかすかな望みのことを表現しています。「衝動的」は「一心に」（L47）、「馬鹿さ加減をあざ笑う」は「自嘲」、の**イイカエ**です。

〈選択肢チェック〉

② チョイマヨ …津田が「どんな女性も幸福にでき」ない男性なのかは、問題文から判断できません。また「自嘲」は感情的になっている状態を表現することが多い言葉であり、「反省」という知的、あるいは理性的なものとは違うので、「反省」は「自嘲」の**イイカエ**としては不適切です。

③…お延の願っていた奇跡が、「夫を真に愛している女性は自分だけだと気づいてくれる」ことだと断定する根拠が問題文にはないです。お延が「貴方《あなた》を信用したい」（L52）、「信ずるに足る人であってください」（L53）と願っていたことと一致しません。

④…お延が自分を「軽率」であり、「世間知らずで鈍重（＝反応が鈍くてのろいさま）」だと思っているといえる根拠が問題文にありません。

⑤…「この人こそと夫に選《えら》んだ」（L56）とあるので、「周囲に言われるままそうした男を夫にした」という説明は間違いです。また「自己批判」という表現は、②の「反省」と同じ理由から、

「自嘲」の**イイカエ**になりません。

解答 ①

問3 傍線部の表現について説明する問題

傍線部の「反故《ほご》にされた」は「**語句**」にも書いたように〈約束を破る〉という意味です。この場合の「約束」は、津田がお延に「お前の体面」は「大丈夫」だといったことを指していると考えられます。それを「象徴（＝暗示）」するかのように「薄寒く光っていた」というのは、**「約束」も津田からもらった「宝石」も今となっては、お延にとって寒々とした〈冷たく、虚しい〉ものでしかない**（a）、ということを示しているのだと考えられます。象徴（暗示）的な傍線部ですが、**小説の問題でも「どういうことか」と問う傍線部内容説明問題では、傍線部の内容や表現に忠実に考えていく**のでしたね。

そして傍線部に最も即した選択肢を選べばよいのです。それは④です。「お延の体面を守ると言った津田の言葉」は「約束」の内容を説明しています。「無意味」、「虚無感」が**a**の〈虚しい〉と対応しています。だから**④が正解**です。

〈選択肢チェック〉

①…「過去を振り捨てて強く生きていこうという気持ちがお延に生じている」という、積極的でポジティブな心情は、「薄寒く」という暗さを表す傍線部の表現とズレています。「四隣《あたり》」が「明るかった」、「世の中は想像していたよりも大分穏やかな姿を……現わした」という風景描写は、お延の**心理**を推測する根拠にはなりません。それも「強く生きていこう」という気持ちまでを、これらの描写から読み取ることは、主観的な読解となります。あくまで傍線部の表現に忠実に読みましょう。

② チョイマヨ…「津田がくれた宝石を最後までもっている」ことが、「いまだ津田への未練があること」を示していると断定する根拠が問題文には書かれていません。傍線部直前に「見れば」とあるように、お延は宝石を意識的にもっていたとは考えられません。また「薄寒く光っていた」という表現と、そうした「未練」を「お延が自覚した」ことを結びつける根拠もありません。

③…津田が宝石をお延にくれたのが「物によってお延の心まで手に入れようとした」ためだとは、問題文から判断できません。「薄寒く」弱々しい様子と「憎しみ」という強い感情も、食い違います。

⑤…「死へ向かおうとする衝動」は宿にいるときからお延に芽生えていました。だから傍線部の時点で「再び生まれてきた」というためには、一度はその「衝動」が消滅しないといけません。死のうとする自分が恐ろしくはありましたが、死ぬのをやめるということは問題文に書かれていません。「再び」を〈さらに強く〉と解釈したとしても、この時点でお延の死への衝動

が強まっているとは判断できません。

ムズ　**解答**　④

問4　傍線部の内容説明問題

「文学の力」についての説明は**【文章Ⅱ】**の最終段落にあります。それは「時代を越え、海を越え、男女の差を越える」力です。このエッセイの内容でいえば、**ヴィクトリア朝の女性作家が描いた「恋愛結婚の理念」が、漱石や現代に生きる筆者へと伝わっていく、ということ**（**a**）です。よって**正解は②**です。「時間」が「時代」を、「空間」が「海」を**イイカエ**た表現です。「伝播《でんぱ》」はその字の通り、〈伝わっていくこと〉です。

〈選択肢チェック〉

①…漱石が「恋愛結婚」を描いた『明暗』を書いたからといって、日本社会の「通念を変革することができ」たとは問題文に書かれていません。また**a**で確認したように、こうした社会変革の力を、筆者は「文学の力」だとはいってはいません。

③…日本でも「恋愛結婚という理念」は若い世代をとらえたと書かれている（L1）ので、③は問題文に書かれていることではあります。でも「文学の力」とは**a**であり、〈西洋の文学的主題が日本の若い世代に受け容《い》れられる〉ことではありません。ヴィクトリア朝―漱石―筆者をつなぐ力です。

④…「ある限定された時代に書かれた小説の主題（＝テーマ）」とは、ヴィクトリア朝の「恋愛結婚」のことを指しているのだと考えられます。ですがこのテーマが、「一度は注目されなくなっ」たとは問題文に書かれていません。

⑤…「文学に反発する人間」とは漱石のことでしょう。確かに彼は英文学に反発しながら、それを誰よりも理解しました。それに、「驚くべきは文学の力です」という**傍線部D**のすぐあとに漱石が「恋愛結婚」にとらえられたと書かれているので、⑤を選んだ人もいるかもしれません。でもそうした漱石個人を引き込んだものが「文学の力」ではない。漱石をヴィクトリア朝の文学がとらえ、『明暗』を書かせ、それが筆者に影響を与える、という〈連鎖〉を作るものが「文学の力」なのです。

解答　②

問5　傍線部の内容を小説とエッセイをふまえて答える問題

お延の不幸は、**エッセイ**では「自分が理想の結婚をしていないという自覚」（L17）によるものです。そして設問にあるように**小説**のほうを見てみると、「己れの不幸」（L47）という表現があります。この**小説**と**エッセイ**両方の内容に即してお延の不幸を考えていくというのが設問の条件です。こうした**どこを見よ、と設問文に書いてある指示を見逃してはいけません**よ。

10

小説においては、津田が「ふらふらと」他の女性のいる宿へ行くような人間だったことを認識し「絶望」します。それも、「やはりそんな人間だったのか」というように、お延は津田がそんな人間であることに気づいていたのです。そうした苦い思いを味わうお延は、救いのない状態にいます。「そんな人間をこの人こそと夫に選んだ」自分への過信と「後悔」を「糊塗」してきたのに、その「欺瞞」を今回の自分の行動で、自ら世の中に知らせることになってしまうという屈辱までも味わうことになったのですから。

こうした**小説**と**エッセイ**の傍線部直前の内容をもとに、お延の「不幸」をまとめると**〈津田が絶対的な愛に裏打ちされた理想の結婚を実現してくれそうに思ったが、そんな人間ではないという予感が再確認され、絶望と屈辱の中にいる状態〉（a）**となります。すると**a**と最も合致する**②が正解**。

〈選択肢チェック〉

①…お延の不幸は**a**であり、その内容と食い違います。そのうえお延が「西洋文学により理想の結婚という理念に目覚め」たとは、問題文に書かれていません。

③…「津田が他の女性といる」のは「人に言われるまま」であって、「お延を愚弄《ぐろう》するため」という明確な意志があったわけではないです。**小説**の*L*60とは場面が違います。それに「津田が自分を徹底的に嫌っているという」ことは問題文からは読み取れませんから、そうした「現実を突きつけられたこと」が「不幸」だという説明は成り立たないし、**a**と合致しません。

④ チョイマヨ …お延の「不幸」は、〈お延は津田が理想的な夫だと思い、津田を選んだ→津田は理想的な夫ではなかった→後悔→欺瞞（＝津田が理想の夫でないと後悔しながらも周囲をだましてきたこと）→（欺瞞を世間に知られてしまったという屈辱〉という絶望的な状況すべてを指します。ですが、「不幸」の源は、傍線部直前にあるように〈理想的な結婚をしていない〉からです。まず④はこの根本を説明していません。そのうえ「欺瞞を世にあまねく知られてしまう（暴露してしまう）」という「屈辱」は「止《とど》めを刺すように」もたらされたのですから〈だめ押し〉であって、「不幸」の源から生み出された結果です。だから②より内容が薄い選択肢です。

⑤ チョイマヨ …「津田」の行動ゆえに「衝撃を受け、自殺まで考えてしまう絶望的な事態に至ってしまった」のはたしかですが、これも④と同じく、不幸の根源についての説明がなく、適切ではないし、**a**と異なります。

ムズ **解答** ②

問6 【鑑賞ノート】に関する説明問題

(i) 小説の表現に関する空欄に語句を補充する問題

『続明暗』は、L26〜L33、L42〜L44、L62〜ラストが滝の描写です。そこでは滝のすさまじさがお延の五感を通して表現されています。とくにL26〜だけを見ても「空に白く月を残していた」「すべてが暗かった」など視覚に関する表現と、「轟々《ごうごう》という滝の音」(L32)が何度も強調されています。当然これは「聴覚」に訴える表現です。よって I の前半には②か④が妥当です。「青竹を摑《つか》んだ手」(L70)という「触覚」に関する表現もありますが、「視覚と聴覚」に訴える表現の数に比べれば、圧倒的に少ないといえます。「とくに」と、I の前にあるので、「視覚」「聴覚」を除いて「触覚」を優先するのは適切とはいえません。

またL45〜L61は、お延の心理を説明している部分です。その中に「一体何のためにわざわざこんなところまでやってきたのだろう……」(L45)という表現があります。これはお延が一人呟《つぶや》いているか、心の中の言葉が表現されています。演劇用語で〈相手なしで一人でいうこと。独り言〉のことを「独白(＝モノローグ)」といいますが、それに該当する表現です。ですので I の後半には②が妥当です。よって**②が正解**といえます。①の「自省」、③の「内省」はよいとしても、①・③は前半がダメでしたから、正解にはなりません。④は「激しく変化する」心理が描写されているとはいえません。ムズ ちなみに今回の問題とは直接関係ありませんが、

> 梅POINT
> **表現の問題で、選択肢に心理の説明が含まれていたら、表現のコメントより、まず先に心理の正否を判断したほうが、迷わなくて済むと心得よ。**

(ii) 【鑑賞ノート】の空欄に語句を補充する問題

空欄IIの前後の文脈を見ると、「水村氏がお延の不幸を描いたのは、II ……からだ」という構文の中に II があります。なので、II には水村氏が『続明暗』を書いた理由の一部に当たる内容が入るはずです。その手がかりを得るために、II の前の部分をもう少し見ていきましょう。お延は「理想の結婚をしていないことに苦悩」する女性です。その「理想の結婚」とは恋愛結婚ですが、当時の日本では当人同士の意志や「主体性」とは関係のない「見合い結婚」が普通であり、「お延のような女性は敬遠された」のです。

それにもかかわらず、お延を主人公とした小説を漱石や水村氏が書いたのは、日本の現実に対し恋愛結婚の価値を示すことを目指したと考えていいでしょう。ですが、たんにそれだけな

らば、お延はハッピーエンドを迎えればいいはずです。なのにお延は不幸なのです。そこには、日本において恋愛結婚は簡単に達成できるものではないという、現実に対する認識があったはずです。それでも恋愛結婚は確立されなければならないと考えるならば、恋愛結婚に存在する価値、すなわち個人の自由や主体的な選択を、苦難に耐えても掴《つか》むべきだというメッセージ・思想があったと考えられます。それを描くことが漱石につながる「文学」だ、と水村氏が考えたからでしょう。すると、**そうした内容に最も近いのは②**です。「恋愛の理想」は男女が自らの選択によって相手を選び結婚する、ここでは＝「恋愛結婚」です。また「お延の不幸を描いたのは」という Ⅱ の前の表現ともつながります。**空欄補充問題は前後の語句とのつながりが第一**でしたね。

〈選択肢チェック〉

① チョイマヨ …「近代的な理念」という表現が多くのものを含み、恋愛結婚に関する自由や主体性という内容に限定できないため、大まかな説明になっています。また「啓蒙《けいもう》」というのは〈理性的に人々を教え導く〉という意味ですが、そうした意図が水村氏にあったとは問題文から判断できません。それに「啓蒙」を目的とするならば、「恋愛結婚」は素晴らしいものだとアピールすればよいので、お延の「不幸」を描く必要はありません。だから Ⅱ の前の部分とうまくつながりません。

③…「日本に合った恋愛結婚の形があるのを示す」ということは、見合い結婚が普通である日本に合う日本風の恋愛結婚の形を示すということになります。それはヴィクトリア朝の流れや漱石の理念を受け継ぐことにはならず、エッセイの内容や**【鑑賞ノート】**の内容とも食い違います。

④…④も、「恋愛結婚こそ、女性の幸福につながる」ということを示すだけであれば、苦悩するお延を描く必要はないので、Ⅱ の前の部分とつながりません。

⑤…水村氏が「お延の不幸を強調すること」で「日本社会の体質を指弾（＝非難）する」という説明がおかしい。そうした内容や因果関係は**エッセイ**にも**【鑑賞ノート】**にも書かれていません。それに、そうした社会批判が中心だという説明は、「お延の運命に一喜一憂して」（ⅡのL21）、お延の生きかたのその後を書こうとした、『続明暗』の作者＝水村氏の姿と食い違います。よってやはり**②が正解**です。

解答 ムズ (i) ② (ii) ②

〈実用文〉へのアプローチ

解法の注意点・具体的な取り組みかた

実用文というのは、一般的には、具体的ななにかの目的やねらいを達成するために書かれた文章のことです。それには、

①〈情報・報道〉…報道や広報の文章、案内、紹介、連絡、依頼などの文章、手紙、ネット上の説明文
②〈記録・報告〉…会議や裁判などの記録、報告書、〈取り扱い〉説明書
③〈法律・契約〉法律の条文、契約書
④〈企画・提案〉企画書、提案書、キャッチフレーズ、宣伝の文章

などたくさんの種類があります

それらは、いわゆる情報といってもよいでしょう。共通テスト作成に実際に関わっている人は「現代社会にあふれている実用文の内容を的確に読み取り、表現の仕方について検討して自分の考えをもち、話し合う」ことが実用文の学習だといっています。

そして〈教科書にも実用文があるのに、実際の授業では重視されていない。なぜか？　入試で扱われないからだ〉ともいっています。だったら入試で扱って、高校で実用文を授業で扱うようにさせよう、ということです。共通テストと同じ発想です。

でもたいていの実用文は読めばわかります。出題される問題としては、

①図やグラフの読み取り
②レポートとその構成（下書き）とを一致させること
③表現や内容への適切なアドバイス

ってところですが、

1　一番求められるのは、どこに書いてあることに基づいて、こういうことがいわれているか、どこからも読み取れないから×だ、という判断をする力、つまり、書いてあることとその根拠を結びつける力、情報をつなげる〈情報収集力〉です。

2　その力を発揮するためには、設問文でどこを見ろ、といっているかを見逃さないこと！　だってそれはヒントをくれているんですから、大切に受けとる。

3　そしてやっぱりスピード。試験時間は10分しか延びませんが、ここで取り上げた試作問題はとても10分ではできません。とりあえず目標解答時間を15分にしてありますが、最初は時間を気にしないでいいです。そして〈実用文〉問題はパターンが限られているので、慣れれば、ほかの現代文の問題より早くできるようになります。まずここにある3題をやり、できるだけ多くの問題に出会って下さい。

そしてここに載っている梅POINTなどのルールをしっかり身につければ、実用文はめんどくさいけど、実用文恐るるに足らず、です！

11 実用文

レポートと資料の関係の読み取り

2025年度試作問題B

別冊（問題） p. 116

解答

問1	問2	問3	問4
② 4点	③ 3点	③ 3点	②・④（順不同）5点×2

ムズ 問3

目標点 16／20点

資料ナビ

*【レポート】日本語の独特な言葉遣い、とくに男女間の言葉遣いの違いをまず論じています。つぎに「役割語」（【資料Ⅱ】・【資料Ⅲ】参照）について紹介し、こうした役割語が日常生活にも多く使われていることを指摘し、それらを理解しアニメなどのフィクションで楽しむなど、自覚をもって使うようにしたいと述べています。

*【資料Ⅰ】【レポート】の前半の話題である、言葉遣いにおける男女差に関する調査をグラフで示したものです。

*【資料Ⅱ】「役割語」の定義＝〈ある特定の言葉遣い（語い・語法・言い回し・イントネーション等）を聞くと、特定の人物像（年齢、性別、職業、階層、時代、容姿・風貌、性格等）を思い浮かべることができる言葉遣い。あるいはある特定の人物像が示されると、その人物がいかにも使いそうなものとして思い浮かべることができる言葉遣い〉と、その例を示したものです。

*【資料Ⅲ】題名にあるように、日本語を話す人間は、何歳ぐらいで「役割語」を身につけるかを、〈男ことば〉〈女ことば〉に限定して調査した研究結果が示されます。その研究結果では、五歳になると男女の性差を含む役割語をほぼ完璧に認識できるようになることがわかったと報告されています。そして幼児はそれらを絵本やアニメなどから学習しているのではないかということが述べられています。

設問ナビ

この問題では、すでに【レポート】が書かれています。それにもとづいて、**各問題でどの【資料】を見よ**、といわれているか**を意識して設問を解きましょう。**

問1 【レポート】の展開をふまえ、【資料Ⅰ】の内容を空欄に入れる問題

問題を見ると、この問題は、**【資料Ⅰ】**の質問2の②と対応することがわかります。そして、**この問題は、空欄補充問題だということを忘れてはいけません。**空欄 X のあとに、「女性らしいとされていた言葉遣いがあまり用いられず、逆に男性らしいとされる言葉遣いをしている女性も少なからず存在することが分かる」と書かれています。これに続く内容が X に入らなければいけません。ここで「女性らしいとされていた言葉遣い」とは、「このバスに乗ればいいのよね？」であり、「男性らしいとされる言葉遣い」は「このカレーライスうまいね！」だと考えられます（みんなにはピンとこないかもしれないね）。そしてそうした言葉を使わない、または使う**「女性」について述べています。****【資料Ⅰ】**の質問2の②に対する女子の回答を見ると、「このバスに乗ればいいのよね？」という女性らしい言葉を使うと答えた女子は31.6％、「このカレーライスうまいね！」という男っぽいといわれる言葉を使うと答えた女子も33.5％います。すると「女子」の言葉遣いについて述べている**②が正解**。「少なからず存在する」という X に続く表現は、30％台の数字を指していると考えられます。①・③・⑤は「男子」が含まれているので、X のあとにつながりません。女子だけのことを述べている④は後半で、「『このカレーライスうまいね！』を使うか分からないという女子は一割程度にとどまっている」と説明しています。でもこれでは、「このカレーライスうまいね！」を女子がけっこう使っているということがはっきり説明されておらず、「男性らしいとされる言葉遣いをしている女性も少なからず存在することが分かる」という X のあとの内容につながりません。

解答 ②

梅POINT 実用文だからといって、空欄補充問題だということを忘れずに、文脈を意識すべし。

問2 【レポート】の空欄に、【資料Ⅱ】と【資料Ⅲ】の要約を入れる問題

これも「要約」というところがポイントです。要約ですから、ⅡとⅢの大事なことが書かれていなくてはなりません。

③の「年齢や職業、性格といった話し手の人物像に関する情報と結びつけられた言葉遣いを役割語と呼び」は、**【資料Ⅱ】**の冒頭に書かれた「役割語」の定義と合致します。「定義」が

11

なくては何を論じているのかがわかりませんから、「要約」としては必要な要素です。また「そうした言葉遣いを幼児期から絵本やアニメ等の登場人物の話し方を通して学んでいる」という③の後半は、**【資料Ⅲ】**の末尾の内容と一致します。これも「役割語」をどのように身につけるかという、大事な論点です。よって「要約」としては**③が妥当**です。

①は、「イラストと音声刺激を用いた」という部分が調査の仕方の説明で、「要約」に入れるほど重要ではないし、**【資料Ⅱ】**の内容が入っていません。逆に②は**【資料Ⅱ】**だけの内容で、**【資料Ⅲ】**の内容がありません。④も**【資料Ⅱ】**だけです。

⑤は、「成長の過程で理性的な判断によってそのイメージは変えられる」が問題文にナシ。⑤以外の内容は**【資料】**に書かれているので、迷った人もいるかもしれませんが、**二つの【資料】の【要約】**だということがキモです。　解答 ③

> **梅POINT** 空欄補充問題では、設問文に着目し、何が入ると書かれているかを意識せよ。

問3 例として適当でないものを選ぶ問題

「役割語」の定義は、**【資料Ⅱ】**の冒頭にあったように、〈ある特定の言葉遣い（語い・語法・言い回し・イントネーション等）を聞くと、特定の人物像（年齢、性別、職業、階層、時代、容姿・風貌、性格等）を思い浮かべることができる言葉遣い。あるいはある特定の人物像が示されると、その人物がいかにも使用しそうだと思い浮かべることができる言葉遣い〉であり、その例が**【資料Ⅱ】**・**【資料Ⅲ】**にもあるので、それを参考に考えていきましょう。

①は「敬語」を用いたので、それを聞いた人は、「時と場所(L16)を考えたのだ、と思うし、敬語を使われている人を、話し手より上位に位置する人と思い浮かべるという点で「役割語」に入るといえます。

②は、女性が「アニメやマンガ、映画の登場人物」のいいかたを「真似る」ことで、その登場人物（男性）を思い浮かべさせようとしているのだから、「役割語」といえます。

③は、〈その方言で出身が思い浮かべられる〉というなら、**【資料Ⅱ】**にもあるように「役割語」になります。ですが、「方言」が自然だと「好まれる」、ということは、「役割語」の定義と食い違い、例として適切とはいえません。よって**正解は③**です。

④は、言葉遣いについては触れていませんが、〈ある特定の人物像が示される（「ツッコミキャラ」とか）と、その人物がいかにも使用しそうだと思い浮かべることができる言葉遣い〉という「役割語」の定義と合致するのでOK。

⑤もその翻訳によって、外国人選手が男性であることがより強調され、その男性的な面が強調されて視聴者に伝わってくると考えれば、「役割語」の中に入るといえます。

ムズ 解答 ③

問4 レポートに補足する内容として適当なものを選ぶ問題

①は、たしかに「今日は学校に行くの」というだけでは、男女どちらか断定しがたいですが、この例は誰でもが使うものですし、「役割語」がとくに「音声的な要素が重要」ともいえないので、示すべきではないといえます。

②の一人称代名詞の使い分けは、すでに、**【資料Ⅱ】**の例文に示されているともいえますが、英語の一人称代名詞が「I」一つなのに対し、日本語では一人称代名詞が多く、「I」をどう訳すかだけでも、「役割語」になるという点を示すのは面白い観点だし、補足してもよいかもしれません。ただし**【資料Ⅱ】**と重なるともいえるので、他にもっといいのがあれば、これはなくてもよい。そこでつぎの③を見てみましょう。

③の「『～でござる』という文末表現が江戸時代にはすでに使われていたこと」はみんなよく知っているだろうし、「役割語の多くが江戸時代の言葉を反映している」といえるのか断定できません。「役割語」の歴史という内容は、**【レポート】**にはないので、なんのために補足するのかという目的がわからないため、③は補足しないほうがいいでしょう。

④は、「役割語」の乱用を戒めることで、**【レポート】**の最後に書いた「自覚」を補足することになるので、入れるのはOK。

⑤の「絵本やアニメなど」の「影響力の大きさ」はすでに**【資料Ⅲ】**に示されているので、これ以上は必要ないといえます。

⑥の「役割語であると認識されてはいても実際の場面ではあまり用いられないという役割語使用の実情」という部分は、**【レポート】**の「私たちの周りには多くの役割語があふれている」ということと食い違うし、「一人称代名詞や文末表現などの役割語の数が将来減少してしまう可能性がある」ということが事実だと断定できるのかも疑わしいので、補足しないほうがよいです。すると②が必要不可欠とはいえないにしても、二つ選ぶとすると、**上位二つなので、②と④**となります。

解答 ②・④

12 実用文

レポート作成と資料の読み取り

2025年度試作問題A

別冊（問題） p.124

解答

問1		問2	問3	
(i)	(ii)		(i)	(ii)
①	②	③	③	②
4点×2		4点	4点×2	

大ムズ 問1(i)

ムズ 問2、問3(i)

目標点 12／20点

問題文ナビ

【資料Ⅰ】

文章 題名通り、「健康」への「気候変動の影響」について述べた文章で、要点は以下の通りです。

1 気候変動による気温上昇は熱ストレスを増加させ、熱中症リスクや暑熱による死亡リスク、その他、呼吸器系疾患等のさまざまな疾患リスクを増加させる（下線部ⓐ）。

2 特に高齢者を中心に、暑熱による超過死亡が増加傾向にある（下線部ⓑ）。

3 気温の上昇は感染症を媒介する節足動物（ダニなど 文章 注参照）の分布域・個体群密度・活動時期を変化させる（下線部ⓒ）。感染者の移動も相まって、国内での感染連鎖が発生することが危惧される（例：ヒトスジシマカの生息の拡大）。

4 外気温の変化は、水系・食品媒介性感染症やインフルエンザのような感染症類や、感染性胃腸炎やロタウイルス感染症、下痢症などの水系・食品媒介性感染症類の、発症リスク・流行パターンを変化させる。

5 猛暑や強い台風、大雨等の極端な気象現象の増加に伴い、被災者の暑熱リスクや感染症リスク、精神疾患リスク等が増加する可能性がある（下線部ⓓ）。

6 二〇三〇年代までには、温暖化に伴い光化学オキシダント・オゾン等の汚染物質の増加に伴う超過死亡者数が増加するが、それ以降は減少することが予測されている（下線部ⓔ）。

グラフ1 一八九〇年から二〇二〇年までの日本の気温が、一九八一年から二〇一〇年までの三〇年間の平均気温に対して、どのくらいの「偏差（ズレ）」があるかをグラフにしたもの。一九九〇年～二〇〇〇年よりも前は、三〇年間の平均気温よりも低かったですが、二〇〇〇年以降は平均気温を上回っており、温暖化の傾向が見られます（点は国内一五地点での平均気温との偏差の平均値を示しています）。

グラフ2 グラフ1 と同じ三〇年間の降水量の各年の偏差を棒グラフで示しています。

グラフ3 一九五〇年～二〇二〇年までの台風の発生数と日本への接近数を折れ線グラフで示しています。

【資料Ⅱ】

これまでは、地球温暖化の原因となる温室効果ガスの排出を削減する「緩和策」が対策の中心でした。ですがもはや「緩和」することが困難になりつつある現在、温暖化に人間の側が「適応」していく「適応策」が求められるようになっています。環境省の「熱中症予防情報サイト」の設置などがその例ですが、一方で暑さなどで健康に影響が出た場合、ニーズに応えられる救急車などのリソース（＝資源）の整備などの対策も必要です。

そして可能ならば、「緩和策」と健康増進の両方をゲットできる「コベネフィット」の追求が推奨されると筆者はいうのです。自動車をやめて自転車にすれば、温室効果ガスが減る（「緩和策」）し、健康増進にもなるというわけです。ちょっと安易な気もしますが、そういうことをするためには、各部門の縦割り行政から横のつながりへの転換も必要だと筆者は述べています。

設問ナビ

問1 (i) 文章 と 図 の対応を確認する問題（組み合わせ型）

梅POINT 文章と図（資料）との対応は、文章のキーワード（＝目立つ語句）に着目して探すべし。

めんどいけど、とくに今回の 図 は上段の「気候・自然的要素」と下段の「気候変動による影響」の二段になっているので、上下の段にある語句と対応する下線部の二つの語句に注目しておっかけるといいでしょう。

ⓐは「気温上昇」→「熱ストレス」という語に着目する。図 にありますね。

ⓑは「暑熱」＝暑さだから「気温上昇」。「暑熱による超過死亡が増加」は左下にあるのだけれど、「高齢者」を中心に「死亡」が増加ということは書いてない。△。

ⓒは「気温上昇」→「節足動物（ダニとか。文章 の 注 参照）の分布域」などに着目。図 の真ん中にドカンとあります。

つぎⓓ。「自然災害」だから 図 の上段の四項目は全部当てはまります。それが「暑熱リスク」・「感染症リスク」・「精神疾患リスク」につながって、下段の下に三つの「リスク」がある。

ⓔは「温暖化」だから「気温上昇」→大気汚染物質＝「オゾ

ン等」はあるけど、「二〇三〇年代以降」の「死亡者数」「減少」という話はない。するとⓔが一番ダメ。

> **梅POINT　組み合わせ問題は、確実なものが入っているものに絞って、選択肢をチェックせよ。**

するとⓔが入っているのは、①と③。③のⓒはドカンとあったから、ちょっと怪しかったⓑとペアの①**が正解**。大変だわ、こりゃ。

(ii) **図** の上段の「気候・自然的要素」の「気温上昇」から「海水温の上昇」の四つの項目は、それぞれ別個のものとして並列されています。それらの下の部分では「↓」がついて⑤がいうように、「因果関係」が示されているものもありますが、上の4つの項目自体に「因果関係」があるという②の説明は間違いです。なので②**が正解**。

解答　大ムズ　(i) ①　(ii) ②

他の選択肢の「工夫している」(①)、「わかりやすく」(⑤)とかいう評価は、自分はそう思わなくても、あまり気にしない。**ほめているのは、大目に見てあげましょう。**

問2　正誤判定問題(組み合わせ型)

これも組み合わせ問題です。正誤判定の組み合わせ問題では、

> **梅POINT　確実に「正しい」か「誤っている」といえるものを探し、それと合致する選択肢に的《まと》を絞るべし。**

> **梅POINT　「判断できない」といわれているものはパスすべし。**

という形で解いてください。あと【資料Ⅰ】には、**文章** のほかに、**図**、そして3つの **グラフ** も含まれているので、要注意。

> **梅POINT　グラフの読み取り問題では、客観的に読み取れない推測などを含んでいるものはマイナスに評価すべし。**

アの前半の、「気温の上昇」が「冬における死亡者数の減少につながる」というのは、**図** の下段の一番左に書いてあります。後半は、文章のⓐからⓑの部分に書いてあります。

すると先の 梅POINT に従って、正解を、アを「正しい」としている①か③に絞ります。つぎに、③が正しいといっているエの内容は、【資料Ⅱ】の大事な内容そのものなので、これを「判断できない」としている①はおかしいです。そして①が「誤っている」としているウを確認。**文章** に「強い台風、大雨等の極端な気象現象の増加に伴い……被災者の暑熱リスク」が「増加する可能性がある」と書かれていますが、「気温や海水温の上昇と台風の発生数は関連している可能性がある」と結

論づけるのは、先の**梅POINT**のように、不確かな〈推測〉といえます。なので微妙ですが、「判断できない」といえます。よって**正解は③**。**「正しい」をチェックする方が近道。**

ムズ　**解答**　③

問3 (i)　**レポートの目次の作成問題**

「気候変動に対して健康のために取り組むべきこと」という**第3章**の題名を見ると、これは**【資料Ⅱ】**の文章の内容だとわかります。**【資料Ⅱ】**にあげられている「取り組むべきこと」としては、選択肢①・②はすでに行われているし、a・bに含まれるともいえます。③と④は、④の内容の前に「例えば」とあるように、④は③の具体例なので、見出しとしては抽象的でいろいろなことがらを含むことのできる③のほうが適切です。⑤はdを行っていくときに「期待」されることであり、「コベネフィット」を成功させるための条件ともいえるものです。つまりdを見出しに立てれば、それに付随するものといえるので、見出しとしては**③が適切**だといえます。

> **梅POINT**　目次の見出しや項目名は他と重ならず、多くの事柄をまとめて表現できるものを選ぶべし。

(ii)　**レポートへの不適切な助言を選ぶ問題**

①はたしかに「対策」がどの言葉とつながっているのかあいまいなので、助言として適切。

②の「感染症発生リスク」は**【資料Ⅰ】**の**文章**では「大気汚染物質による」というより、「節足動物」広くは「気候変動」に関わるものです。その点で資料の内容と食い違います。よって**正解は②**。

③は、たしかに「健康」に関するグラフなどがないので、あればよりよいといえるでしょう。

④も、「気候変動」をレポートのテーマにするのだから、適切といえる助言です。

⑤も、レポートとは自分の考察や主張を入れるのが普通。ひかるさんも、最後の「おわりに」というところで、そうした「考察」を書くつもりだったのかもしれませんが、各章にあってもおかしくないので、②よりはマシな助言だと思います。

> **梅POINT**　実用文でも、一番マシ、一番ダメ、という選択肢のランキングをおこなって選ぶべし。

解答　ムズ (i) ③　(ii) ②

12

レポートと資料＋文章の読み取り

オリジナル

別冊（問題） p. 134

解答

問1	問2	問3 (i)	問3 (ii)	問4
④	②	①	④	①

問1・問2 各4点　問3・問4 各4点

ムズ 問3(i)、問4

目標点 16／20点

文章ナビ

今回の**文章**は平易ですし、**問3(ii)**が**文章**の要約問題なので、そこで説明します。

表ナビ

表の一つ目は「他人を信頼するかどうか」という問いですが、日本人の回答は「大体信用できない」と「信用できない」を合わせると、67.8％となり、他の４か国より多いことを示しています。ちょっとコワいですね。また二つ目は「貧しい人を助けるのは政府の義務か」という問いですが、日本人は「どちらかといえばそう思わない」、「そう思わない」を合わせると38％となり、やはり他の国より高い数字です。つまり政府のお金は自分たちの税金ですから、自分たちのお金を見知らぬ貧しい人のために使わなくていい、ということ、日本人には他の人を助ける気持ちがあまりないこと、を示しているのです。

設問ナビ

問1 傍線部の理由の正誤判定問題

設問文に「のぞみさんが**【資料】**（記事）と**グラフ2**を根拠にして列挙したものである」と書かれていることに注意してください。ということは、みんなも**【資料】**（記事）と**グラフ2**を根拠にして答えないといけないということです。

そして**この種の問題は、「判断できない」という選択肢にこだわると、とても時間がかかるので、「正しい」か「誤っている」がはっきりしているものを手がかりに、選択肢を絞り込んでいく**のでしたね。

ではまず確実に「正しい」といえるものを探しましょう。イは、**グラフ2**の一番上の折れ線グラフを見ると、「高齢者」率が世帯全体の中で増えていることがわかります。高齢者がみんなというわけではないですが、三世代世帯も減っているし、高

齢者は単独世帯（や夫婦のみの世帯）になることが多いでしょう。そしてそれらは グラフ2 を見ると増えています。また**【資料】**（記事）の*L*3には、「撤去費用がないという高齢の（空き家の）所有者も多」いと書かれています。すると今後高齢者に関連する空き家が増えていくことは確実といってよいでしょう。なので、イは理由の一つとして「正しい」といえます。すると選択肢は④と⑤に絞られます。④と⑤はエを判断できないとするか正しいとするか、が一番大きな違いです。だからエを考えましょう。するとエは、「政府」は「貧しい人」を助ける必要はないと思っている日本人が、他の国より多いことを示している二つ目の 表 の内容をベースにしていることがわかります。これは先に書いた、「**【資料】**（記事）と グラフ2 を根拠」にしなければならないという条件に反します。また、「賛成しない日本人が多い」ということも、この 表 からだけでは判断できません。さらにウの「受け継いでくれる人間自体がいないというのは**【資料】**（記事）の「後継者も都市へ出ていき」（*L*3）と食い違います。後継者自体はいるのです。末尾部分も傍線部の理由にならない。なのでウは、「誤っている」ことになります。やはり**正解は④**です。

解答 ④

この正誤判定問題についてつけ加えると、先の**12講**の**問2**では、③が正解でした。すると台風と気温との因果関係という文章に書いてないことを述べていたウは、「判断できない」になります。つまりこの種の問題では、ふつうの選択肢問題なら、問題文にナシ＝ワースト2となる選択肢が「判断できない」、問題文と×＝ワースト1の選択肢が「誤っている」になると考えておきましょう。

問2 グラフの読み取り問題

〈選択肢チェック〉

①… グラフ1 の一番下の「二次的住宅」つまり別荘などは、「もともと戸数」が少ないこともあるでしょうが、この部分では空き家数に「あまり変化が見られ」ません。なので①は正しい。

②… **【資料】**（記事）にもある「特別措置法」の施行は二〇一五年ですが、そうした法律や自治体の対策と空き家数との因果関係はわからないので、②のように断定することはできません。なので間違い。よって**正解は②**です。

③… 確かに グラフ2 で、理由はわかりませんが、二〇〇〇年代に入ると、「三世代世帯が減少傾向を見せ」はじめ、同じ時期に「単独世帯や夫婦のみの世帯が増えている」といえるので、③も正しいといっていいです。

④… グラフ1 を見ると二〇〇八年から二〇一八年までと

二〇〇八年以前との空き家の増加率の矢印に書かれた数字を比べると、二〇〇八年から二〇一八年までの期間では、二〇〇八年以前よりも低下しています。ただしその原因はグラフからはわからないので④も正しいといえます。

⑤…**グラフ1**にも**グラフ2**にも、「その他」という表現が使われていますが、**グラフ1**は空き家の種類をグラフにしたものです。それに対して**グラフ2**は、世帯の形で区分けしているグラフです。異なった情報を示しているわけですから、「その他」という言葉の中身も同じであるとはいえませんし、相関があるとは考えられません。よって⑤も正しいです。

解答 ②

問3 構成メモの空欄に語句を補充する問題

(i) 空欄Xがあるのは以下のような箇所です。

3 「空き家」が多くなることで生じる問題

a 暴風などによって建物が倒壊する危険がある

b 建物が事件の対象になったり、事件の温床になる

c X

d 空き家対策によって自治体の財政が圧迫される

X に入るのは、3の見出しにあるように、「『空き家』が多くなることで生じる問題」を表す語句です。**この種の問題では、他の項目と重ならないことが大事**でした。そのことをふまえて、選択肢を見ていきましょう。

〈選択肢チェック〉

①…「周囲」とは空き家のある近隣の人や地域のことです。ゴミ屋敷になっているとか、そういうイメージを思い浮かべればいいでしょう。他の選択肢と重ならないので、**①が正解**です。

②…「建物が放火され火災が発生する」はbの具体例といえるので、bがあれば②は要《い》りません。

③…**【資料】（記事）**に「個人の財産」という表現がありますが、だからこそ自治体も勝手に処分するわけにも行かず、対策が立てられないのです。これは空き家の持ち主に生じる問題ですし、「強制的に剝奪《はくだつ》される」ということはどこにも書かれていませんから、とくに書き入れる必要はないです。

④チョイマヨ…「近隣住民からの苦情が自治体に出される」というのは、①の一つの例です。他にも①には、不審者が入り込んでいるので不安だ、などという「周囲に対する悪い影響」も考えられます。こういう見出しはいろんなことを包み込める（抽象的な）表現がよいので、④よりは①を答えにすべきです。

⑤…「固定資産税が減免される」ことは**【資料】（記事）**にも書かれていましたが、それは**3**の**d**の「自治体の財政が圧迫される」こととつながっていきます。よって⑤は**3**の**d**から生じる一つの結果にすぎず、**3**の**d**に含まれると考えられるので、**X** に入れる必要はないといえます。よって**正解は①**です。

(ii) 【レポート】の空欄に要約の内容を補充する問題

これは内容合致（趣旨判定）問題と同じ種類の問題なので、消去法でもいいですが、**文章** では、空き家を「負の資産」(L3)とせずに、地域で有効利用しようとする考えかたのもとに、具体的な取り組みが紹介されています。その例として4種類の有効利用の仕方が説明されていました。こうした内容を「要約」したものとして**最も適切なのは④**です。「地域にとって必要な空間」といういいかたの中に「子育て施設」や「グループホーム」などのことが含まれますし、「社会的弱者を救う一助にもなる」という部分は、「高齢者」や「低所得者」に向けて空き家を貸し出すという施策のことを指しています。

〈選択肢チェック〉

①…「利益を生み出すものとして捉え」という部分が、「古民家カフェ」の場合も都市でなければ利益を出すことは「難しい」(L6)、「子育て施設」などは「収益性という観点からは期待しにくい」(L7)と書かれていることと食い違います。あくまでも地域での空き家の有効利用は、収益性つまり利益が第一ではないと筆者は考えています。①は利益を優先するかのような説明になっており、**文章** と食い違います。

②…あくまで空き家をどう有効活用するかという話であり、「『空き家』を撤去した後」の「空間」をどう使うか、という話ではありません。

③…**文章** に「孤立しがちな人々の居場所になるという機能」(L9)という表現はありますし、のぞみさんの**【レポート】**にもそうしたことが暗示されていますが、「都市では失われてしまった人々の結びつき」ということは **文章** に明確には書かれていません。とくにそうした事態が「都市」に限定されて説明されていることも、**文章** に根拠のないことです。

⑤…「『空き家』が治安を悪化させるものにならないために」、「イベントなど」を行うという**つなげかた**が **文章** にはありません。ワースト3ランクの選択肢です。また⑤のようにいうと、治安を維持するために人を出入りさせる、と説明していることになりますが、そうした内容も文章には書かれていません。

解答 ムズ (i) ① (ii) ④

問4【レポート】に対する助言や感想として誤ったものを選ぶ問題

これも内容合致問題と同じと考えていい問題なので、一つずつ選択肢を見ていきましょう。

〈選択肢チェック〉

①…のぞみさんの【レポート】を読む人は、のぞみさんの書いた**構成メモ**まで見るとは考えられませんから、【レポート】と**構成メモ**の内容が違っても「違和感を抱く」とは考えられません。ですから①が誤っている選択肢だといえます。よって①**が正解**です。

②…たしかに「少し怖いように感じる」といういいかたをすると、のぞみさんが空き家をはじめから悪いものだと考えているように、【レポート】を読む人は受け取るかもしれません。すると、のぞみさんが【レポート】の後半でいっている、空き家を肯定するような内容につながらなくなります。ですからこうした助言は有効だといえます。

③…他人を信用しない日本人というのは、表を理解してCさんがいっていることです。のぞみさんもそのつもりでこの表を示したのだと思います。ですがこのことは少しわかりづらいところです。ですから隣の人とのつき合いがなく、空き家の持ち主のことを誰も知らないというようなことがあったという事実が示されたり、そうした説明があると、よりわかりやすい【レポート】になるといえます。

④…**構成メモ**のテーマの「対策」と、「おわりに」の「視点と今後の展望」という表題とが対応していないという指摘は確かです。そして「対策」を書くと【レポート】は「充実」するはずです。これも有効な助言だといえます。

⑤…「おわりに」のところに「展望」という言葉があるのだから、のぞみさん自身が空き家問題についての見通しをもう少し書くべきだという感想も、筋の通ったものだといえるでしょう。よって**正解は**①。

ムズ 解答 ①

さあ、これですべての問題が終わりました。共通テストはこういうもんだっ!てわかってもらえましたか? 複数の素材を読み、結びつけるというのは、なかなか難しいことです。でもみんなは徹底的に問題の攻撃に立ち向かうファイターになってください。その力がついたときこそ、旅立ちのときです。みんなによいことあるように….